中德文化丛书　叶隽 主编

主体的迁变
◎ 从德国传教士到留德学人群 ◎

DIE WANDLUNG VOM SUBJEKTEN
– VON DEN DEUTSCHEN MISSIONÄREN BIS ZUR GRUPPE DER IN DEUTSCHLAND STUDIERENDEN CHINESISCHEN INTELLEKTUELLEN

叶隽 著

图书在版编目(CIP)数据

主体的迁变：从德国传教士到留德学人群/叶隽编.
—上海：上海外语教育出版社，2008
（中德文化丛书）
ISBN 978 - 7 - 5446 - 0948 - 7

Ⅰ．主… Ⅱ．叶… Ⅲ．①传教士－研究－德国②留学生－研究－德国 Ⅳ．B979.516 G649.516

中国版本图书馆 CIP 数据核字（2008）第 111581 号

出版发行：**上海外语教育出版社**
　　　　　（上海外国语大学内）　邮编：200083
电　　话：021-65425300（总机）
电子邮箱：bookinfo@sflep.com.cn
网　　址：http://www.sflep.com.cn　http://www.sflep.com
责任编辑：许进兴

印　　刷：同济大学印刷厂
经　　销：新华书店上海发行所
开　　本：890×1240　1/32　印张 7.75　字数 312 千字
版　　次：2008 年 8 月第 1 版　2008 年 8 月第 1 次印刷
印　　数：3 500 册
书　　号：ISBN 978-7-5446-0948-7 / H · 0404
定　　价：23.00 元

本版图书如有印装质量问题，可向本社调换

总　序

一、中、德两国在东、西方（亚欧）文化格局里的地位

华夏传统，源远流长，浩荡奔涌于历史海洋；德国文化，异军突起，慨然跃升于思想殿堂。作为西方文化、亦是欧陆南北对峙格局之重要代表的德国，其日耳曼统绪与位于亚洲南部的印度文化颇多血脉关联，而与华夏文明恰成一种"异体"态势，这可谓是"相反相成"之趣味。

作为欧陆南方拉丁文化代表之法国，恰与中国同类，故陈寅恪先生谓："以法人与吾国人习性为最相近。其政治风俗之陈迹，亦多与我同者。"诚哉是言，在西方各民族文化中，法国人的传统、风俗与习惯确实与中国人有诸多不谋而合之处，当然也不排除文化间交流的相互契合：诸如科举制的吸纳、启蒙时代诸子对中国文化资源的接受等皆是。如此立论，并非敢淡漠东西文化的基本差别，这毕竟仍是人类文明的基本分野；可无论是"异于中国"，还是"趋于中国"，均见钱钟书先生"东海西海，心理攸同；南学北学，道术未裂"之言不虚。

在亚洲文化（东方文化）的整体格局中，中国文化属于北方文化，印度文化才是南方文化。中印文化的交流史，实际上有些类似于德法之间的文化交流史，属于地缘关系的亚洲陆地上的密切交流，并由此构成了东方文化的核心内容；遗憾的是，由于地域太过辽阔，亚洲意义的南北文

化交流有时并不能相对频繁地形成两种文化之间的积极互动态势。因为，两种具有互补性的主导性文化，往往能够推动人类文明的进步，这可能是一个基本规律。

西方文化发展到现代，欧洲三强英、法、德各有所长，可若论地缘意义上对异文化的汲取，德国可拔得头筹。有统计资料表明，在将外语文献译成本民族语言方面，德国居首。其中对法国文化的吸收更成思想史上一大公案，乃至一口流利法文的歌德那一代人，因"过犹不及"而不得不激烈反抗法国文化的统治地位。但无论正反事例，都足证德意志民族"海纳百川"的学习情怀。就东方而言，中国因为在地理上处于相对中心的位置，故能得地利之便，尤其是对印度佛教文化的汲取，不仅是一种开阔大度的放眼拿来，更兼备一种善择化用的创造气魄，一方面是佛教在印度终告没落，一方面却是禅宗文化在中国勃然而起。就东方文化之代表而言，或许没有比中国更加合适的。

中德文化关系史的意义，正是在这样一种全局眼光中才能特别凸显出来。即这是一种具有两种基点文明代表性意义的文化交流，而非仅一般意义上的"双边文化关系"。也就是说，这是东西文化内部的两种核心子文化的交流，即作为欧洲北方文化的条顿文明与亚洲北方文化的华夏文明之间的交流。这样一种主导性的文化间的交流，具有重要的范式意义。

二、作为文明进程推动器的文化交流与中国文化的"超人三变"

不同文明之间的文化交流，始终是文明进程的推动器。诚如季羡林先生所言："从古代到现在，在世界上还找不出一种文化是不受外来影响的。"这一论断，也早已为第一流的知识精英所认知，譬如歌德、席勒那代人，非常深刻地意识到走向世界、汲取不同资源的重要性，而中国文化正是在那种背景下进入了他们的宏阔视阈。当然，我们要意识到的是，对作为现代世界文明史巅峰的德国古典时代而言，文化交流的意义极为重要，但作为主流的外来资源汲取，是应在一种宏阔的侨易学视域（此概念作者将专文论述，此处不赘述）中去考察的，这一点歌德总结得很清楚："我们不应该认为中国人或塞尔维亚人、卡尔德隆或尼伯龙根就可以作为模范。如果需要模范,我们就要经常回到古希腊人那里去找,他们的作品所描绘的总是美好的人。对其他一切文学我们都应只用历史眼光去看。碰到好的作品,只要它还有可取之处,就把它吸收过来。"此处涉及到文化交流的规律性问题,即如何突出作为接受主体的主动选择性,若按陈寅恪所言:"其真能于思想上自成系统,有所创获者,必须一方面吸收输入外来之学说,一方面不忘本来民族之地位。此两种相反而适相成之态度,乃道教之真精神,新儒家之旧途径,而两千年吾民族与他民族思想接触史之所昭示者也。"这不仅是中国精英对待外来文化与传统资源的态度,推而广之,对各国择取外来资源与创造本民族之精神文化,皆有普遍参照意义。总体而言,德国古典时代对外来文化(包括中国文化)的汲取与转化创造,是一次文化交流的质的提升。文化交流史的研究,其意义在此。

至于其他方面的双边交流史,也同样重要。德印文化交流史的内容,德国学者涉猎较多且深,尤其是其梵学研究,独步学林,赫然成为世界显学,正与其世界学术中心的地位相吻合。而中国现代学术建立期的第一流学者,如陈寅恪、季羡林等就先后负笈留德,所治正是梵学,亦可略相印证。中法文化交流史同样内容极为精彩,由启蒙时代法国知识精英对中国文化资源的汲取与借鉴到现代中国发起浩浩荡荡的留法勤工俭学运动,其转易为师的过程同样值得深入探究。总之,德、法、中、印这四个国家彼此之间的文化交流史,应当归入"文化史研究"的中心问题之列。

当然不可否认的是,作为中国学者,我们或多或少会将关注的目光更多地投向中国问题本身。必须加以区分的是所谓"古代中国"、"中世中国"与"现代中国"之间的概念分野。前者相当于传统中国的概念,即文化交流与渗透尚未到极端的地步,尤以"先秦诸子"思想为核心;"中世中国"则因与印度佛教文化接触,而使传统文化受到一种大刺激而有"易",禅宗文化与宋儒理学值得特别关注;"现代中国"以基督教之涌入为代表,西学东渐为标志,仍在进程之中,乃是以汲取西学为主的广求知识于世界,可以"新儒家"之生成为关注点。经历三变的中国,"内在于中国"为第一变,"内在于东方"为第二变,"内在于世界"为第三变,三变后的中国,才是具有悠久传统而兼容世界文化之长的代表性文化体系。

先秦儒家、宋儒理学、新儒家思想(广义概念)的三段式过渡,乃是中国思想渐成系统与创新的标志,虽然后者尚未定论,但应是相当长时期内中国思想的努力方向。而正是这样一种具有代表性且兼具异质性的交流,在数量众多的双边文化交流中,具有极为不俗的意义。张君劢在谈到现代中国的那代知识精英面对西方学说时的盲目时有这样的描述:"好像站在大海中,没有法子看看这个海的四周……同时,哲学与科学有它们的历史,其中分若干种派别,在我们当时加紧读人家教科书如不暇及,又何敢站在这门学问以内来判断甲派长短得失,乙派长短得失如何呢?"这其中固然有个体面对知识海洋的困惑,同时也意味着现代中国输入与择取外来思想的困境与机遇。王韬曾感慨说:"天之聚数十西国于一中国,非欲弱中国,正欲强中国,非欲祸中国,正欲福中国。"不仅在政治、军事领域如此,在文化思想方面亦然。而当西方各强国纷纷涌入中国,使得"西学东渐"与"西力东渐"合并东向之际,作为自19世纪以来世界教育与学术中心场域的德国学术,则自有其非同一般的思想史意义。实际上,这从国际范围的文化交流史历程也可看出,19世纪后期逐渐兴起的三大国——俄、日、美,都是以德为师的。

故此,第一流的中国精英多半都已意识到学习德国的重要性。无论是蔡元培强调"救中国必以学。世界学术德最尊。吾将求学于德,而先赴青岛习德文",还是马君武认为"德国文化为世界冠",都直接表明了此点。至于鲁迅、郭沫若乃至蒋介石等都有未曾实现的"留德梦",也均可为证。中德文化研究的意义,端在于此,而并非仅仅是众多"中外文化交流史"里的一个而已。如果再考虑到这两种文化是具有代表性的东西方文化之个体(民族—国家文化),那么其意义就更显突出了。

三、在"东学西渐"与"西学东渐"的关联背景下理解中德文化关系的意义

即便如此,我们也不能"划地自牢",因为只有将视域拓展到全球化的整体联动视域中,才能真正揭示规律性的所在。所以,我们不仅要谈中国文化的西传,更要考察波斯—阿拉伯、印度、日本文化如何进入欧洲(西方)。这样的东学,才是一个完整意义上的东学。当东学西渐的轨迹,经由这样的文化交流史梳理而逐渐显出清晰的脉络时,中国文化在

这样一种比较格局中,才会更清晰地彰显其思想史的意义。这样的工作,需要学界各领域研究者的通力合作。

而当西学东渐在中国语境里具体落实到20世纪前期这辈人时,他们的学术意识和文化敏感让人感动。其中尤其可圈可点的,则为20世纪30年代中德学会的沉潜工作,其标志是"中德文化丛书"的推出,这其中不仅有《五十年来的德国学术》这样的系统翻译工程,也包括《中德学志》等刊物的学术功用……至今检点前贤的来时路,翻阅他们留下的薄薄册页,似乎就能感受到他们逝去而永不寂寞的心灵。昔贤筚路蓝缕的努力,必将为后人开启接续盛业的来路。光阴荏苒,竟然轮到了我们这代人。虽然学养有限、社会功利,但对前贤的效慕景仰之心,却无有或减。如何以一种更加平稳踏实的心态,继承前人未竟之业,开辟后世纯正学统,或许就是历史交给我们这代人的使命。

不过我仍要说我们很幸运,当冯至、陈铨那代人不得不因了民族战争的背景而辗转颠沛于流离战火中时,一代人的事业不得不无可奈何地"宣告中断"时,我们却还有可能静坐于书斋之中。虽然市场经济的大潮喧嚣得似也要推翻学院里"平静的书桌",但毕竟书生还有可以选择的权利。在清苦中快乐、在寂寞中读书、在孤独中思考,这或许,已是时代赠与我们的最大财富。

所幸,在这样的市场大潮下,能有出版人(外教社)的鼎力支持,使这套"中德文化丛书"得以推出。我们不追求一时轰轰烈烈吸引眼球的效应,而希望能持之以恒、默默行路,对中国学术与文化的长期积淀略有贡献。在体例上,丛书将不拘一格,既要推出中国学者自己的研究著述,亦要译介国外优秀的学术著作;就范围而言,文学、历史、哲学固是题中应有之义,学术、教育、思想亦是重要背景因素,至于社会学、政治学、经济学等鲜活的社会科学内容,也都在"兼容并包"之列;就文体而言,论著固所必备,随笔亦所欢迎;至于编撰旧文献、译介外文书、搜集新资料,更是我们当学习德国学者,努力推进的方向。总之,希望能"水滴石穿"、"积跬步以致千里",经由长期不懈的努力,将此丛书建成一个略具规模、裨益各界的双边文化之库藏。

叶 隽

2007年4月27日—12月22日间陆续作于巴黎—布达佩斯—北京

序　言

张西平

从晚明以来,中国文化和思想面临的最大问题就是如何消化经来华传教士所带来的西学。在明末清初之际西学还是以一种平和的态度在中文的话语环境中扩展影响,文人举子们也是以平和的态度看待西学。虽然期间文化的冲突也时时迭起,但耶稣会"合儒"的传教路线,使士人在读这些"西儒"的书时尚有自己本土文化的底气。在这个意义上我们才可以理解为何李约瑟将明清之际的中西文化交流称为"两大文明之间文化联系的最高范例",许理和将其称为这"中西关系史上一段最令人陶醉的时期,这是中国和文艺复兴之后的欧洲高层知识界的第一次接触和对话"。

晚清时局巨变,中西文化关系发生了根本性的变化。如美国中国学家任达(Douglas R. Reynolds)所说:"在1898年百日维新前夕,中国的思想和体制都刻板地遵从了中国人特有的源于中国古代的原理。仅仅12年后,到了1910年,中国人的思想和政府体制,由于外国的影响,已经起了根本性的变化。从根本性的含义来说,这些变化是革命性的。在思想方面,中国的新旧名流(从高官到旧绅士、新工商业者与学生界),改变了语言和思想的内涵,一些机构以至主要传媒也藉此表达思想。在体制方面,他们按照外国模式,改变了中国长期以来建立的政府组织,改变了形成国家和社会的法律制度。"这种重大的变化在学术上就是"援西入中",以"六艺"、"四部"为基础的知识体系和框架解体了,中国现代知识体系和学科建构开始逐步形成。

如果我们想解释清楚今天中国的学术体制和学科思想的根源,那我们必须回到晚清的"西学东渐"时代,近20年来中国学术界为此已经有了许多重要的进步,使我们开始逐步摸清我们今天所表达的学术思想、语言,我们今天所生存的学术体制和学科制度的来源。摆在我们面前的这本叶隽的著作就是沿着这样一个学术路向展开的,如果将其放在近年来的学术发展脉络中,这本书给我们的启示是什么呢?或者说这本书在当下学术研究的进程中给我们留下些什么呢?我想以下两点是应该注意的:

第一,在学术界这本书首次如此清晰地勾画出了德国思想对中国近代学术体制的影响,从而使我们对晚清传来的"西学"有了一个更为具体、深入的认识。在以往的研究中有两个特点:一是讲"西学东渐"的"西学"时不太细分的,当时传来的思想是美国的思想还是法国的思想,这种学科体制是德国还是英国的,研究者关注不多,大都一概说成"西学"。其实,西方是分为不同的国家的,每一个国家的思想和文化有着重要的区别。只有具体的研究当时"西学"的来源国,这种研究才会具体化,也才有深度。二是在中国学术体制和学科制度的形成时,研究者的重点大都放在中国本身。这无疑是正确的。但如果这样的重点没有一个前期对西方思潮和体制的了解,不了解当时西人所介绍的西学来源和所在国的关系,对"西学"本身的特点和"西学"本身的形成和变化注意不够。我们就很难从中国文献本身揭示中国近代制度变迁的特点。叶隽是学德国文化出身,又经中文学科训练,他在这本书中较好地解决了这两个问题。将晚清所接受的"西学"放在了西方近代思想文化史的变迁之中加以考察,使我们对晚清所接受的"西学"有了一个更为深入地认识。

这本书的看点之一在于此。正如作者所说:"理解德国的意义,必须放置在现代世界形成的整体框架中,才更易看得清楚。在我看来,虽然可将现代性的开端追溯到地理大发现的时代,但真正之潮流涌动、山雨欲来,仍当属18、19世纪之交。其标志有三:一曰传统秩序的终结,以美国独立与法国革命为标志;二曰科学话语的确立,以柏林大学的建立与费希特的《知识学》为标志;三曰思考方式的呈现,以歌德的《麦斯特》与黑格尔的《历史哲学》为标志。"这样18至19世纪初西方思想的中心是德国,像哈耶克所说的1870年"此后60年中德国成为一个中心,从那里,注定要支配20世纪的那些思想向东和向西传播。无论是黑格尔还是马克思,李斯特还是施莫勒,桑巴特还是曼海姆,无论是比较激进形式的社会主义还是不那么激进的'组织'或'计划',德国的思想到处畅通,德国的制度也到处被模仿"。作者甚至认为:"应该说,自19世纪以来,在长达200年的时间里,现代世界几乎可以说就是在德国思想的笼罩之下。"

我想这样的结论,这样一种对19世纪西方思想的解释是过去许多做晚清史的学者很难听到的。德国在19世纪对西方如此重要,德国拿什么东西献给西方现代社会呢?这就是建立在德国哲学思想之上的现代大学制度和学术体制。这样我们在研究近代中国的学术体制和学科制度时,就必须重视德国,就必须了解德国在这两个方面的思想和历史。作者得出这样的结论并非孔穴来潮,事实上,"到1900年为止,横渡大西洋到欧洲伟大的学术研究中心,主要是德国的大学留学的差不多一万名美国学者,坚定地服膺于学术研究和以科研为基础的教学和学习的思想回到美国"。这就是说,美国当时在思想和学术上是跟着德国跑的。

正是如此清晰、明确地指出德国在西方现代思想和学术体制上的地位与作用,我们才能更为深入具体地理解我们晚清以来所接受的西学的特点,特别是在学术体制确立上的西学来源,没有这样对"西学"的具体研究,对近代中国学术体制和学科制度的形成就不可能有深入的研究。

第二,这本书对在中国传播德国思想的主体的转换做了深入的研究。以往在对来华传教士的研究中,对其在中国的活动比较关注,对他们在文化交流中的角色和作用与其本国文化的关系,以及这种关系对他们在华活动的影响研究不够。作者在书中再次展现了他对德国近代文化和制度的熟悉的特点,在谈到德国来华传教士的这种主体作用变化时他讲了三条原因:"其一,传教士思路从'功利利益'到'文化立场'的变迁,反映出帝国消解是大势所趋。这不仅表现在传教士作为政治力量的'逐渐黯淡',同样也表现在帝国政治精英层面的'落花流水春去也'。""其二,某种意义上具有传统延续性的'现代性'命题正为新一代传教士自觉所认知,现代的兴起乃是不可抵挡的大势所趋。""其三,由'帝国话语'到'现代转型'的转折,为日后的'双边学术场域互动'铺垫下很好的基础。"德国来华的传教士,他们在向中国介绍西学时是直接和德国思想及德国本身在欧洲地位的变化联系在一起的。通过他的研究,我们看到来华的德国传教士是如何和德国的政治制度和学术思想相通、互动,并深刻地受到本国思想的影响。德国在欧洲地位的下降和变化直接影响到在华的德国传教士的传教路线的变化。这点在英美来华传教士中也有同样的特点,他们在华的传教特点和路线直接源于其教派在国内的地位和宗教理解,不同的教派、宗教思想的不同,他们在华的传教路线就不同。以往的来华传教士研究中,这点是个薄弱环节,学者们往往只根据传教士在中国的材料来讨论他们的思想。殊不知,西方才是其思想的大本营,所在国才是其传教动力之源。传教士是跨越在中国和西方文化之间的桥梁,我们必须对这座桥梁的两端的文化都十分熟悉,才能做好来华传教士的研究。

在书中,作者对卫礼贤从传教士转换为汉学家的分析十分精彩,对西方汉学的发展来说,卫礼贤的转型具有全局性的意义,从"传教士汉学"到"专业汉学"这是一个历史性的趋势,但像卫礼贤这样将两种身份聚于一身,并成功地完成这种转变,具有很大的戏剧性。个人命运和国家之间的冲突与分离,在这里显示出历史的吊诡。同时,在卫礼贤的经历中我们也看到近代中国学术的转型,中国学术体制和学科的形成与来华的汉学家有着密切的关系,近代以来中国社会科学的许多门类的建立,许多学科的形成不少都和来华的汉学家有着直接的关系。从"四部"到"七科",从经学到现代人文学科,近代来华的汉学家起到了重要的作用。叶隽对卫礼贤的研究给我们提供了样板。

叶隽做中国学人的德国留学史研究已经有显著的成果,在这本书中,作者充分利用了自己的学术积累,通过对卫礼贤和蔡元培、杨丙辰的合作完成了在中国介绍德国西学思想主体的转移的研究,说明了中国近代学科体制的建立是如何从传教士、讲学者、汉学家转换到中国本土学者手中的。同时,他以中研院和德语专业的建立与发展,说明以蔡元培等为代表的中国学者在中国近代学科形成中所发挥的重要作用。从这本书的研究中我体会到,我们在讨论现代中国学术的形成和现代学科的建立时必须放在当时的中西文化交流的历史背景中,新文化运动、近代学术和文化的产生都是在中外文化的激荡中形成的,而以往的形成研究要么只在中国文化本身考虑,要么只在外部力量考虑,都有道理,但显然不全面。本书的价值不仅仅在于指出中国近代学术和学科体制是在中外文化共同作用下产生的,是一种"学术互动"。而且更深入地分析作为西学内容的学术体制和学科制度传入的具体内在过程,是如何催生了一个新的学科——德语的产生。在这个历史过程中我们看到对西学的介绍从传教士到留学生主体的转变。这样,作者就真实而细致地通过德国传教士和德国留学生这样两个群体展现了德国思想和文化、德国的现代学术体制和制度在中国近代学术形成的实际过程。

晚清以来的"西学东渐"是一个多重、多方面、多种力量的复杂过程,实际上中国近代学术体制和学科的形成是多种力量集合的结果,是西学在中国长期传播的结果。从卫礼贤到蔡元培,在传播德国西学思想上主体发生了变化,但并不能说传教士从此退出中国学术体制和学科建立的历史舞台,或者不在发生作用。从同文馆的建立开始,现代学科体制就开始启动,但就是在蔡元培执掌北京大学以后,民国初年的教会大学在中国学术体制和学科制度的形成中起到重要的作用是绝对不可忽视的,即便从德国来说,民国期间的辅仁大学和同济大学的建立,在中国大学历史上和学术体制与学科制度的建立上都有着不可忽视的作用。这就是说,在中国学术体制和学科制度的建立、完善的过程中,"传教士—汉学家—留学生"这种主体的转换并不是线性的过程,而是一个立体的过程,是一个混合而不断渐进的过程。这点作者需要做进一步的深入研究,从而揭示出中国近代学术体制和学科制度建立的丰富历史画面。

近代以来的在"'援西入中'的大潮中,中国社会有关现实世界及社会理念合法性论证的思想资源,渐次脱离中国传统的思想资源,转而采纳西方现代性的知识样式"。① 从历史说,"如果把 1910 年和 1989 年年初相比,人们发现,在思想和体制两大领域都明显地彼此脱离,而且越离越远"。自近代以来,在中国传统思想和现代学术体制之间有了巨大的间隙,随着中国自己的学问"国学"转换为各门具体学科,学科化的中国学问开始一一纳入了西方现代学科体系,尽管民初关于"国学"的理解曾

---

① 复旦大学历史系编《中国现代学科的形成》,第 4 页,上海:上海古籍出版社,2007 年。

引起重大的争论，①但西方学术体制和学科制度在中国的确立已成历史大潮，无法阻挡。

百年西潮最终导致了中国思想和文化的变化，并由此而推动了中国走向了现代化之路。当下，被压抑的现代性在这个千年文化古国中以人类史前所未有的形式喷爆出来，一发而不可收，其现代化进程之猛烈，社会变迁之巨大，在整个人类的现代化史都未曾所见。

当中华民族开始自立于世界民族之林时，当中国作为一个真正的大国成为我们现实的生活的环境时，文化自觉之心、之求油然而生，此刻，中国学术界开始反思百年西潮在推动中国思想变化与发展的同时，由此所造成的对中国思想资源的冷漠、忽略，开始反思百年西学思潮所引起的学术制度化、学科规范化在推动近代中国学科发展的同时，这种规制对中国精神把握的隔离与漏缺。争论由此而产生。

问题的实质正如作者在书中所说："关注国别中心的创造性发展的同时，也应思考具有'普遍主义'的问题。作为人类整体的世界，是否具有普遍主义的真理可能？或者这只是一种虚构的大同理想？如果每个民族（这里主要指以国家为载体的国家民族）都拥有自己的语言、历史和传统，并且仍将在很长时期内按这样的基本轨迹发展的话，那么我们是否需要建构人类文明的基本价值与共识？它与民族-国家本身的发展关系又是如何？这些都是我们应当尝试去回答的问题。"民族文化理解和世界认知，西学学科与中国传统思想资源，这些百年前曾经困惑我们前辈的问题，今天又以另一种形式开始困惑我们。

今天的中国思想界和学术界很像陈子昂在诗中所写："前不见古人，后不见来者。"过去已经失去，未来尚在探索。学术从未像今天这样活跃、混乱，思想从未像今天这样分歧、多元，书写从未像今天这样繁荣而无力，观念从未像今天这样纷杂而各奔东西。但这正是伟大时代的特征，这正是一个新思想、新学术诞生的前夜，探索中预示着光明，争论中渴望着新生。

张西平

2008 年 7 月 21 日写于北京游心书屋

---

① 罗志田《国家与学术：清季民初关于"国学"的思想争论》，北京：三联出版社，2003 年。

目 录

总序 ………………………………………………………………… I
序言 ………………………………………………………………… VII
第一章　绪　论 …………………………………………………… 1
　一、现代世界的形成与德国意义 ………………………………… 1
　二、世界精神、资本时代与现代中国学术规制的生成 ………… 9
　三、从传教士到留学生：中介者、边缘人抑或创造家？ ……… 21
　四、研究思路与理论框架 ………………………………………… 28

第二章　德国视野里的"基督福音"与"中国心灵"——从花之安
　　　　到卫礼贤 ……………………………………………… 31
　一、西学东渐视野中的德国基督教会与传教士 ………………… 31
　二、"自西徂东"之后的"基督福音"——花之安的传教思路与中国
　　　意义 ……………………………………………………………… 40
　三、"中国心灵"的浮出水面：卫礼贤的"专业汉学"之路 ……… 46
　四、近代中国期待视野里的"德国传教士意义" ………………… 52

第三章　帝国的消解与现代的兴起——以安治泰与卫礼贤的比

较为中心 ·· 63
一、"世界政策"背景下的德帝国与传教会 ····················· 63
二、圣言会的德国背景及安治泰的民族本位 ····················· 68
三、同善会的民族色彩与卫礼贤的文化立场 ····················· 76
四、帝国消解之成立与现代兴起之可能 ···························· 81

第四章 平生风义师友间——以卫礼贤与蔡元培、杨丙辰的北大交谊为中心 ··· 87

一、北大改革背景下的德国文学系创办：卫礼贤与杨丙辰的师生同事之谊 ·· 87
二、中德学术因缘的另段佳话：卫礼贤与蔡元培的"惺惺相惜"及其文化史意义 ·· 95
三、北大一年：卫礼贤在中国学术场域的定位及其认知 ········· 101

第五章 科学原则的确立——以蔡元培、傅斯年等的中研院活动为中心 ·· 111

一、从北大校长到中研院长：蔡元培对现代学术机构建制之认知 ·· 111
二、社会历史潮流中的学术命脉：傅斯年对史语所学术旨趣阐发的德国背景 ·· 120
三、中国现代学术史上的留德一代：科学原则与学术精神之确立 ·· 137

第六章 学科建设的推进——以德语文学学科杨丙辰、冯至等的师生关系为例 ·· 148

一、先生一代的起点意义：以杨丙辰的学术认知为中心 ········· 148
二、留德背景、南北大学与学术承传：20世纪50年代作为创业者的学生一代 ·· 157
三、20世纪80年代的社科院外文所与学科建设：以作为学科领袖的冯至为例 ·· 168

第七章 结 语 ………………………………………… 177
　一、学科规制生成的核心内容 ……………………… 177
　二、"留德学术群"研究的意义——中国现代留德学人的枢纽
　　　地位及其缺失 ……………………………………… 184
　三、"学术互动史"命题的提出——以德国学术之世界影响为例
　　　……………………………………………………… 188

主要参考文献 ………………………………………… 192
西文—中文名词对照表 ……………………………… 208
人名及关键词索引 …………………………………… 216
后记 …………………………………………………… 227

第一章

绪 论

一、现代世界的形成与德国意义

理解德国的意义,必须放置在现代世界形成的整体框架中,才更易看得清楚。在我看来,虽然可将现代性的开端追溯到地理大发现的时代,但真正之潮流涌动、山雨欲来,仍当属18、19世纪之交。其标志有三:一曰传统秩序的终结,以美国独立与法国革命为标志;二曰科学话语的确立,以柏林大学的建立与费希特的《知识学》为标志;三曰思考方式的呈现,以歌德的《麦斯特》与黑格尔的《历史哲学》为标志。①

将六项标志性事件中的四项归于德意志,有人或许会问是否过于偏颇?这其中可以质问的地方诸多,

---

① 当然这个说法未尝不受到施莱格尔的影响,他说他那个时代最伟大的三个标志性事件就是法国革命、费希特的《知识学》和歌德的《麦斯特》。Schlegel, Friedrich: *Schriften zur Literatur*(论文学). München: DeutscherTaschenbuchverlag, 1972 (2. Auflage, 1985). S. 45—46. 针对这种说法,有论者如尼柯莱则嘲笑似地提出"腓特烈大帝、美利坚共和国和土豆"(Friedrich der Große und die amerikanische Republik und — die Kartoffeln)三种时代倾向。Nocolai, Friedrich: Vertraute Briefe von Adelheid B*** an ihre Freundin Julie S** IX.(阿德尔海德·B致其友尤·S的私信, 1799), in Mandelkow, Karl Robert(hrsg.): *Goethe im Urteil seiner Kritiker — Dokumente zur Wirkungsgeschichte Goethes in Deutschland*(批评者眼中的歌德——歌德在德国影响史资料). Band I. München: C. H. Beck, 1975. S. 180.

譬如说,怎么可以将英国遗漏？其理由在于,虽然"大不列颠既不缺乏科学伟人,也不缺乏大型机构",①但在19世纪的前三分之一时段内,英国科学仍是处于衰落过程之中。以产业革命为开端、同时执有资本主义时代领袖地位的英伦,其意义要放在19世纪进程里,通过维多利亚时代的物质极大灿烂而显示出来,但在现代学术的建立过程中,它并非领先者。当然,我们会注意到那位日耳曼血统出身、日后转到英伦的思想史家哈耶克(Friedrich A. von Hayek, 1899-1992),他对英、德两国的思想史意义做出了特别的强调：

> 两百多年以来,英国的思想始终是向东传播的。曾在英国实现的自由法则似乎注定要传播全世界。至1870年左右,这些思想的流行或许已扩展到其最东端。从那时起,它开始退却,一套不同的,并不是真正新的而是很旧的思想,开始从东方西进。英国丧失了它在政治和社会领域的思想领导权,而成为思想的输入国。此后60年中德国成为一个中心,从那里,注定要支配20世纪的那些思想向东和向西传播。无论是黑格尔还是马克思,李斯特还是施莫勒,桑巴特还是曼海姆,无论是比较激进形式的社会主义还是不那么激进的"组织"或"计划",德国的思想到处畅通,德国的制度也到处被模仿。②

事实上,德国思想的扩张要早于1870年,早在18世纪后期开始,它就已经成为一种非常强势的思想势力。应该说,自19世纪以来,在长达200年的时间里,现代世界几乎可以说就是在德国思想的笼罩之下。如果说这样一种判断或许过于急切,那么我们不妨将其尽可能地还原到历史语境中,略做些比较性的衡量考评。或者,可以这样表述,现代性的中心场域是在西欧;在近代以来的西欧文明之中,英、法、德基本扮演了三强鼎立的角色,但就精神领域之总体而言,是德国思想占据了引导性的中心位置。诚如英国人自己对19世纪早期思想整合过程的判断：

> 当现代科学方法及其推动力即数学精神在本世纪前四分之一里从法国闯入德国时,在那里同一种强大的理智组织即德国大学制度相会合,而在这种制度中,古典的和哲学的研究已制定了Wissenschaft的理想——较广意

---

① [英]梅尔茨：《十九世纪欧洲思想史》第1卷第193页,周昌忠译,北京：商务印书馆,1999年。
② [英]弗里德里希·奥古斯特·哈耶克：《通往奴役之路》第27—28页,王明毅等译,北京：中国社会科学出版社,1997年。

义上的科学的理想。精密的即数学的精神逐渐地但不无受阻地被接纳进这个制度,那时以来已成为它的一个有机组成部分。在英国,固守于那两所大型大学的古老传统和一个维护这些传统的精英阶级所抱的高度务实的兴趣阻止任何大陆理想,无论 F. A. 沃尔夫的语文学理想还是费希特的哲学理想或者拉普拉斯和居维叶的科学理想,进入这两个古老学术中心。它们毕竟是硕果仅存的带历史性和连续性的高级文化的组织。①

这段话涉及现代世界发展进程中极为关键性的枢纽部分——知识的整合与教育/学术制度的建制问题。毫无疑问,英国在这场现代性竞赛中是拔得先筹者,其文化的核心特征为"博雅教育"(liberal education)。② 但当以牛津、剑桥为代表的英国古典大学成就了其以养成绅士(gentleman)为主的教育传统之时,它同时也就相对趋向于保守。无论是对法国大学的"科学导向",还是德国大学的"现代革新",英国人都不太以为然。纽曼在洪堡之后重提"大学的理念"(The Idea of a University),就是最好的标志,这且容日后细论。18 世纪时,占据主导地位的还是法国文化,而在我看来,法国文化的核心特征是"科学话语"(science)的确立,这实际上就取决于法国大学体制中的"大学校制度"的确立。虽然早在 13 世纪时,巴黎大学(Université de Paris)就以其国际性而成为大学的源流地

---

① [英]梅尔茨:《十九世纪欧洲思想史》第 1 卷第 221—222 页,周昌忠译,北京:商务印书馆,1999 年。
② 英国大学理念的代表人物纽曼(John Henry Newmann, 1801 – 1890)曾如此比较过两种大学的概念:"一种是所谓的大学,它不提供住宿,不督察学习,对修满许多课程及格的任何人都授予学位。还有一种大学则既无教授亦无考试,只是把一定人数的年轻人召集在一起过三四年,之后把他们送出学校,像人们所说牛津大学近 60 年来所做的那样。如果要我在这两种大学中选择,问我这两种方法哪一种更有利于知识的训练——我并不从道德的角度说哪一种更好,因为显而易见,强制性的学习必定好,而懒散则极有害——如果我必须断定这两条道路中哪一条在训练、塑造、启发人的头脑方面更为成功,哪种方法培养出来的人更适合现实的任务,训练出更好的公职人员,产生出通晓世情的人和名传后世的人,我将毫不犹豫地选择那无教授亦不考试的学校,它优于那种强求学生熟悉天底下每一门科学的学校。"约翰·亨利·纽曼《关于大学的概念》,载王启梁主编:《在牛津听讲座——精神的力量》第 5—6 页,北京:中国民航出版社,2002 年。或者进一步说:"我对大学的看法如下:它是一个传授普遍知识的地方。这意味着,一方面,大学的目的是理智的而非道德的;另一方面,它以传播和推广知识而非增扩知识为目的。如果大学的目的是为了科学和哲学发现,我不明白为什么大学应该拥有学生;如果大学的目的是进行宗教训练,我不明白它为什么会成为文学和科学的殿堂。"[英]约翰·亨利·纽曼:《大学的理想》(节本)第 29 页,何曙荣译,杭州:浙江教育出版社,2001 年。

之一，①但直到大革命时代，尤其是以拿破仑为代表的资产阶级政权，才真正确立了法国大学的精英大学校传统，其核心则为从"人文主义"转向"科学主义"。从加洛林时代以来，教育是以"人"为唯一中心的，不管是早期的将人作为"逻辑动物"，还是后来的将人作为"协调整体"，人本是一切的出发点；而大革命时代则不同，②经由夸美纽斯（John Amos Comenius，1592－1670）的影响，方向彻底扭转，以外在世界、自然世界作为自己的目标，"科学"替代"人文"，成为教育的中心问题。③ 具体表现则为在巴黎及其他地区设立了十几所专门学院，这就是后来赫赫有名的"大学校"（Les grandes écoles）。④ 1794年，巴黎综合理工学校（Polytechnique）建立，⑤这是作为精英学校的大学校在理科方面最顶尖的学校，所谓"最初真正体现近代科学内容的高等教育机构是法国大革命时期的综合理工学校"，⑥正如在文科方面的代表性大学校是巴黎高等师范学校（Ecole Normale Supérieure Ulm）一样。

正是英、法大学的"戮力在前"（也包括德国大学自身的传统更新，哈

---

① 13世纪，巴黎大学以两种组织形式基本固定下来，一种是以学科为特征的四个学院（Quatre Facultés），一种就是以学生原籍和语言为标志的四个"民族团"（Quatre Nations）。这四个民族团是：诺曼底民族团、庇卡底民族团、英格兰民族团和法兰西民族团。这些民族团的划分界限并不是十分严格，如英格兰民族团中不仅有英格兰人，还有日尔曼人和斯堪的纳维亚人。来自欧洲各地的师生普遍采用拉丁文传授知识，用拉丁语进行交谈。由此可见，早期的巴黎大学就具有国际性。参见李兴业编著：《巴黎大学》第22页，长沙：湖南教育出版社，1988年。
② 1789年法国大革命的成功，资产阶级革命议会获得了绝对的统治权，随即颁布"公共教育组织法"（Loi sur L'organization publique，又称"达鲁法案"，P. C. F. Daunau），其中最重要的决定是：关闭和取消现存的中世纪大学，建立各种专门学院；对现存的部分综合性学院和军事学院则予以改造；此外，再设置某些专门研究机构。Liard, Louis: *L'enseignement Supériéur en France* 1789－1889（法国高等教育 1789—1889）. Paris, 1909. p. 372.
③ 参见[法]爱弥尔·涂尔干：《教育思想的演进》第408页，李康译，上海：上海人民出版社，2003年。
④ 此期的教育史背景，请参见黄福涛《法国近代高等教育模式的演变与特征》，原载《厦门大学学报》（哲学社会科学版）1996年第4期，见陈学飞总主编《高等教育研究五十年（1949—1999）》第1900—1903页，北京：教育科学出版社，1999年。史静寰《拿破仑与帝国大学》，原载《华东师范大学学报》（教育科学版）1985年第2期，见陈学飞总主编《高等教育研究五十年（1949—1999）》第1904—1909页，北京：教育科学出版社，1999年。
⑤ 参见洪丕熙：《巴黎理工学校》，长沙：湖南教育出版社，1986年。另参见[英]哈耶克：《科学的反革命——理性滥用之研究》第113—131页，冯克利译，南京：译林出版社，2003年。
⑥ Callot, Jean-Pierre: *Historie de L'Ecole Polytechnique*（巴黎综合理工学校史）. Paris, 1959. pp. 335-336.

勒大学、哥廷根大学在18世纪的改革可视为先兆),才可能有19世纪初期德国大学的"百川汇海"。实际上,柏林大学被捧为西方大学史的一颗明珠还是日后的事情,①即要到19世纪中期之后才逐渐获得其世界声誉,因为大学的实际功用往往不可能立竿见影,而是具有滞后效应的。在俾斯麦掌国时期的德意志,大学发展与国家振兴相得益彰,成为彼此相互关联并促成德国崛起的重要因素。直到第一次世界大战前,德国大学不但自家处于鼎盛时期,而且也是"近代世界高等教育发展的巅峰"。②在我看来,德国大学之所以能成为世界范围内的现代大学的旗帜就在于其"包容众家,气象非凡"。而德国文化的核心特征,正如此处所论,乃是一种"较广意义上的科学的理想"。如果以学术化的语言阐释之,则为费希特的"知识学(Wissenschaftslehre)理想"。作为德国古典大学观的代表人物,席勒、洪堡、费希特与施莱尔马赫各有自家定见。但总体而言,他们有一定共识作为基础。费希特显然有为真理献身,并且自认真理在手的那种内在自负,这从他对康德的评价中就可以看出。不过事实证明,真理从来就不可能在某个个体面前止步,哪怕他是当时最伟大的人类精灵,在科学上如牛顿之后还有爱因斯坦,在哲学上如康德之后还有黑格尔。费希特的知识学体系,其意义与其说在于构建出一整套的哲学体系,倒不如说其思维方式为宗教、科学、哲学之外的真理探索方式提供了一种另类路径。相对而言,这种路径是很符合德国 Wissenschaft 的知识建构传统的。费希特是从对康德的批判继承开始的,他认为康德在《纯粹理性批判》(Kritik der reinen Vernunft)之后的系列著作中"想从根本上改造他那个时代关于哲学,以及与哲学一起,关于所有科学的思维方式的意图,完全没有获得成功"。③而他自己的体系虽然"不外就是

---

① 为纪念柏林大学的创建者威廉·洪堡(Wilhelm von Humboldt, 1767–1835),后改称柏林洪堡大学(Humboldt-Universität zu Berlin)。关于该校,请参见 Bode, Christian·Becker, Werner & Klofat, Rainer: *Universitäten in Deutschland*(德国的大学). München: Prestel, 1995, S.30–31.
② 贺国庆:《德国和美国大学发达史》第182页,北京:人民教育出版社,1998年。或谓柏林大学之建立"开启了普鲁士与德国,乃至全部欧洲高等教育的新时代"。Huber, E. R.: *Deutsche Verfassungsgeschichte seit 1789*(1789年以来德国宪法史). Band 1. Stuttgart, 1957. S.287.
③ 《知识学新说》,载梁志学主编:《费希特著作选集》第2卷第651页,北京:商务印书馆,1994年。

康德的体系",但在其"阐述方式上却完全独立于康德的阐述"。① 实际上,费希特是对康德的"接着说",但他的这种"接着说"却说出了很重要的东西——作为科学/哲学整体理念的知识学:

> 我的著作只是为这样一些人写的,这些人在内心里对确信或怀疑,对他们的认识的清晰或模糊还有感受能力,认为科学和信念有某种价值,因而被一种强烈的热情激发起来,去寻求科学和信念。至于另外一些人,他们由于长期的精神奴役而丧失了自己,同时也丧失了他们对于自己固有的信念的感受,丧失了对于其他人的信念的信仰,认为谁要想独立地寻求真理,那就是愚蠢之举,因而他们把科学仅仅视为惬意的谋生手段,对于科学的任何扩展,就像对于一种新的劳作那样感到惊惧不安,而不惜用任何手段去压迫那些破坏了他们的职业的人——我与这些人是毫不相干的。②

作为柏林大学首任校长的费希特,其知识学理念与柏林大学建立的范式意义,可谓相得益彰、彼此映衬,并直接导致了一个重要原则的呈现——科学话语的确立。正是以柏林大学的建立与费希特的"知识学"为标志,德国现代学术得以初步确立。③ 如果说柏林大学以教育建制的形式确立了德国现代大学的范式,并借大学创办为契机,引发了关于德国古典大学观的争论与探讨,在体制与思想双重层面确立了德国现代大学/学术

---

① 《知识学新说》(1797—1798),载梁志学主编:《费希特著作选集》第 2 卷第 652、653 页,北京:商务印书馆,1994 年。
② 《知识学新说》,载梁志学主编:《费希特著作选集》第 2 卷第 654 页,北京:商务印书馆,1994 年。费希特的这种大学理念,明显受到席勒的影响,并具有德国学术史脉络的承传意义。1789 年 5 月 26 日晚 6 点,在耶拿大学,年及而立的席勒进行他为人师者的首次演说,题为:"何为普遍历史及普遍历史何为?"(Was heißt und zu welchem Ende studiert man Universalgeschichte?),有关"普遍历史"的概念涉及到整个现代世界形成过程中的"德国理念",关系重大,这里按下不论。此处特别需要强调的是,在这场演讲中,席勒提出了针锋相对的一组概念:"利禄学者"(Brotgelehrter)与"哲学之士"(philosophischer Kopf)。1803 年,谢林(Schelling, Friedrich WJ von, 1775 - 1854)在耶拿大学开设了《关于学术研究型学习方法》(Vorlesungen über die Methode des akademischen Studiums)的课程,延续席勒的思路,在学理上总结"利禄之学"(Brotwissenschaften)的概念,并摒斥之。所针对的,都是其时甚嚣尘上的、渗透到大学肌体中的实用主义思维。
③ 这里所指现代学术乃是指宏观意义上的现代观念,即大致等同于柏林大学为代表的现代大学的概念。但学界惯用的概念,又指这个时期的德国大学观为"德国古典大学观",主要是与德国古典文学、德国古典哲学相呼应。大致是指 18、19 世纪之交的思想活跃创造时代。所以,所谓的"德国古典大学观"就是德国现代大学的指导性观念。

的根基的话，①那么，费希特的"知识学"体系，则不仅是德国古典哲学过渡的一个桥梁或组成的有机部分，而且还具有为德国学术在理论上"正名"的意义。或者，进一步地说，"知识学"就是学术哲学（Wissenschaftsphilosophie），费希特具有自觉地阐释与建构"学术哲学"的主观意识。这点，从其命名就可以看出来，所谓"Wissenschaftslehre"就是以所有的 Wissenschaften 为其关注的对象。从《全部知识学的基础》（Grundlage der gesammten Wissenschaftslehre）开始到《以知识学为原则的伦理学体系》（System der Sittenlehre nach Prinzipien der Wissenschaftslehre），费希特的哲学建构基本可以概括为"知识学"。而后者之中对学者使命的追问，则尤其迫切而具现实维度。学术伦理学的命题在知识学的整体背景下日益彰显，应该说，这是具有为"现代学术立心魄"（Seele der modernen Wissenschaften）的枢纽性追问，而且具备鲜明的德国"形而上"特征。从《学者的使命》（Einige Vorlesungen über die Bestimmung des Gelehrten）到《以学术为业》（Wissenschaft als Beruf，韦伯），德国学术有其内在的精神凝聚所在。这正是德国学术为何能后来居上，在很短暂的时间里为世人所瞩目，并形成大规模留德潮流的重要原因。不仅能有学术进步的突飞猛进，更具备学术精神之风骨独标，这才是德国学术对于现代世界学术的重大贡献，或曰引领风尚之意义。

然而，德国对现代世界形成的意义，还不仅在于其学术精神与理念的高人一等。必须指出的是，德国大学/学术的发展，端有赖于德国特质的思考方式之呈现。且不说自康德、哈曼、莱辛、赫尔德等人开端的哲学/文学双重思考方式，就以作为德国古典文学与哲学的集大成者——歌德与黑格尔而论，他们分别以其大成之作《麦斯特》与《历史哲学》为标志所展现出的德意志独特思考方式，不但是日后整个世界都要以他们为不可逾越的巨人的原因，更是德国大学/学术得以发展的重要基础。虽然，这两部巨著都要到 19 世纪 20 年代以后，在两位大师逝世前的最终岁月里，才得以完整的形式呈现出来，而黑格尔的《历史哲学》更是后

---

① 关于这个问题，可参见陈洪捷：《德国古典大学观及其对中国大学的影响》第 13—130 页，北京：北京大学出版社，2002 年。

人根据其遗稿编订而成;但以歌德和黑格尔为代表的德国古典文学、德国古典哲学的双峰并峙,确实属人类历史上最辉煌的创造时代之标志。

如此立论,或许过于突出了思想史/学术史的意义。不过,在我看来,现代世界的展开维度,正是由此铺陈而出的。应当承认,就政治史为主轴的现代世界形成过程而言,英、美霸主兴替是主流线索,也就是说,英伦的位置在进入20世纪后基本上由美国所取代。虽然,如果细加考察,英、美精神颇有距离,但从本质上来看,美国仍是由英伦传统一脉而来,这点不必否认。20世纪之中,美代英而成为世界霸主,也是顺理成章的承替。可如果在一个更加开阔、长时段的历史视阈中来考察,我们可能还是不得不承认思想对人类社会演进的根本性作用。从这个意义上来说,《麦斯特》的思想史与文学史意义至今未能得到充分认知,是十分遗憾之事。虽然学界普遍推崇《浮士德》的天才横溢,但事实上,《麦斯特》在理解歌德思想和推进人类认知问题上,可能更具重要性。毕竟,后者描述的是"半人半神",而前者则纯粹生活于"现实世界"。

诚如有所谓"英国人统治海洋,法国人统治大陆,德国人统治哲学的王国"的说法,①是啊,德国精神所引领的,是整个的现代世界。或者可以说,它才真正地代表了世界精神。但请注意,我说的,是德意志精神引领世界精神,而非德国人。因为真正理解和象征德意志精神的,充其量也只是少数知识精英人物而已。他们包括上述之歌德、费希特与黑格尔。所以,如果说,德国人真的具有在现代世界形成过程中无可比拟的重大意义的话,在我看来,不是威廉二世魂牵梦萦的"世界帝国",亦非希特勒痴迷赓续的"千年帝国",而是"思想帝国"的潜移默化之巨大影响。有这一点,德国人本已足够骄傲;但他们似乎并不满足,还是要追逐现实功利

---

① 恩格斯这样说道:"正像十八世纪的法国一样,在十九世纪的德国,哲学革命也作了政治变革的前导。可是这两个哲学革命相差多远啊! 法国人和一切官方学术,和教会,常常也和国家公开作战;他们的著作要拿到国外——荷兰或英国去印刷,而他们本人则时常被送进巴士底监狱里去。反之,德国人则是一些教授,即一些由国家任命的青年导师;他们的著作是官方认可的教科书,而全部哲学发展的大成——黑格尔体系,甚至在某种程度上高升到普鲁士王国国家哲学的地位了。"恩格斯:《费尔巴哈与德国古典哲学的终结》,载《马克思恩格斯选集》第4卷第3—4页,北京:人民出版社,1972年。

的"大国地位"。

如果再用一种历史性的眼光来考察,所谓"传统秩序的终结",必须还要加上"第二帝国的崛起",因为1871年俾斯麦的统一德国,是世界历史进程中绝对不可忽略的一笔。从分裂四散的联邦分立到第二帝国的统一崛起,这还可以理解;可到威廉二世的世界帝国欲望,就是"过犹不及"、"引火自焚"了;到了希特勒的征服野心与种族狂热,则险些把一个伟大的德意志民族导向毁灭的深渊。这一走向极端的"德意志精神"实践史,不仅是少数政治狂热人物的误导,也有同代知识精英的"与魔共舞"的责任。从这个意义上来说,重新回到古典德国,重温费希特、歌德、黑格尔在现代初兴之时所确立的科学话语与思考方式,是极为必要的。

二、世界精神、资本时代与现代中国学术规制的生成

当黑格尔略带调侃而又不乏敬重地描绘拿破仑为"马背上的世界精神"之时,他可能内心深处会不无自矜地想象,在以后的时代里,作为"思维中的世界精神",他黑格尔的锋缨也会纵横四方,无往而不利。事实似乎也印证了这一点,虽然在他逝去的时代里,黑格尔不断被后人所声讨,但真正能逃离他那庞大哲学体系笼罩的思想者,不知又有几人?① 包括那位后来的思想巨人马克思,似乎也不能例外。黑格尔如此解释"民族精神"(Volkgeist 或 der Geist des Volkes)与"世界精神"(Weltgeist)的关系:

> 国家在它们的相互关系中都是特殊物,因此,在这种关系中激情、利益、目的、才德、暴力、不法和罪恶等内在特殊性和外在偶然性就以最大规模和极度动荡的嬉戏而出现。在这种表演中,伦理性的整体本身和国家的独立性都被委之于偶然性。由于各民族作为实存着的个体只有在它们的特殊性中才具有其客观现实性和自我意识,所以民族精神的原则因为

---

① 譬如作为当代英语世界中最有影响的哲学家之一的泰勒(Charles Taylor)就认为,虽然黑格尔哲学一再遭到拒斥,但其普遍性话语在当代世界中仍具有重要地位。我们仍然生存在黑格尔哲学所揭示的时代之中,而黑格尔哲学事实上也是整个现代性方案中最重要的组成部分。诚哉斯言。参见[加]查尔斯·泰勒:《黑格尔》,张国清等译,南京:译林出版社,2002年。

这种特殊性而完全受到了限制。各民族在其相互关系中的命运和事迹是这些民族的精神有限性的辩证发展现象。从这种辩证法产生出普遍精神,即世界精神,它既不受限制,同时又创造着自己;正是这种精神,在作为世界法庭的世界历史中,对这些有限精神行使着它的权利,它的高于一切的权利。①

这当然与他自己对日耳曼精神的理解有关。黑格尔如此阐述所谓的"日耳曼精神":"它的目的是要使绝对的'真理'实现为'自由'无限制的自决——那个'自由'以它自己的绝对的形式做自己的内容。日耳曼各民族的使命不是别的,乃是要做基督教原则的使者。'精神的自由'——'调和'的原则介绍到了那些民族仍然是单纯的、还没有形成的心灵中去;他们被分派应该为'世界精神'去服务,不但要把握真正'自由的理想'作为他们宗教的实体,并且也要在世界里从主观的自我意识里自由生产。"②在黑格尔的理解中,民族精神不过是"世界精神"的体现而已;"世界精神"(在他的理解维度中更以基督教为原则)才是最高的历史使命,而作为一个伟大的民族,则应使自己的民族精神成为这种世界精神的体现。可以认为,在很大程度上,德意志民族的发展正是在黑格尔这样一种理念支配下进行的。

19世纪,当德意志挟着18世纪以来其先贤与知识英雄们所创造的伟大的精神财富行进在世界形成的全球化浪潮中时,他们是何等的自信

---

① 德文为:"In das Verhältnis der Staaten gegeneinander, weil sie darin als besondere sind, fällt das höchst bewegte Spiel der inneren Besonderheit der Leidenschaften, Interessen, Zwecke, der Talente und Tugenden, der Gewalt, des Unrechts und der Laster, wie der äußeren Zufälligkeit, in den größten Dimensionen der Erscheinung, — ein Spiel, worin das sittliche Ganze selbst, die Selbständigkeit des Staates, der Zufälligkeit ausgesetzt wird. Die Prinzipein der Volksgeister sind um ihrer Besonderheit willen, in der sie als existierende Individuen ihre objektive Wirklichkeit und ihr Selbstbewußtsein haben, überhaupt beschränkte, und ihre Schicksale und Taten in ihrem Verhältnisse zueinander sind die erscheinende Dialektik der Endlichkeit dieser Geister, aus welcher der allgemeiner Geist, der Geist der Welt, als unbeschränkt ebenso sich hervorbringt, als er es ist, der sein Recht, — und sein Recht ist das allerhöchste, — an ihnen in der Weltgeschichte, als dem Weltgerichte, ausübt." Hegel, Georg Wilhelm Friedrich: *Grundlinien der Philosophie des Rechts*(法哲学原理). (hrsg. von Hoffmeister, Johannes) Hamburg: Felix Meiner, 1955. S.288. 中译文见[德]黑格尔:《法哲学原理》第351页,范扬、张启泰译,北京:商务印书馆,1996年。

② [德]黑格尔:《历史哲学》第352页,王造时译,北京:商务印书馆,1999年。

与坚定。更重要的是,他们不仅在文化领域里创获连连,而且在政治领域里不断崛起。从军事胜利到经济腾飞,一个强大的德意志蓦然屹立在欧洲的中心。19世纪的世界(首先是西方世界),各主要大国都在以不同的方式竞赛争先。"资本时代"是这个时期最醒目的标签,虽然早在15世纪时,西欧人即"以其伟大的海外扩张揭开近代世界历史的序幕",①但真正通过资本的扩张形成全球性体系,仍要等到19世纪。也就是说,在19世纪之前,欧洲虽然已控制了亚洲的海域,但尚未能征服亚洲大陆,所以其洲际资本主义秩序不但因"不能囊括亚洲大陆而缺乏全球性,又由于无法渗入海外大陆的腹地而缺乏深度"。可一旦瓦特(Watt, James, 1736—1819)发明了蒸汽机,工业革命以迅猛态势发展起来,就为欧洲(首先是英国)的世界统治提供了必须的经济动力和军事力量,而"从商业资本主义产生出来的工业资本主义远比商业资本主义强大并更富于扩张性"。② 与作为"世界工场"的英国相比,德国人显然是这场竞赛中的后来者,但后来可以居上。虽然在1770到1870年间,英国人的资本优势无人可敌,③但在1871年德国统一之后,一旦转向进入资本主义轨道,经济即迅猛发展,并"在经济力量上超过了早于德国发展资本主义的法国和英国"。④

然而,我们必须注意到,在一个国家的发展进程中,不太可能是孤立的单向度发展。虽然经济振兴与政治崛起,往往是表面上最易带来光环效应的因子。一方面,在德国发展过程中,政治精英往往在不同程度上

---

① 我们注意到西方史家提出的这个饶有趣味的问题,即:"为什么他们(指西欧人,笔者注)如此积极地开创这项命运攸关的事业呢?为什么不是中国人'发现'欧洲呢?这不是毫无意义的问题。如果中国人干了这番事情,并移殖于美洲、澳洲以及大洋洲的其他地区,那么今天的世界人口中中国人会占有1/2而不是1/5。"[美]斯塔夫里亚诺斯:《全球分裂——第三世界的历史进程》上册第21页,迟越等译,北京:商务印书馆,1995年。
② [美]斯塔夫里亚诺斯:《全球分裂——第三世界的历史进程》上册第162页,迟越等译,北京:商务印书馆,1995年。
③ [美]斯塔夫里亚诺斯:《全球分裂——第三世界的历史进程》上册第163页,迟越等译,北京:商务印书馆,1995年。
④ 厉以宁:《资本主义的起源——比较经济史研究》第403页,北京:商务印书馆,2003年。关于德国工业化与政治崛起的关联,参见邢来顺:《迈向强权国家——1830—1914年德国工业化与政治发展研究》,武汉:华中师范大学出版社,2002年。但此著对文化方面的因素关注明显不够。

承受着德国精神构建者的思想影响;①另一方面,法、英等国的精英分子也没有只津津于现实政治、经济的功利层面考量,在政治家与商人为了现实利益而奔波忙碌之时,他们的知识精英也在坚守自己的位置。对德国精神的发掘,则是最重要的历史事件。这首先当归功于法国的斯太尔夫人(Mme De Stael,1766-1817)。这个优雅的法兰西知识女性以《论德国》(De L'allemagne,1810)一书全面改写了西方世界的德国图景。她对德国的文学与艺术尤其有深刻的认知:②

> 在德国,对任何东西都没有固定的趣味,一切都是独立自主的,都是富于个性的。对一部作品的评判是根据个人的印象,而不是根据什么规律,因为也根本不存在任何普遍承认的规律:每个作者都有自由创立新的活动范围。法国大多数读者的激动感奋,甚或娱乐消遣,都不能损害自己的文学良

---

① 譬如俾斯麦就这样回忆说:"1832年,我作为我国国家教育的通常结果离开了学校,那时我是泛神论者,虽然不是共和派,但却相信共和国乃是最合乎理性的国家形式;我在思考,是什么原因促使千百万人长期听命于一人,而我从成年人那里听到的却是对统治者尖刻或藐视的批评。"这种说法或许有其特殊的话语背景,但基本是可以相信的。俾斯麦接受教育的时代,正是黑格尔哲学作为官方哲学大行其道的时代,虽然有论者认为:"20年代在柏林的大学生和青年知识分子中开始兴起的黑格尔学派几乎没有进入俾斯麦家在柏林的住宅。"但他也不能否认:"也许俾斯麦家在这些年里也模模糊糊听到了黑格尔于1818年10月首次走进课堂满怀激情的讲话:国家自豪感(主要是对普鲁士)和对超越老一套的启蒙运动的精神力量的信任。"[德]恩斯特·恩格尔贝格:《俾斯麦——地道普鲁士人和帝国缔造者》上册第96,97页,陆世澄等译,北京:商务印书馆,1992年。俾斯麦对普鲁士的国家自豪感则如出一辙:"使我们得以立足的,是特殊的普鲁士精神,古老的普鲁士美德:荣誉、忠诚、服从和勇敢,这一切鼓舞着军队——人民的优秀代表,从其骨干军官团一直到最年青的新兵。我们是普鲁士人,我们愿永做普鲁士人……"转引自[英]艾伦·帕麦尔:《俾斯麦传》第45页,高年生译,北京:商务印书馆,1982年。黑格尔将其国家哲学的理念宣示于课堂和书本,而俾斯麦则将这种德国精神引入政治实践之中,从其中我们可以理出一条精神影响的社会史传播轨迹。

② 当然我们注意到海涅对此著的批评:"凡是这位胸襟开阔的妇女以她整个光辉的心灵、全部智力的火花和辉煌的狂想直接现身说法的时候,这本书便异常出色、无与伦比。可是当她一旦受到别人的影响,效忠于一个对她格格不入、难以理解的流派,并且由于赞美这个流派而助长了某些和她新教的明朗倾向针锋相对的教皇派的倾向时,她的书便显得极端贫乏,不堪卒读。不仅如此,她除了无意识的表态之外,还有意识地表明自己的立场。她赞扬德国的精神生活、唯心主义,原来就是为了要反对法国人当时的现实主义,反对皇帝时代物质上的辉煌成就。" "Die Romantische Schule", in Nationales Forschungs — und Gedenkstätten der klassischen deutschen Literatur in Weimar (hrsg.): *Heines Werke in Fünf Bänden*(五卷本海涅著作集). 4. Band. Berlin und Weimar Aufbau-Verlag, 1978, S. 192-193. 中译文见《论浪漫派》(选译),载海涅:《卢苔齐娅——海涅散文随笔集》第154页,张玉书译,北京:中国广播电视出版社,2000年。

知:他们在这方面有良心呵责感。德国作者自己造就读者;在法国,则是读者指挥作者。①

应该说,女性的观察是相当细致入微的。这里从两个层面揭示出德国古典时代文学的一个重大特征,一是从述思角度,一是从市场角度。前者说明德国诗人的创造性劳动,是完全以自家的思想和艺术创造为价值取向的;后者说明在资本时代已经成型、市场力量逐渐要发挥出"有钱能使鬼推磨"的魔力之时,德国诗人却能以整体的力量坚守住艺术家的创造位置,不为读者(后面是市场的魔手)所惑,执着地做自己的创造事业。而这两者,正是德国文学能形成其独立价值、在世界文学中获得独特地位的重要原因。德国文学也许缺乏可读性与受追捧的"市场效应",但绝对拥有自家的思想性、艺术性与独创性,他们至少是做到了"发人之所不能言"。这一点,在同类比较中尤其显得可贵。所谓"在法国,阅读一部作品大抵是为了议论它;在德国,大家几乎是孤独地生活着,因而要求作品本身给读者做伴;作品本身只是社会的反映,却又要求作品同人的灵魂搞'社交',这又如何行得通!在僻静的隐居之地,没有比社会上的思想显得更单调凄凉的了。孤寂的人由于缺乏外部运动,便需要内心的激情来代替这种运动"。② 当然不能要求所有民族都选择"内求诸己",不能要求所有人都选择"孤独寂寞",但当这世上绝大多数人都会自动趋向于功利之时,有某些人、有某个民族做出相反的选择就自然会凸显出其特别的价值来。斯太尔夫人不仅揭示出法国人与德国人的区别,也深挖英国人与德国人的差异,虽然她承认"德国文学在英国,远比在法国为人所知晓",但同时也不忘指出"即使在英国,对德国哲学、文学也是有偏见的",那么这种深刻的殊异究竟以怎样的方式体现出来呢?

> 英国人的哲学旨在给造福人类的事业争取有益的成果。德国人为追求真理而追求真理,不考虑人类能从中谋取什么利益。他们政府的本性不曾为他们提供伟大崇高的机会来获得荣誉,并为祖国服务,所以他们在一切问题上都专心致志于沉思默想,向苍天寻找他们狭窄的命运在地面没有满足

---

① [法]德·斯太尔夫人:《德国的文学与艺术》第1—2页,丁世中译,北京:人民文学出版社,1981年。
② [法]德·斯太尔夫人:《德国的文学与艺术》第2—3页,丁世中译,北京:人民文学出版社,1981年。

他们的空间。他们沉湎于理想,因为现实生活中没有任何东西合乎他们的想象。英国人不无根据地以其所占有的、以其现在的身份和可能得到的身份为自豪;他们把想象力与热情建立在法律、道德与信仰之上。这类崇高的感情使灵魂格外充满活力;但思想如果没有疆界,甚至没有特定的目标,也许就可以向着更遥远的境界驰骋;当思想一直同广袤无垠的空间相联系时,没有任何利益能把它拉回到现实世界的事物上来。①

德国人犹如人类思想这支军队的侦察兵。他们探索着新路,他们试验着不曾与闻的方法。当他们从无垠的境界遨游归来之际,谁不怀着好奇的心情,希望知道他们说些什么呢?英国人的性格有许多独特之处,但他们相当普遍地害怕新制度。在处理现实生活的事务时,思想的明智给他们带来极大的好处,所以他们在研究学术的时候也希望有这种明智;但在这里,勇气同天才是不可分离的。天才只要尊重宗教和道德,便应当朝尽可能深远的方向发展;它所扩大的正是思想的王国。②

应该说,斯太尔夫人是非常之敏锐且深刻的,她对英、德两民族的比较,从思维方式到学术原则,都有很好的揭示,说到底就是:"理性功利"与"纯粹真理"是彼此间的根本差别。正所谓"英国人要在各方面使行动与原则一致;他们是明智、有秩序的民族,认为荣誉就在于明智,而自由就在于秩序井然。德国人只是梦想过荣誉和自由,他们研究思想是不管如何实施的,这样他们就必然要在理论方面达到更高的境界"。③ 这话说得不错,但如果我们站在今天去看过去的历史,就必然要对此做出补充,也就是说,德国人的思想场域与现实政治是有区别的。思想家阶层以追求绝对真理为理念,这没有问题;但政治家则必须考虑思想进入现实的可操作性,而不能直接地将之不加辨择地取来就用。④ 从这个意义上来说,德意志民族给人类世界所带来的灾难,与此是有密切关联的。而英国人则相对要好得多,因为其思想家阶层在思想建构的过程中,始终都有一种基本的实践意识考量,所以就会更多地考虑其理论的可操作性,而非

---

① [法]德·斯太尔夫人:《德国的文学与艺术》第6—7页,丁世中译,北京:人民文学出版社,1981年。
② [法]德·斯太尔夫人:《德国的文学与艺术》第7页,丁世中译,北京:人民文学出版社,1981年。
③ [法]德·斯太尔夫人:《德国的文学与艺术》第8页,丁世中译,北京:人民文学出版社,1981年。
④ 我们必须注意到,在德国这样盛产思想体系的国度中,其思想作用于政治实践确实面临"变异"的问题。譬如马克思主义的现代实践,譬如尼采思想被希特勒的取用等等。

仅体系上的完美程度。

事实上,正如我们前面所指出的,虽然德国思想/学术在19世纪已逐步趋于世界中心位置,但19世纪世界范围内的实践运作(此主要指经济/政治层面)的中心国家仍是英国。世界秩序是由日不落帝国所主导的,维多利亚时代的物质辉煌,仍是全球化时代的风向所系。可问题就在于,斯太尔夫人的发现,不仅轰动了法国,也影响了欧洲,甚至远播到大洋彼岸的美国。可以说,这是现代世界形成过程中的重要转折点。我们很难想象,如果没有19世纪中逾万美国人的留学德国,20世纪的现代美国究竟会发展到怎样的地步?我们必须注意到:"到1900年为止,横渡大西洋到欧洲伟大的学术研究中心,主要是德国的大学留学的差不多一万名美国学者,坚定地服膺于学术研究和以科研为基础的教学和学习的思想回到美国。"① 然而,留学德国的浪潮,并未到此结束;以德为师的理念,亦未就此而止。从19世纪后期开始,新一轮的留德潮流开始涌现,这包括更早些时即开端的俄国人,② 以及此时当"明治维新"欲"求知

---

① [美]伯顿·克拉克:《探究的场所——现代大学的科研和研究生教育》第3页,王承绪译,杭州:浙江教育出版社,2001年。这一国际教育交流史上的划时代事件,使得美国后来发生了学术革命,并在1930年代后迅速崛起,取代德国成为世界高教与科研中心。
② 俄国由于靠德国很近,俄罗斯的知识精英不但将留学德国视作学习西方的重要途径,而且乐于以德为师,在别林斯基(Belinsky, Vissarion Grigoryevich, 1811—1848)的心目中,德国的思想史意义或许远大于作为"自由之祖"的法国,他这样比较:"法国经两次革命,结果有宪法,而在这个立宪的法国,思想的自由远远不及独裁专制的普鲁士。"甚至他会极端推崇德国,再三强调:"德国——德国才是现代人类的耶路撒冷。"别林斯基致友人信(1877年),转引自[英]以赛亚·伯林:《俄国思想家》第198、199页,彭淮栋译,南京:译林出版社,2001年。日后,别尔嘉耶夫更是一针见血地指出德国精神对俄国文化的重大影响:"德国精神是富有阳刚之气并强有力的,它在征服俄国人肉体之前已经战胜了俄罗斯人的灵魂。而且它发生作用的途径是多种多样的。被国际社会民主思想所诱惑,使俄国德意志化、征服俄罗斯精神,此乃俄罗斯知识分子丧失个性的途径之一。"别尔嘉耶夫:《俄国革命的精神基础——论1917—1918年》第215—216页,圣彼得堡:俄国基督教人文学院,1998年。转引自林精华:《想象俄罗斯》第154—155页,北京:人民文学出版社,2000年。但在具体意义上的德国思想传入过程中,各家各派并非是一个完整的整体。对俄罗斯思想"具有决定性意义"的,当属"康德、费希特、谢林、黑格尔等创造的德国理想主义",又谓"俄罗斯创造性思想是在德国温馨主义和浪漫主义氛围中初露衷曲的"。[俄]别尔嘉耶夫:《俄罗斯思想》第30页,雷永生等译,北京:生活·读书·新知三联书店,1996年。此处"理想主义"当为通常的"唯心主义"概念,即德文Idealismus。俄国人日后(尤其是白银时代)文化创造的辉煌灿烂,与德国思想的传入关系很大;列宁等对马克思主义的选择接受,也与德国通道大有关联。关于两国关系的论述,可参见Thomas, Ludmila (hrsg.): *Deutsch-russische Beziehungen*(德俄关系). Berlin: Akademie Verlag, 1995.

识于天下"的日本人,①当然也包括了迟迟未能开端现代中国建设而停留在"洋务运动"阶段的中国人。②

虽然,各国留德教育都取得了相当可观的实绩,但在我看来,20世纪前期中,最值得关注的留德学人来自中国与法国。中国留德学人数量虽

---

① 日本人的"脱亚入欧",既表现出走向现代的勇气与决心,也意味着必然要抛弃昔日的中国老师,而选择崭新的西方楷模。虽然,有论者认为日本是"学德国步入歧途",但日本人态度很认真,"逃脱被征服的命运"也是上下之共识,1862年福泽谕吉就设想"建立像德意志联邦那样的国家",到后来经过明治制度创建者们的努力,真的在日本建立了以德国为楷模的政治军事制度,最终"把日本也造就成像德意志帝国那样的军国主义怪物",而我们不可忽视的是,"当山县有朋创建帝国'皇军'的时候,伊藤博文负责制定宪法,他的幕僚班子和山县有朋一样挤满了归国的留德学生和德国顾问"。钱乘旦认为:"事实上作为现代化的后起者,德意志帝国只是个发育尚未完全的'现代'社会,而日本'向西方学习',最终落实到以德国为榜样,这不可不说是一个巨大的失误。"参见钱乘旦《论明治维新的失误》,载《新华文摘》2000年第8期,北京,第76—77页。确实,从日本最后走向军国主义的结局来看,明治维新只能说是暂脱日本于困境,并未奠立下万事太平的根本制度;但从另一个角度来看,日本又确实是在短期之内,实现了近代化过程,摆脱了殖民地的屈辱位置,乃至于"崛起环岛,称霸东亚,跻身于世界强国之列"。鲁军《清末西学输入及其历史教训》,载丁守和、方行主编:《中国文化研究集刊》第2辑第122—123页,上海:复旦大学出版社,1985年。

② 虽然,清政府最早派出的留学生,1872年即开始,但仍以留学美国为主;即便是1876年派出的留欧船政生中有去德的武官,但那只是一个远不算成功的开端。其时的美国远非今日的超级强国,无论在学术与文化上,都未处于第一流的状态,中国人在最初的选择学习典范中,就未能"慧眼独具"。对德国的认识,蔡元培认为"世界学术德最尊"。黄炎培《吾师蔡孑民先生哀悼辞》,梁柱:《蔡元培与北京大学》第12页,北京:北京大学出版社,1996年。马君武强调"德国文化为世界冠"。《〈德华字典〉序》,莫世祥编:《马君武集(1900—1919)》第273页,武汉:华中师范大学出版社,1991年。不论是选择留德的原因,还是留德之后的判定,中国最优秀的知识人对德国学术文化的认识都已是在进入20世纪之后了。其时的德国确实如日中天,不仅是教育学术文化,就是经济政治军事,也都莫不处于蒸蒸日上、挑战世界霸权的位置。截止于20世纪初的这一过程,就世界思想史传播路径而言,我们看到,中国无论从哪种意义上说都是后来者。19世纪以德国为学习中心地的历史过程,中国没有赶上。中国学德国,最初是通过留学人来实现的。通过留学日本而对德国文化的亲近乃至推崇,是当时一个颇为普遍的现象,因为在当时,"尼采思想乃至德意志哲学,在日本学术界是磅礴着的。"郭沫若《鲁迅与王国维》,载郭沫若:《沫若文集》第12卷第535页,北京:人民文学出版社,1954年。就中国留学人来看,因留日而受到德国文化影响的,不乏其人,如王国维对康德的推崇:"笃生哲人,凯尼之堡。息彼众喙,示我大道……赤日中天,烛彼穷阴。丹凤在霄,百鸟皆暗。谷可如陵,山可为薮,万岁千秋,公名不朽。"《康德像赞》,《海宁王静安先生遗书》第15册第22页,商务印书馆,1940年。关于王国维对叔本华思想的接受,请参见王攸欣:《选择·接受与疏离——王国维接受叔本华、朱光潜接受克罗齐美学比较研究》,北京:生活·读书·新知三联书店,1999年。鲁迅也一样受到德国思想的影响。请参见伊藤虎丸《鲁迅的早期尼采观与明治文学》,载王琢编《中日比较文学研究资料汇编》第201—225页,杭州:中国美术学院出版社,2002年。郭沫若、成仿吾、田汉等均是,在此不一一列举。

少,但其精英分子接受德国精神烙印极深刻,他们不但会将这种来自异邦的"德意志精神"带回东方的母国,而且更以一种极顽强的精神将之付诸各种层面的实践。虽然由于现代中国特殊的"救亡压倒启蒙"的历史语境,留德学人的整体成就有限,但经由这一历史渊源而展开的思想关联却烙印深重,如影随形;相信,随着中国现代化进程的不断推进,这一点还会日益彰显出来。

法国的留德学人则不然,他们不是单纯的"以德为师",而倾向于借助德国的思想资源而展开自家的思想创新。事实上,法国理论的原创性在20世纪下半期也可谓"首屈一指",说其"领袖世界"亦不为过。但必须注意到的是,其中绝大多数人有深刻的德国背景(乃至是留德学人),并始终是在与德国思想的对话和对抗中将自己的思想推向深入。①

现代中国的整体建构过程,必须放置在这样的世界背景下才能看得清楚。所以,代表了当时世界潮流、世界精神的,不是暴得大名、大红大紫的留美学生胡适之,而应是留德归来的知识精英人物,如蔡元培、马君武、陈寅恪、傅斯年等人。但有趣的是,真正在现代中国学术场域占得风云位置且表现出"呼风唤雨"能量的,恰恰是这位胡适之,以及他所代表的留美群体。如此说法,并非要贬低留美学人的重要意义,事实上他们对现代中国之学术/文化建设贡献也确实非常重大,而是要进一步追问,这是否可能反映出我们建设过程中的某种缺失?

历史,毕竟是历史。历史,终究不是现实。所以,也就不能用今天的眼光与标准来衡量过去。毕竟,在20世纪早期的现代世界之中,美国尚远远不是中心场域,这不仅表现在政治上的次等地位,更体现在学术场

---

① 在法国知识精英中,德国思想占据着极为重要的地位:"德国民族在第二次世界大战中遭到大失败浩劫,但是,一个有趣的现象是,德国(广义上的)思想却如涅槃的凤凰从战火的灰烬中飞出来,反而展现出更加炫目的风采。马克思主义、黑格尔哲学、现象学、弗洛伊德精神分析学说以及尼采哲学等等,都在法国广为流行。而在高踞奥林匹斯山巅、笑谈人间的诸神中,马克思、尼采和弗洛伊德是俯视和统摄尘世思想界的三个主要在天之灵。"刘北成:《福柯的思想肖像》第21页,上海:上海人民出版社,2001年。事实亦如此,如萨特虽然从未在大学执业教鞭,但在战前曾作为官费留学生赴德留学,在柏林受业于胡塞尔,治现象学。像当代世界思想史上重大的论战事件多有在法德哲学家之间发生的,如1980年代以法国哲人德里达、利奥塔为一方,以德国哲人伽达默尔、哈贝马斯为另一方的争论。法国人认为,宏大叙事已经被解构,现代性可视为终结,甚至宣告人已死;德国人则认为,解构之后的世界并非理想状态,由启蒙所开启的现代性工程仍是未竟大业。

域中的未获承认。虽然一般多认为,19世纪70年代以后由美国留德学人进行的大学改革成功地奠基了美国现代学术的基础;但也有论者强调应"贯穿19世纪和20世纪早期的一些连续性因素,以便提供一种对于现代大学之发展的更为复杂的理解"。① 如在1924年时,任职于哈佛大学的赵元任想回国,美国人要求他找到"相当资格的人来代替",并暗示说"找陈寅恪如何?"其时陈寅恪正留学柏林,他接到赵元任的信后,回复道:"我不想再到哈佛,我对美国留恋的只是波士顿中国饭馆醉香楼的龙虾。"②这固然是陈寅恪的幽默,但像他这样的纯学问中人,最重要的择取标准自是学术水准的高下。若果然如此,那么至少在陈氏研治的专门领域中,其时德国学术(以柏林大学为代表)与美国学术(以哈佛大学为代表)在一流学人心目中的地位判然可分矣。而从19世纪70年代到20世纪20年代,美国大学改革垂垂50年矣,③但其学术声誉显然尚未能在国际范围中得到确立。难怪白璧德(Babbitt, Irving, 1865-1933)要批判美国学术"以德为师"的问题:

> 我们对德国学术的模仿大多数是有毛病的,即其不但没有创造性,——任何有效的模仿都必须有创新,——而且奴性十足。我们应当为从德国人那里学到的一切而感谢他们,但同时也不应被人愚弄。不加批判地接受德国方法是复兴人文主义的主要障碍。特别是古代经典研究的德国化不仅对经典本身来说是毁灭性的打击,而且就我们整个高等文化而言也是一个灾难。④

这是美国学者的高明之处,他们能反刍自己的问题,反思自己的行为。事实上当然并非完全如此,能以阔大之胸襟走出国门已属不易,万人留德更足见其气魄;而当留德之后,亦能在归国后掀起大规模之大学变革运动,并立足于创造性的反思。这些,都是日后美国大学/学术崛起,并与美国经济/政治发展并行不悖的重要关联性因素。所以,我们可以看到,在19、20世纪交替的时代,"以德为师"是一种世界性的潮流。对这

---

① [美]茱丽·A·罗宾:《现代大学的形成》第12页,尚九玉译,贵阳:贵州教育出版社,2004年。
② 赵元任、杨步伟:《忆寅恪》,载钱文忠编:《陈寅恪印象》第17页,上海:学林出版社,1997年。
③ 关于美国大学发展过程中对德国大学的经验借鉴,参见贺国庆:《德国和美国大学发达史》,北京:人民教育出版社,1998年。
④ [美]白璧德:《文学与美国的大学》第90页,张沛等译,北京:北京大学出版社,2004年。

一点,国人似乎并不能深察之,虽也有先见高明之士(如蔡元培、马君武等人)对德国之学术/文化推崇备至,但真正落实到体制层面的措施并不多见。现代中国的教育/学术建构,由蔡元培来掌舵确实是得人的。虽然京师大学堂创办于1898年,但真正走上正轨,仍当算是蔡元培掌校改革后的1917年。新文化运动对中国现代学术建立的作用与关联均甚大,蔡元培、胡适之、陈独秀则是三个中心人物,而此三者又不妨视作新文化中的留德、留美、留日三类群体的代表。所谓留日生"鱼龙混杂,多学军事法政,好译西书和从事政治运动,在军事革命和文化革新方面功莫大焉",留美生则"学业基础扎实,学习勤勉,多习理工农医,在科技进步和科学普及方面成绩卓著",①这种总体归纳可称符合若节。所以,由具备通人气度,寻得洪堡思想为支撑的留德学人蔡元培来支撑大局,确实是最合适不过的"理想人选"。但在我看来,蔡氏之"思想自由,兼容并包"当然是大气魄的大手笔,展现了大领袖的大胸襟,但时值中国现代学术最初发端的构建期,在操作上是否可能有更好的方法,其实值得探讨。至少有一条,就纯粹学术性的发展而言,对德国学术的整体借鉴,尤其是"彻底性"(Gründlichkeit)与"精确性"(Genauigkeit)等方面做得不太够。这一方面固然与蔡元培自身的德国学养有关(毕竟是40岁后才留德),也与其社会地位太高以致不能全身心尽力于校长之职责相联,更重要的是,他所任用的主导北大改革的人物,主要还是留美学人,如胡适、蒋梦麟等。也就是说,虽然北大早期颇进入了世界范围的"以德为师"之潮,如引洪堡思想为改革原则,但事实上,因蔡元培在校长任上时间甚少,且不愿标榜留德派系,②在北大实际主政的主要为留美学人,且不论其是否有派系之嫌,至少接受美国学术的影响很难说不是"根深蒂固",这种教育养成的结果肯定是要表现出来的。再加上进入20世纪之后美国崛起的兴旺势头,以及中国因庚子赔款留美学生的规模派遣而与美国高等教育建立起的特殊关系,美国大学/学术对现代中国之影响是极其深巨的。

所以,就中国现代学术的建立及其规制生成而言,美国的烙印是极

---

① 蒋纯焦《近代中国留美和留日教育之比较》,载《江西社会科学》2000年第1期,南昌,第46页。
② 参见叶隽:《另一种西学——中国现代留德学人及其对德国文化的接受》第328页,北京:北京大学出版社,2005年。

为明显的,这一点毋庸讳言。但本研究尝试考察的,是另一种可能性,即现代中国有否可能对德国学术/文化进行较为深入的体察以及借鉴?而事实上,这种虽无表面之轰轰烈烈、但却有实质之深度磨合的交流是存在的。本书选择了居于中国现代大学/学术发展枢纽地位的北大作为中心场域,论述卫礼贤与蔡元培以及杨丙辰的师生和朋友、同事之谊,只是表象,其实他们各自的传教士与留德学人身份,才是更关键的因素。卫礼贤虽然只在北大任职一年,但这其中潜藏着的"交棒"姿态,具有极大的象征意义——传教士的"终于退位"与留学生的"从此崛起"。而由蔡元培与杨丙辰共同或分别开启的现代中国学术/具体学科之路径,亦同样非常关键。经由这些中心人物上溯下引,我们可以描绘出一幅更加完整的画卷。通过卫礼贤,追溯出德国传教士来华的两条路径,即从花之安而来的西学输入理念,以安治泰为代表的帝国扩张路径,最终汇集到卫礼贤的"中国心灵"之呈现以及汉学家道路的彰显。但还不仅如此,本书又从学术史的视角考察了中央研究院建立的意义,以蔡元培为中心,兼及傅斯年、陈寅恪等留德院士的意义,提出"学术史上的留德一代"命题;在此基础上进入具体的学科史范围,选择一个相对边缘的,但对突出德国主题来说则为中心的"德语文学学科",以作为开创者的杨丙辰为发端,通过其与弟子辈如冯至、商承祖、张威廉的"薪尽火传",勾勒出百年现代学术的星火明灭之景,乃是尝试从具体的学科史角度对学术史研究有所深入。贯穿其中的,则是"德国学术"的引进可能及其介入中国现代学术规制生成的维度。

现代中国的学术规制问题包括两大层面:一是宏观体制层面。无论是现代大学,还是科学院制度的建构,实际上都表现为,如何在国家社会生活中将其确立为有法可循的规训制度;二是具体学科层面。[①] 无论如

[①] 关于学科的概念性规定,可参见沙姆韦(David R. Shumway)、梅瑟—达维多(Ellen Messer-Davidow)《学科规训制度导论》(Disciplinarity: An Introduction),载华勒斯坦等:《学科·知识·权力》第12—42页,刘健芝等编译,北京:生活·读书·新知三联书店,1999年。如果说科学院(包括皇家学会等类似建制)在17世纪的兴起标志着"知识划分史上的突破",如英国皇家学会(Royal Society)与法国科学院(Academie des Sciences)都致力于将全部自然作为整体来研究,而非经院课程知识的划分;那么现代大学(以柏林大学为代表的研究型大学)的出现,则可被称为"第二次科学革命……它的标志是一般性的博学学会渐渐式微,更专门的建制兴起和各个科学学科的专业标准同时建立起来。"上揭书第20—21页。

何强调宏观体制的制约功能,但学术毕竟是由具体学科构成的,脱离了各个具体学科的发展,泛论学术只能沦为"袖手空谈"。从这个意义上来说,关注具体学科的百年历程及其坎坷长路,乃是极为必要的。选择德语文学这个不起眼的边缘学科,一方面固然是为了强调曾居于现代学术的世界中心地位的德国学术的重要意义,另一方面其实也是为了突出现代中国学术场域里的力量制衡。① 在世界大同尚远未到来的时代里(当然包括当代),每个具体国家的学术场域都难免有其自成系统的特点,这是毋庸回避的现实。每个国家发展的短期策略都很难避免功利性的考量,②这是很正常的,但并非意味着不需要更变,不需要换一种思路来思考。

三、从传教士到留学生:中介者、边缘人抑或创造家?

罗素(Russell, Bertrand Arthur William, 1872 – 1970)曾如此概括近代西方来到中国的目的性:"白种人带着三种动机到中国去:去打仗、赚钱、教中国人改信上帝。"这三种动机分别由三种人完成:军人、商人、传教士。罗素只承认后者"具有理想主义的色彩"。③ 我觉得他的概括不算太全面,事实上西方来中国的目的有二,一是物质的,一是精神的。物质上就是追求利益,无论军人,还是商人,都是一样,还应考虑到其他群体,诸如外交官、探险家、部分传教士等;精神目的则前后期有所不同,传教士主要还是以布道为主,是输出式的;到了汉学家成为主流(包括部分传教士、来华教习、讲学学者等)时,就是以求知为主了,是汲取式的。本书重点讨论的三位传教士,有很大不同,安治泰就明显是以体现本国利益为主。由此可以看出,传教士是最为复杂的一个群体,它体现出的价值取向各有所择,不尽一致,有时甚至彼此背道而驰。

其实,无论是传教士,还是留学生,还是其他具有双重边缘文化身份

---

① 美国学术过于强大显然并非都是优点,这就和1950年代"一面倒"向苏联一样。
② 关于教育/学术与国家之间的互动关联,可参见[英]安迪·格林:《教育与国家形成:英、法、美教育体系起源之比较》,王春华等译,北京:教育科学出版社,2004年。王东杰:《国家与学术的地方互动》,北京:三联书店,2005年。
③ 《中西文明比较》,载[英]罗素:《罗素文集》第1卷第29页,靳建国等译,呼和浩特:内蒙古人民出版社,1997年。

的人物类型,如商人、外交官、汉学家、探险者等等;他们在惯常意义上都被视作"边缘人"。① 但如果以一种更加开阔的视阈去审视之,我们也可以得出另一种结论,就是他们才是"中心人",即异文化交流的中心、跨民族交流的中心,乃至现代世界建构的中心人。在全球化成型的整体世界场域中,当然有居于中心地位的具体民族—国家,如19世纪的英国、20世纪的美国;但以世界性经济秩序的建构为中心诉求,也有着超越民族—国家历史范畴的"世界国家"的呼声;②而从文化创造的角度来看,我以为这些具有边缘文化身份的人物才有可能真的成为世界的"中心人",他们在文化创造的意义上,有可能超越具体的民族—国家利益思维的模式,扮演作为世界中心人的"创造家"角色。

传教士是西方文化语境中的历史产物,但这非原生的产品却在东方语境里产生了极为重大的影响。这是非常有趣的文化交流史现象。或许可以说,这段表述较为贴切地形容出传教士的文化交流史功能,乃至在世界史整体格局中的意义:

> 自哥伦布发现新大陆以来,西方世界便掀起了一浪高过一浪的殖民狂潮,首先是葡萄牙人和西班牙人,接着又是荷兰人和英国人,各国君主的骑士和商船队在世界各地疯狂地追逐征服与利润;与此同时,被称为"耶稣连队"的耶稣会士和其他修会的传教士们也不甘落后,争先恐后地前往所能到达的任何地方,去实现传播福音、改宗信仰的神圣梦想。在这一背景下,发生在世界各地的一系列事件不仅具有一定的相似性与可比性,而且具有某种直接与间接的相互联系。③

以这种宏阔的世界史视野来考察,1549年,沙勿略(Xavier, St. Francis,

---

① 有论者认为:"19世纪以来,世界格局呈现为中心和边陲社会,随着边陲社会向中心社会派遣留学生,也造就了边缘人知识分子。因为到异域留学,首先意味着参与了两种文化的冲突与对立。从某种意义上讲,晚清以降的中国历史可以被理解为由中心社会沦为边陲社会的历史,伴随此一过程的便是出现了大批典型的边缘人知识分子。这批边缘人知识分子如何化解由于同时介入两种文化的塑造产生的紧张,进而再参与本土文化的创造,以及本土文化对他们的接纳态度,也构成了现代中国思想学术演进极富特色的一幕。"章清《近代中国留学生发言位置转换的学术意义》,载《历史研究》1996年第4期第59—60页。
② 已有论者在主张超越"民族—国家"理论代之以"世界国家"模式,参见[英]马丁·阿尔布劳:《全球时代——超越现代性之外的国家和社会》第266—277页,高湘泽等译,北京:商务印书馆,2004年。
③ 戚印平:《日本早期耶稣会史研究》第1—2页,北京:商务印书馆,2003年。

1506—1552)即抵达鹿儿岛,开始在日本传教;①直到1582年,利玛窦(Ricci, Matteo, 1552—1610)才到达澳门。伴随着传教士的到来,开始了对中国思想史以及现代中国建构过程具有重要影响的"西学东渐",从16世纪末到18世纪末中断,长达两个世纪之久。② 传教士的本职是传教,但他们却同时带来了西学。③ 早期来华的传教士,其文化史意义甚至大于宗教史。因为,作为异质文明的最初遭遇者,他们必须承担的,就是中介者的功能,无论是翻译、引介,还是交流、碰撞,即便以传教为最终使命,但他们首先面临的还是沟通的任务。1720年,康熙帝禁教,"天主教在中国自是发展缓慢,毫无进步,几至于绝者一百二十余年"。④ 这种因由双方立场之根本对立而导致的断裂,直到19世纪中期后才随着帝国主义的侵略而得以恢复。但基督教(广义)的势力却也经历了一轮转换,天主教只是由失势到恢复,新教传教士则在近代中国扮演了更为重要的角色。1807年,以英人马礼逊(Morrision, Robert, 1782—1834)来华为标志,新教传教士以一种更加注重文化交流乃至学术工作的方式,⑤介入了近代中国的发展历程。

也就难怪,所谓"审视一百多年的中国近代史可以发现,基督教传教士曾经在这个历史时期扮演过重要的角色,几乎在近代社会生活的所有领域,都可以看到他们活动的印迹。他们在中外关系、宗教、文化、政治

---

① 戚印平:《日本早期耶稣会史研究》第2页,北京:商务印书馆,2003年。
② 参见陈卫平:《第一页与胚胎——明清之际的中西文化比较》第1页,上海:上海人民出版社,1992年。
③ 柳诒徵:《中国文化史》下册第675页,北京:中国大百科全书出版社,1988年。
④ 张星烺:《欧化东渐史》第29页,北京:商务印书馆,2000年。
⑤ 这一点主要表现在新教传教士对文字工作和教育事业的重视和开拓上。马礼逊与米怜(Milne, William, 1785—1822)二人曾用浅近文理翻译出《新旧约》,并完成第一部《中英文字典》《中国文法书》等,这些筚路蓝缕的工作,对中西文化交流的意义是极具奠基性的。马礼逊又于1818年开办英华学校(马六甲),办印刷局,出中文月刊、英文季刊各一种。其死后,1835年其友人建立"马礼逊教育会"(Morrison Education Society),并用捐款开办澳门的马礼逊学校,由美国传教士布朗(Brown, Samuel R.)任校长,学生中就有著名的容闳、黄宽等。容闳留美耶鲁大学,被誉为"中国留学生之父";黄宽留英爱丁堡大学,是中国最早的西医。我们由此可以见出从传教士到留学生的内在轨迹,不仅是这两个群体本身的相互替代和辅助关系,而且后者亦从前者母腹中孕生而来。张星烺:《欧化东渐史》第31—33页,北京:商务印书馆,2000年。

等各方面的影响,尤为显著"。① 传教士对近代中国的影响不言而喻,但不仅如此,我这里要特别拈出的,是其对中国现代学术建构过程中的潜在影响。与纯粹的专业学者,如后来访华的罗素、杜威(Dewey, John, 1859—1952)等人相比,传教士显然不具备丰厚的学养;可如果就对中国本土的深入认知而言,大学们之优游书斋,当然也不可能与传教士在中国乡土里的"摸爬滚打"相提并论。所以,传教士的最大优势是通晓中国实情,有极为难得的"亲历之经验";②但另一方面,传教士又不是中国人,这就使他们避免了"不识庐山真面目,只缘身在此山中"的遮蔽限制,再加上他们多半具有较高层次的文化素养,也就具备了可以打量世情的"异域之眼"。

事实上,"传教士在晚清西学东渐中,担当了相当重要的角色",非仅如此,而且"大部分时间里是主角"。③ 事实上,无论是建学校、办报刊,还是翻译编著、经营出版,传教士都是来自异域的开风气者。如果说,像日后的傅兰雅、李提摩太、林乐知这样的传教士,之所以对近代中国的政治、文化等诸多领域都产生了极为深远的影响,可能不无借助于不平等

---

① 吴义雄:《在宗教与世俗之间:基督教新教传教士在华南沿海的早期活动研究》第1页,广州:广东教育出版社,2000年。
② 所谓"传教士要与中国人接触,向中国人宣教,就必须懂得中国的语言,包括传教团(站)的所在地的方言土语,因此他们首先必须学习和研究中国的语言。他们还需要向中国这个'喜欢阅读'的民族提供文字上的宣教材料。这种现实的需要使几乎每一个早期来华的新教传教士都成了研究中国语文的学者。"吴义雄:《在宗教与世俗之间:基督教新教传教士在华南沿海的早期活动研究》第518页,广州:广东教育出版社,2000年。按照这个理论,花之安的传教活动就是将这种方法发扬光大的。他撰《路加衍义》,序言称:"曩者余曾有《马可讲义》一书,助传道者以发明福音之理。十余年来,不胫而走。可见福音感人至神且速,只在有善本以化导之耳。讲义既竣,乃复取路加而注释之,揭其旨之要者,而备陈之,名之曰《衍义》,盖见夫经义宏深,非浅尝者所能骤得。若不推求微妙,为之宣讲,恐斯理难以引申……"花之安:《路加福音衍义序》,载[德]花之安:《路加衍义》序第1页,汉口:圣教书局,1909年。(原文无标点,此处标点为笔者所加。)不仅如此,他还需要更深入地契合到中国人的需要中去,按照其传统思维方式想出更好的传教表述,譬如这里:"天地人、虽有三端,实则归于一本也。天之体深妙莫测,人所难知,目不能见,手不能执,其神灵莫可端倪,具大智慧、大仁爱、大能力,创造万有、扶持万物、主宰万类,神之至也。无形而能形形,无象而能象象,神之至也。视之不见,听之不闻,而究之体物而不可遗,神之至也。上天下地,林林总总之物,虽散于万殊,终归于一本。盖地与人伦,实皆天之所统辖也。"[德]花之安:《天地人三伦》入卷第81页,汉口/天津:基督教协和书局,无出版年份。原文只有顿号隔离,此处标点为笔者所加。
③ 熊月之:《西学东渐与晚清社会》第22页,上海:上海人民出版社,1994年。

条约的背景,那么在1842年《南京条约》签订之前的新教传教士活动,应算作处于相对平等地位的文化交流,其意义值得特别关注。

可必须指出的是,传教士之功用虽极为重要,但外来和尚所念之经毕竟不太相同;在西学东渐过程中,中国主体性因素的崛起是我们更为关注的一条线索。19世纪中期,中国知识精英里出现了"睁眼看世界"的潮流,如林则徐、梁廷枏、魏源、徐继畬、李善兰等均可堪称代表,但其思路大致不出求取常识、经世致用。所以,对西方世界的深刻认知,仍要等到另一群体——留学生——的崛起。虽然早在1862年,长期主持中央政权的奕訢就对派遣留学生问题表示赞成意见:"伏思购买外国船炮,由外国派员前来教习,若各省督抚处置不当,流弊原多,诚不若派员分往外国学习之便……"①正是这名满洲贵族在政治层面"首次明确地提出了派遣留学生的设想"。②

当然,如果我们以更全面的视野来考察,1847年容闳即赴美留学,但大规模的官派留学则要等到1872年留美幼童的全面派遣,而彼此之间又是相互生发的关系。近代以来的中国人海外留学史,是一部走向世界、学习西方的历史;而真正开启大规模留学运动,并经由这些留学生学成归国而形成大规模的教育、文化,乃至经济、政治革新运动,还是要等到20世纪早期。1895年甲午战争的惨败,应被视作一大转折;1900年《辛丑条约》的签订更使国人痛悟"国将不国"的严峻现实,大批有识之士都是在这种背景下,毅然走向与传统的决裂,开始新时代的真理追寻之路。如蔡元培的辞官翰林、张謇的选择实业等就是最佳事例。而留学路径的开辟,则不啻提供了"最佳策略"。以清末新政与新文化运动为两大契机,因由政治层面的刺激而导致文化寻路的轨迹,那个时代的留学生,多半抱有"救亡图存"或"救国之道"的探索目的而走向海外。

如果说传教士来华,更多因了特殊的历史语境而具有文化中介者的功用,那么中国留学生的走向海外,则因了国势屈辱的背景多半更有"边缘人"的尴尬。事实上,在特定的历史语境下,这两个知识群体都没有能找到他们的合适定位——创造者。傅斯年曾将与中国有关的西方学者

---

① 《同治朝筹办夷务始末》第15卷第32页,转引自王奇生:《中国留学生的历史轨迹》第131页,武汉:湖北教育出版社,1992年。
② 王奇生:《中国留学生的历史轨迹》第132页,武汉:湖北教育出版社,1992年。

分为两类,谓:"西洋之谈中国事或治中国学者,如罗素伯爵、卫礼贤博士一派,欣悦中国文化而号'中国之友',固当为吾人所亲爱。其将中国文史研究流布,发见已湮没之光荣,明辨将灭之文物,如伯希和君一流,准以吾国之为历代重视文史学之民族,自应加以敬重。"①傅斯年这里的区分似略过粗略了,所谓两派人,实际上牵涉到三个近代西方文明的主要源生国家——英、法、德,三个群体——讲学者、汉学家、传教士,三种对待中国文化的态度——学术研究型(科学态度的汉学家如伯希和)、中国心灵型(与乡土中国有密切关联者如卫礼贤)、文化哲思型(强调从人类文化宏观互补层面看待中国文化者如罗素)。或简言之,分别为:理性的方法、感性的方法、综合的方法。借用其分析,则后三个群体彼此之间往往又相互有所跨越,如卫礼贤就是兼为传教士、汉学家、讲学者,伯希和则兼为汉学家、讲学者,只有罗素是单纯的讲学者。每增多一种身份,当事者的发言权就增多一分。但有趣的是,三位都是大名人,但却除罗素外都无法占据其本国文化场域的主导性位置,即不是"创造家"。卫礼贤、伯希和都是中介者和边缘人,但却不可被称为"创造家"。传教士与留学生的差别,也就从这样的比较视野中清晰地呈现出来。留学生毫无疑义地拥有"创造家"的身份,尤其是中国现代留学生。"在外来文化的吸收上,他们是承受和集成者;而在中国新文化的构建上,他们又是前驱和开山者。他们是中国近代化过程中的先导,是中西文化融汇的主要载体,是学贯中西、兼容世界文明的一代新型知识群体"。②应该说,这段论述比较集中地表达出了留学生的"创造家"地位。宗白华的一段宣言则很有代表性:"我预备在欧几年把科学中的理、化、生、心四科,哲学中的诸代表思想、艺术中的诸大家作品和理论,细细研究一番,回国后再拿一二十年研究东方文化的基础和实在,然后再切实批评,以寻出新文化建设的真道路来。"③是时已在新文化运动之后,作为五四运动的积极参与者,宗白华显然不认为已经寻得了中国学术/文化建设的出路,否则不会再提"寻出新文化建设的真道路"这样的理想。五四之后留学去的现代

---

① 《论伯希和教授》,载傅斯年:《出入史门》第 93 页,杭州:浙江人民出版社,1998 年。
② 王奇生:《中国留学生的历史轨迹》前言第 1 页。
③ 《自德见寄书》,林同华主编《宗白华全集》第 1 卷第 335—336 页,合肥:安徽教育出版社,1994 年。

中国知识精英,已明显意识到文化建设并非可以一蹴而就,而需要长期的艰苦努力与日积月累。

这里不想面面俱到地考察传教士与留学生的整体功用,而是拈出与本书讨论主题相关的枢纽部分,就是彼此间本国学术/文化场域的重大势位差别:留学生是创造主体,而传教士则不是。而对现代中国的建构而言,西学东渐的意义固然极其重大,但这种重大的表现却需要进一步细致区分与深入探究。具体而言,这里想强调三个特殊视角,一是对国别资源功用区分的重视,①二是对传播主体迁变的突出,三是对学术/教育制度生成的探讨。虽然德国传教士早在17世纪之时已经来到中国,如邓玉函、汤若望都是其中的佼佼者,但在他们活动的年代,德国现代学术尚远未成型,德意志民族—国家意识亦同样未曾凸显(并非没有);而进入19世纪后,随着德国现代大学/学术在制度/思想层面的全面落实,再伴以德国军事、经济、政治的全面崛起,这点日益彰显。从郭士立到花之安再到卫礼贤,我们可以理出一条很清晰的线索。但又非仅仅如此,在德国传教士人数有限却影响深刻的时代大幕之中,留德学人的身影亦同样逐渐清晰,并在现代中国扮演了毫不逊色的角色。在我看来,虽然现代中国留德学人数量不多,但其接受德国学术/思想资源的特殊性,却决定了他们必然会在现代中国的学术/文化场域里大显身手。因为,留学生从来就是一国文化的创造主体,这种中介者、边缘人与创造者集于一身的综合性,使得他们既能得风气之先,对异国文明(当然有具体国别的区分)有深刻认知,又能将其融合于自身"吾土吾民"的博大情怀之中,立定其"创造家"的立场。具体到中国现代留德学人这一群体,我们不仅要探究其对德国文化的接受而产生的重要文化史意义,更应关注其对现代中国枢纽性知识生产基地的具体功用(包括现代大学/科学院)。经由传教士到留德学人的主体迁变,德国资源之借鉴对中国现代学术(包括制度、精神与学科多种层面)的建设与发展产生深远影响,无论其得与

---

① 我曾指出:"以往学界经常使用的'西学东渐'这一概念,过于宽泛,因为具体到各个国家的思想文化资源,都不尽相同,尤其是与'英美传统'和'苏联资源'有异的德国思想,更是具有鲜明的特性。同样,在'西学东渐'进程中,由于接受主体的不同,往往决定了受者选择趣味与价值取向的重大差别。考察德国思想资源之进入现代中国,留德学人的作用举足轻重。"《内容提要》,载叶隽:《另一种西学——中国现代留德学人及其对德国文化的接受》第1页,北京:北京大学出版社,2005年。

失,都能"示来者以轨则"。

四、研究思路与理论框架

本书的研究思路是:以个案研究为基础,突出比较型、群体性研究;往往通过两个个案的比较研究,或是通过以若干相互关联的个案为主体的群体性研究,同时呈现其活动场域(如北大、中央研究院乃至具体的德文学科)的丰富场景,尽可能回到现场。在空间维度上,选择北京大学、中央研究院、德文学科做研究场域;在时间维度上,既注意打点深入的可能,譬如1923至1924年度北大场域的选择,也考虑到历史屏幕的跨度性,如上溯至19世纪后期德国传教士的东来影响,下连至20世纪后期德文学科的重振旗鼓。尽可能从多场景、多元化的角度呈现历史的复杂图画。而压在背后的,则是对每个个案中心人物的深入研究,具有"同情之理解"、"温情之敬意",同时也不乏"审视之目光"、"拷问之思量"。

从理论角度来说,本研究充分借鉴了布迪厄的"文化场域"与福柯的"权力话语"理论,并涉猎了国际关系、宗教学、科学史、思想史等学科的观点,但又并非简单地做抽象理论的注脚,而是努力试图构建起自己的阐释方式。即在关注问题意识表述的同时,尽可能在一种完整的历史时空中复原整体语境,突出思想史/学术史本身的演进程序,但同时也注意勾连其与政治史(上行)、教育史(下接)的有效关联。各章内容设计如下:

第一章为绪论,通过对"现代世界形成与德国的意义"、"世界精神、资本时代与现代中国学术规制的生成"、"从传教士到留学生:中介者、边缘人抑或创造家?"等专题的论述与深入分析,为论文勾勒出比较完整而清晰的历史语境,并提出自己的理论框架。

第二章考察德国视野里的"基督福音"与"中国心灵"——从花之安到卫礼贤。选择近代中国两名最重要的德国传教士花之安与卫礼贤的为研究个案,探讨他们在近代德国已建构完成的民族—国家背景下,是如何肩负传播基督文明的使命来到中国,并选择与中国心灵相契合的路径,从而在客观上为促进中国的现代化进程有所贡献的。

第三章探讨帝国的消解与现代的兴起——以安治泰与卫礼贤的比

较为中心。虽然同样选择的是两名德国传教士安治泰与卫礼贤为研究个案,但视角呈转换态势,侧重探讨他们在近代德国已建构完成的民族—国家背景下,是如何肩负传播基督文明(注意到天主教与新教的背景差异以及个体因素的重要性)的使命来到中国,并如何协调其间张力,在远东国际关系大背景下来参与中德政治关系进程并发生影响,以及时代命题是如何通过传教士这样特殊的群体而得以彰显的。

第四章为"平生风义师友间——以卫礼贤与蔡元培、杨丙辰的北大交谊为中心",突出卫礼贤视角所提供的对现代中国学术/文化场域理解的崭新可能。着重揭示在北大场域里卫礼贤中国交谊的多重含义。其一,它体现出西学东渐过程中重要的转折环节,即外来精神主体由传教士向讲学者的变迁;其二,它标志着外来精神主体(传教士/讲学者)与中国创造主体(留学生)的良性合作可能;其三,它为我们提供了观察中国现代学术场域的另类视角,尤其是德国学术/文化资源对中国现代学术规制生成的作用力度。

第五章研究"科学原则的确立——以蔡元培、傅斯年等的中研院活动为中心"。蔡元培对中国现代学术、教育体制之构建意义重大,其在北大所进行的改革固然与中国现代学术建立、现代大学体制形成生死攸关;但他创建中央研究院,其名虽不彰,功用同样莫大。本文强调蔡元培、傅斯年等所开创的中研院既是现代学术制度的另一层面,也有思想自由、学术独立的内在精神,其兼容并包之大度,使得二者相辅相成、相得益彰。之所以能够如此,与他们留学德国之背景有密切联系,故探讨其传统文化背景、对待西潮接受、为何选择德国、在德国的情况等,强调传统到现代在蔡、傅等人身上的反映,同时探讨他们的拿来主义和对西方经验的选择吸收、分析其功所以未大成的原因。

第六章为"学科建设的推进——以德语文学学科杨丙辰、冯至等的师弟关系为例"。以中国德语文学学科第一、二代学者中的代表人物杨丙辰和冯至为中心(适当兼及其他学者),考察本学科机构建制设立、学术伦理规则、代际承传意识等具体问题。侧重考察德国学术的东渐背景与本学科建设的潜在关联,以及作用于现代中国发展进程的重要意义。

第七章"结语"从理论的角度对全文进行梳理。总结德国学术对中国现代学术规制(尤其是学科规训)的影响,尤其注重揭示从德国传教士到中国留德学人的主体变迁特点及其文化史意义,分析他们的"德中互动文化观",揭示利弊所在及其启示,更强调他们回应时代问题——为现代中国学术立制的成绩与缺失。

第二章

德国视野里的"基督福音"与"中国心灵"——从花之安到卫礼贤

一、西学东渐视野中的德国基督教会与传教士

西学东渐,作为一种具有强大潜在冲击力的外来思想资源输入方式,其实早在明清之际就已开始,"从16世纪末开始,直到18世纪末中断,在两个多世纪里,缓缓地流淌在雄浑壮阔的历史长河之中"。① 这其中扮演主角的是远来的传教士,"利玛窦等之来也,一以传西方之宗教,一以传西方之学术。既供地志、时钟,兼自述其制器现象之能,明其不徒恃传教为生也"。② 传教士的正业应当是传教,但他们显然并不满足于此,传播西方学术,是他们介入中国语境的一种重要手段,其功用甚至超出宗教本身。

对于近代中国来说,"西学东渐"之意义重大,

---

① 参见陈卫平:《第一页与胚胎——明清之际的中西文化比较》第1页,上海:上海人民出版社,1992年。
② 柳诒徵:《中国文化史》下册第675页,北京:中国大百科全书出版社,1988年。

自然不必赘述。但在西学东渐的过程中,有一关键性转化值得注意,即西学的传播主体从传教士到留学生的变化。有论者将晚清的西学东渐分为两段:"鸦片战争至甲午战争前,主要以外国传教士为西学传播主体;甲午战争后,戊戌维新运动至民国成立前,以留学生为西学传播主体。"①其实,这一论断可以下延。德国文化的传播则更为特殊些。我们注意到,很少有留德学人直接参与早期中国对德国文化的输入,就传播主体来看,从传教士到留日学人再到留德学人,是德国文化介入中国现代化历程的一个特有过程,它既与中国留学史发展本身紧密相连,也与中国根据自身需要对德国资源加以选择息息相关。②

但是我们应当注意到,与作为本国选择主体的留学生不同,传教士作为异邦人士,又有特殊的基督宗教背景,他们对于西学的输入与中国的理解,有其特殊的眼光与独特的视角。有论者指出:"比较起明清之际的传教士,清末传教士不仅注意到了中国的古典文化,而且也留心那个时代的社会状况;他们不仅看到了帝王将相,而且把目光投向了平民的生活。"③这一表象,其实背后有着纷纭复杂的对象国背景。因为,如果说明清之际的传教士,其来源相对单一,都是耶稣会士,来自罗马教宗,而进入近代以来,传教士的身份就相对复杂得多,这也与欧洲近代民族——国家的建立关系密切。④ 所以,与和罗马教宗有直接关系的耶稣会士不同,近代来华的传教团与传教士,往往都很难与"国家使命"摆脱关系,甚

---

① 安宇、周棉主编:《留学生与中外文化交流》第 67 页,南京:南京大学出版社,2000 年。该书总论中专列一节论述"留学生与西学东渐",见上揭书第 38—61 页。
② 关于留德学人对中国现代学术史与文化史的贡献,请参见叶隽:《现代学术视野中的留德学人》,上海:同济大学出版社,2004 年。叶隽:《另一种西学——中国现代留德学人及其对德国文化的接受》,北京:北京大学出版社,2005 年。
③ 陶飞亚、吴梓明:《基督教大学与国学研究》第 32 页,福州:福建教育出版社,1998 年。
④ 有论者将"民族国家"作为近世欧洲政治文化的重要特征,参见陈乐民、周弘:《欧洲文明扩张史》第 81—102 页,上海:东方出版中心,1999 年。修订版为陈乐民、周弘:《欧洲文明的进程》,北京:生活·读书·新知三联书店,2003 年。对于欧洲民族问题的详尽探讨,请参见钱乘旦主编:《欧洲文明:民族的融合与冲突》,贵阳:贵州人民出版社,1999 年。关于理论上的阐述,可以参见[美]本尼迪克特·安德森:《想象的共同体——民族主义的起源与散布》,吴叡人译,上海:上海人民出版社,2003 年。

至部分人会相当主动积极地去代表"国家利益",①而不仅仅是"宣示福音"而已。

相对于居主导势力的英美传教士而言,法、德传教士的表现其实也都可圈可点。而这其中,德国的传教活动相对更具特色。鸦片战争后,基督教新教传教界都已意识到中国会是未来传教事业的巨大空间,而德国传教士亦不示弱,早在1830年代即开始来华传教的郭士立就极力推动此进程,鼓动德国新教传教会向中国派遣"传教士大军"。② 除了个体的志趣与努力之外,也与其民族—国家建构的大背景紧密相连。近代来

---

① 所谓"国家使命"问题,其实不自近代始,虽然早期耶稣会士来华时较难看出带有明显的民族—国家利益,但日后已开始约略沾染,到了19世纪已逐步显现出来,尤其在第二次鸦片战争之后,法国天主教传教士即对《天津条约》和《北京条约》中有关传教自由的规定,非常之兴奋。法国的郎怀仁主教和中国各代牧区主教,曾为此向法皇拿破仑三世来递请愿书,表示感谢。当然,这也与法国拥有在华保教权有关。参见顾卫民:《基督教与近代中国社会》第112—114页,上海:上海人民出版社,1996年。应该说,这一命题在进入近代之后(这里主要指19世纪后),乃是具有主导意义的因素,而与天主教、新教的分别关系不太大。关于近代中国政教关系的代表性著作,可参见 Lutz, Jessie G.: Chinese Politics and Christian Missions — The Anti-Christian Movements of 1920 - 1928. Notre Dame, IN: Cross Cultural Publications, 1988. 这个方面的理论著作,可参见有关"文化帝国主义"(Cultural Imperialism)的论述,Said, Edward W.: Culture and Imperialism. New York: Alfred A. Knopf Inc., 1993.

② 关于郭士立,可参见 Schlyter, Herman: Karl Gützlaff als Missionar in China(作为在华传教士的郭士立). Lund & Kopenhagen, 1946. Schlyter, Herman: Der China-Missionar Karl Gützlaff und seine Heimatbasis — Studien über das Interesse an der Mission des China-Pioniers Karl Gützlaff und über seinen Einsatz als Missionswecker(在华传教士郭士立及其本土基础——中国传教先驱郭士立的志趣与对传教工作的唤醒研究). Lund, 1976. 关于郭士立,另参见 Lutz, Jessie G.: "Karl Gützlaff and changing Chinese perceptions of the world during the 1840s",载章开沅、马敏主编:《基督教与中国文化丛刊》第5辑第354—392页,武汉:湖北教育出版社,2003年。据了解 Lutz, Jessie G. 教授有关郭士立的专著即将出版。时蕴《黑袍下的多样面孔》,载《中华读书报》2004年5月19日。郭士立1826年从荷兰鹿特丹神学院毕业,由荷兰传道会(Dutsh Missionary Church)派往苏门答腊传教。后为了实现其到中国传教的愿望,而成为一名独立传教士。他与英国东印度公司关系颇为密切,曾担任英国驻华商务监督的中文秘书兼翻译,并参与了鸦片战争。但总体来说,郭士立仍试图发展其传教事业,他所致力的"福汉会"工作就是明证。1849年时,郭士立返回德国,试图说动德国派遣传教团,其中国家利益立场的考虑值得注意。当然,他此次到欧洲各地演讲,寻求支持,影响也很是不小。时在伦敦流亡的马克思就曾提到:"……再谈一谈有名的德国传教士居茨拉夫从中国带来一件值得注意的新奇事情……"(《国际述评》,载《新莱茵报》1850年2月)参见张琳《早期来华传教士的典型代表——郭士立》,载雷雨田主编:《近代来粤传教士评传》第115—160页,上海:百家出版社,2004年。居茨拉夫、郭实腊即郭士立。

华的传教团中,英、法等国虽各有不同,但一为新教,一为天主教,都是教派单一、组织明确,不存在本国内部教派纷争的问题。① 而德国则不同,由于其国内的政治原因,1871年完成统一之后,即爆发所谓的"文化斗争"(Kulturkampf),② 在这一场宗教与政治的斗争中,德国天主教组织及其势力受到沉重打击,对其海外传教活动更是产生直接的不利影响,虽然最后的结果仍以天主教表面的胜利而告终,但实际上则新教与天主教

---

① 这里所谓"教派单一",乃是为便于表达,专指新教与天主教之分,并不意味两者内部就不存在派别的纷争。

② 德国学者赫克尔(Ernst Haeckel,1834–1919)对于德国与教皇的文化斗争有详细的历史描述:"1864年,教皇比乌司第九(Pius IX)所宣布于全世界之通谕及条教,其主义乃与全部近世科学宣战,要求人类良知盲从无过的基督代表之教条。此种胆大妄为之暴虐攻击,反对文明人类之无上至实,实使许多懒惰者自日常信仰深睡中惊觉。1870年,复宣布教皇无过,世人益被激起,为有力之反抗。德意志帝国自1866年至1871年二次战争,以莫大牺牲谋不可缺之国民统一,感受教皇之恶劣攻击尤甚。一方面因德国为宗教改革及精神自由之生产地;他一方面因德国有天主教徒一千八百万,为信仰争斗之有力军队,其盲从教皇命令,殆非其他文明诸国民之所能及。基督曾告彼得曰:'牧予之羊。'"继彼得之人,以剪毛译牧字。德国之大政治家已解释德意志国民分裂之大疑谜,以可赞称之政治手腕,获得国民统一,增进国家威力者,已早明见其自此所起之危险。因为梵蒂冈所逼迫,俾斯麦于1872年始起文化战争。教育总长法勒克(Falk)善承其意,力行1873年所布"五月律"。不幸历六年后,此法律复停止。俾斯麦最善知人,为聪明的实际政治家,竟漠视下列之三种大阻力:第一,罗马教皇朝廷之无比狡诈奸恶;第二,无教育天主教徒之无思想易迷信,前者即赖此扶助之;第三,人类之惰力及无理之因袭力。因是之故,雷欧第十三(Leo XIII)既即教皇位,教权遂获战胜。自是以后,梵蒂冈之威权益增。一方面因天主教之政治柔滑;他一方面因德国政府之教会政策错误及德国人民之无政治能力;十九世纪之末,德国国会中之中央党,遂能以少数制多数,德国之命运,遂为教皇党之所指导。统计德国人数,天主教徒固未达三分之一也。……当1872年,德意志文化战争初起之时,凡有自由思想者,皆相庆为政治上之宗教改革,使近世文化脱离教皇精神专制之束缚。全部自由报纸皆颂俾斯麦为政治界之路德,不仅为统一德国之英雄,且为获得德国精神自由之英雄。十年之后,天主教既战胜,则同一自由报纸乃持反对论调,谓文化战争乃一种大错误;虽今日尚持此说。此事实可证新闻家记忆短少、历史知识缺乏及哲学教育不完全也。所谓国家与教会之缔结和约者,皆不过为一种暂时停战。近世天主教牢守其一千六百年以来所持专制原理,务保其灵魂之绝对统治权;代表良知科学之权利之文明国家,必须绝对服从之。国家与教会相争斗,必其一伏地不起,乃可得真正之和平。唯一得救之教会胜,则自由科学与自由学理,皆将止息,诸大学将化为牢狱,诸中学将化为清净院。近世合理之国家胜,则人类教育、自由、福利在二十世纪,其发达也更高远,较胜于在十九世纪也。"赫克尔:《宇宙之谜》第206—208页,马君武译,北京:中华书局,1920年初版,1958年重印第一版。

并举,而新教的实力更为扩张。① 威廉二世上台之后大改俾斯麦时代维持欧陆均势的外交原则,而采取极力扩张的"世界政策",殖民时代的德国传教士也就更有了用武之地,同时,他们自然也就获得了在"德国殖民地"中享有特权的待遇。"殖民化"(Kolonisierung)与"教会化"(Missionierung)成了一个铜板的两面,这个铜板就是(基督)文明的扩张。②

但作为文化中介使者的传教士,其功用既非简单的宣示福音,也没有局限于承担国家使命,他们作为那个时代最重要的文化交流桥梁,不可避免地还要担负起文化沟通的重要职责。"英美传教士在汉语语言文字方面富有成绩,同时较多从历史和社会学的角度分析中国社会。德国传教士则明显对中国哲学和古典文化有兴趣。"③这一判断虽然未免略嫌

---

① 参见 Novak, Kurt: *Geschichte des Christentums in Deutschland — Religion, Politik und Gesellschaft vom Ende der Aufklärung bis zur Mitte des 20. Jahrhunderts*(德国基督教史——从启蒙末期至20世纪中期的宗教、政治与社会). München: Verlag C. H. Beck, 1995. S.194. 李乐曾《近代在中国的德国基督教传教团》,载《德国研究》1997年第3期,上海,第24—25页。这一点表现在中国语境,也同样如此。所谓"德国新教在华势力大致与天主教各掌南北,而在山东会合",虽不很准确,但大致反映了实情。参见房建昌《民国时期德国在华外交机构、宗教势力及侨民情况》,载《德国研究》2001年第3期第63页。在我看来,天主教更重"基督福音"传播的"原汁原味",而新教则更考虑"思想文化"功能的"一蹴而就"。关于德国教会在中国的文化活动,请参见 Tiedemann, R. G.: "'Christian Civilization' or 'Cultural Expansion'? — The German Missionary Enterprise in China, 1882–1919". in Mak, Ricardo K. S. & Paau, Danny S. L. (ed.): *Sino-German Relations since 1800: Multidisciplinary Explorations*. Frankfurt am Main: Peter Lang GmbH, 2000. pp.109–134. 关于德国政府与鲁南天主教会的关系,请参见 Rivinius, Karl Josef: *Weltliche Schutz und Mission — Das deutsche Protektorat über die katholische Mission von Süd-Shantung*(世界保护与教会——鲁南天主教会的德国庇护). Cologne und Vienna, 1987. 而关于德国政府凭借教育手段来渗入中国的论述,请参见苏云峰《教会与德、日两国政府在华教育事业之比较研究》,载林治平、金明玮主编:《基督教与中国现代化——国际学术研讨会论文集》第561—583页,台北:宇宙光传播中心出版社,1994年。不过此文对德国在华文教事业的内在性政治因素似乎关注不够,其实这与德国自身的对外文化政策大有关联,可参见 Arnold, Hans: *Foreign Cultural Policy-A Survey from a German Point of View*. Transl. By Keith Hamnett, Erdmann, London: Wolff, 1979. Jiang Feng: *Deutsche Auswaertige Kulturpolitik — Eine realpolitische Betrachtung*(德国对外文化政策——从现实政治的视角考察). Diss. Beijing: Beijing Foreign Studies University, 2001.

② 参见 Novak, Kurt: *Geschichte des Christentums in Deutschland — Religion, Politik und Gesellschaft vom Ende der Aufklärung bis zur Mitte des 20. Jahrhunderts*(德国基督教史——从启蒙末期至20世纪中期的宗教、政治与社会). München: Verlag C. H. Beck, 1995. S.196.

③ 陶飞亚、吴梓明:《基督教大学与国学研究》第33页,福州:福建教育出版社,1998年。

粗略,但总体把握还是对的。德国传教士因其国别文化背景的差异,体现在近代中国的语境之内,也是风骨独标。作为两代德国传教士的代表人物,花之安与卫礼贤共有"同善会"背景,而均得到中国思想界精英人物的好评与看重,足可为之佐证。不管是博通西学却以好古守旧闻名的辜鸿铭,还是归国新锐一举而成新文化领袖的胡适之,①都对德国传教士刮目相看,②确实是值得探究之事。

表一:德国新教主要传教团在华活动简表③

传教团名称	简称	在华开始传教年代	基本情况及在华活动
巴塞尔基督教传教协会	巴色会(Basler Mission)	1847年	1854年在广东客家地区建立教区,1855年修建小教堂,为外国人在华建造第一座新教小教堂,发展了205名教徒(中国基督教徒总数为728人),后将其活动范围扩展到江

---

① 辜鸿铭(1857—1927)素来看不起外国的汉学家,但独对花之安另眼看待。胡适在日记中对卫礼贤做如此评价,称其"对于中国学术,有一种心悦诚服的热诚,故能十分奋勇,译出十几部古书,风行德国"。胡适:《胡适的日记》上册第441页,北京:中华书局,1985年。

② 但如此强调德国传教士的文化史意义,并非是说他们对中国只有文化上的贡献。他们也做了很多侵犯中国利益的事,甚至与德国政府紧密配合,掠夺中国的大量权益。仅举义和团运动起源期的事件,德国侵占胶州湾的导火索为例。1897年11月1日(万圣节)之夜,三名德国圣言会教士在山东巨野县张家庄聚脚,主人薛田资将自己的卧室让给来访的韩理和能方济两位,晚上两名传教士遭凶杀。这就是所谓"巨野教案"。薛田资是当地的传教士,他的身上典型地体现了圣言会派的好斗精神,他冒犯过很多人,除了一般传教士的干涉讼案、无事生非、欺压乡民、敲诈勒索盘剥贫民外,甚至还强奸妇女。参见[美]周锡瑞:《义和团运动的起源》第139—143页,张俊义等译,南京:江苏人民出版社,1998年。这在某种意义上也表现出天主教与新教之间的教义与策略的差异性,花之安、卫礼贤都是新教传教士。对如此问题,并非视而不见,只是存而不论而已。关于此问题,可参见王守中《巨野教案与德占胶澳》,载《文史哲》1983年第5期。杨恒《安治泰与巨野教案》,载《近代史研究》1989年第1期(安治泰为德国传教士,他积极鼓动德国政府占领胶州)。李乐曾《文化斗争、殖民政策与德国在华取得保教权的问题》,载《近代中国教案新探》,合肥:黄山书社,1993年。另相当全面的论述,参见王守中《德国侵略山东史》,北京:人民出版社,1988年。

③ 本表参考李乐曾《近代在中国的德国基督教传教团》,载《德国研究》1997年第3期第24—31页。Ballin, Ursula: "Richard Wilhelm (1873 - 1930) — eine biographische Einführung"(卫礼贤简传). in Hirsh, Klaus (hrsg.): *Richard Wilhelm Botschafter zwei Welten — Sinologe und Missionar zwischen China und Europa*(卫礼贤:两个世界的使者——在中国与欧洲之间的汉学家与传教士). Frankfurt am Main & London: IKO-Verlag für Interkulturelle Kommunikation, 2003. S. 5 - 24. 孙立新《评德国新教传教士花之安的中国研究》,载《史学月刊》2003年第2期第45—54页。Sun, Lixin: *Das Chinabild der deutschen protestantischen Missionare des 19. Jahrhunderts — Eine Fallstudie zum Problem interkultureller Begegnung und Wahrnehmung*(19世纪德国新教传教士的中国观——关于文化间接触和感知问题的一项个案研究). Marburg: Tectum Verlag, 2002. S. 125 - 170.

			西南部和浙江等地。创办各类学校(1906年在汕头、1910年在梅县先后创办德华学校,前者为中学,后者为高级中学),开办医院(1893年起在广东梅县、1903—1913年在广东河源、1914年在香港)。以下数人对中国报导甚力:Theodor Hamberg, Rudolf Lechler, Charles Piton, Jacob Gottlob Lörcher, Otto Schultze, Martin Schaub, Georg Ziegler, Jacob Flad, Martin Maier。
莱茵兰传教协会	礼贤会(Rheinische Missionsgesellschaft)	1847年	该会总部设于德国北部城市巴门(Barmen),又称巴门会。中文旧译为"巴勉会"。该传教差会始建于1828年,在19世纪时曾是德国新教最大的海外传教组织。以下数人对中国报导甚力:Ferdinand Genähr, Heinrich Krone, Ernst Faber(1864 - 1880), Ferdinand Dietrich, Ernst Eichler, Immanuel Genähr, Carl Maus, Friedrich Liederwald(Nitzschkowsky), Gottlieb Olpp。
柏林传教协会	信义会(Berliner Missionsgesellschaft)	1882年	该会1882年起在华建立传教会,早期在华传教同礼贤会一样,在广东地区传教,后随着德国殖民势力的扩张,将势力范围扩大到中国北部。以下数人对中国报导甚力:Friedrich Hubrig, Carl J. Voskamp, Wilhelm Leuschner, Wilhelm Rhein, Wilhelm Lutschewitz。
大众基督教新教传教联盟	同善会(Allgemeiner evangelisch-protestantischer Missionsverein,简称AepMV)	1885年	1884年成立于魏玛,1929年改称"东亚传教会"(Deutsche Ostasien-Mission,简称DOAM),这是一个由德国自由派神学家和大学教授发起成立的基督教新教传教差会。它自觉地与传教运动中的"虔信派"主流保持距离,主张宗教宽容,并从理性主义文化(进步乐观主义)出发,信奉一种非教条的伦理化基督教——西方文明(文化传教)。它采取新的传教方法:不设立广泛的传教机构,也不以"虔信主义"个人皈依为主要目标,而是派遣受过良好教育的基督教徒,通过文字和教育工作,向印度、日本和中国等文化民族中的受过教育者宣传基督教文化,特别是德国特色的基督教文化。该传教会从一开始就与有组织的殖民扩张运动密切相连,希望通过殖民扩张推动基督教和德国文化的传播。以下数人对中国报导甚力:Ernst Faber, Paul Kranz, Richard Wilhelm。

虽然来华的德国传教士教派不一且派别众多,但他们似乎并未取得足够的成绩。因为,对于多数传教士来说,他们抱定的或者是坐"精神监

牢"的想法,或者是"掠夺扩展"的思路,在文化交流中虽也有所贡献,但并非主流。薛田资在自传的第一行就写道:"1893年9月29日,我在施泰尔(Style)收到布道十字架,它立刻成为我为上帝而战的武器与旗帜。"一方面是十字军东征似的骄傲之情,另一方面却将对象国比为"一个悲伤和痛苦的锁链……精神的监牢",甚至选择"受苦,殉难,为信仰而死"。① 而另一名传教士安治泰则为侵占胶澳而不遗余力,他不但拜访德国外交部,甚至面见威廉二世,鼓动说:"这是德国在亚洲谋取地盘以确立我们曾失去的威望的最后机会……不管付出什么代价,我们在任何情况下都不能放弃胶州。它在经济发展和工业方面都有前途,这种前途比今天的上海更大,也更有意义。"② 与这些津津谋求德国利益之扩张,而不惜伤害中国利益的传教士相比,那些致力于促进双方文化交流,提升文明层次的基督福音的传播者,才显得特别可贵,值得认真研究。德国在华传教士中的文化名人,可上溯至明清之际的汤若望。有论者认为:"在17世纪的中西文化交流史上,汤若望的名声仅次于意大利传教士利玛窦,但这位德国传教士在中国的实际作用,应该说超过利玛窦。"③ 不管是从中德文化交流的角度,还是从基督教文明介入中国现代化历程的视野,汤若望作为其时享有重要声誉的德国传教士,其历史地位值得充分肯定。不过,与先贤筚路蓝缕的艰苦努力相比,后来者的执志不屈、前赴后继同样值得加以揄扬。花之安与卫礼贤就是其中值得特别关注的人物。④

---

① 值得注意的是,并非薛田资一人作如是观,被杀的能方济在家书中亦称:"我不止一次向上帝祈祷,要求殉难的荣耀,但很可能它将不会恩赐予我。上帝认为我的血不够红,它仍然搀杂着现世的尘土。"引自[美]周锡瑞:《义和团运动的起源》第141—142页,张俊义等译,南京:江苏人民出版社,1998年。
② 转自[美]周锡瑞:《义和团运动的起源》第145页,张俊义等译,南京:江苏人民出版社,1998年。
③ 朱维铮:《走出中世纪》第185页,上海:上海人民出版社,1987年。关于汤若望,参见康志杰《西学东渐的先行者汤若望》,载《中国典籍与文化》1993年第3期。另关于中国学者研究汤若望的详细文献,请参见刘立群《中德关系史研究在中国》,载《德国研究》1996年第1期第3—4页。
④ 应当注意到,以花之安与卫礼贤为代表的德国新教传教士,他们在宣教手法上与耶稣会士存在某些共性特征,譬如重视教育文化方面的功用。另外,也应注意到,传教士之所以从事教育文化医疗活动,其根本思路仍是作为传教的手段,因为单纯的传教实现起来太困难,效果亦不好。

表二：在中西文化交流史上有重要意义的日耳曼传教士简表①

中文名	德文名	生卒年	在华时间	教育背景	文化史意义
汤若望	Adam Schall von Bell	1591-1666	1619-1666	先在德国科隆耶稣会立学校修习各科及修辞学。1608年到罗马就学于德意志学校。	1611年入耶稣会，参与徐光启修历，曾任清钦天监监正。主要著作有《主制群征》、《真福训诠》、《学历小辩》、《远境说》、《新法历引》等。
邓玉函	Johannes Terrenz	1576-1630	1621-1630	生于巴德大公国之康斯坦茨，以医学、哲学、数学著名于德意志全境。	1611年入耶稣会。1621年偕金尼阁等22人抵华，参加徐光启的修历工作，卒于北京。著有《人身说概》、《飞球升度表》、《混盖通宪图说》、《远西奇器图说》等。
郭士立	Karl Gützlaff	1803-1851	1831-1851	出生于普鲁士波美拉尼亚，因家贫14岁便辍学。1820年，经国王特许，入一家神学院上学。	1823年，受荷兰传道会招募，1826年受派遣到巴达维亚（即今雅加达）传教。后脱离荷兰传道会成为独立传教士，但与伦敦会关系密切。著述多至80多种，语种、内容纷杂，关于中国的就有61种，如《中国简史》、《开放的中国》、《道光皇帝传》等，1833年创办《东西洋考每月统计传》。
花之安	Ernst Faber	1839-1899	1865-1899	在礼贤会传教神学院修完四年课程；在巴塞尔大学、图宾根大学进修两年，此间在柏林动物学博物馆、高塔彼得曼地理研究所访学。	1864年8月受莱茵传教会派遣往中国，从事传教、教书、行医等活动。他是有名的汉学家，以精研中国经典著称，提出过"孔子加耶稣"的口号。他用汉语出版了几部有影响的著作，如《德国学校论略》(1873)、《教化议》(1875)、《自西徂东》(1884)等。

---

① 本表主要据［法］费赖之：《在华耶稣会士列传及书目》2册，冯承钧译，北京：中华书局，1995年。另参考 Novak, Kurt: *Geschichte des Christentums in Deutschland — Religion, Politik und Gesellschaft vom Ende der Aufklärung bis zur Mitte des 20. Jahrhunderts*（德国基督教史——从启蒙末期至20世纪中期的宗教、政治与社会）. München: Verlag C. H. Beck, 1995. 张琳《早期来华传教士的典型代表——郭士立》，载雷雨田主编：《近代来粤传教士评传》第115—160页，上海：百家出版社，2004年。

卫礼贤	Richard Wilhelm	1873-1930	1899-1924	出身于劳动阶层家庭。先后在爱巴路易高等学校、图宾根大学、斯提夫特神学院学习。	作为德国同善会来华传教士,为中德文化交流做出了很大贡献,尤其将许多典籍如《易经》等译成德文,著有许多关于中国文化的著作。

而对于各家不同的传教差会来说,其命题与思路也不太一样。如同善会就强调"民族使命"至高无上,①所以作为其中一员,花之安与卫礼贤都不可能不受到这种大背景的影响与制约,德国利益的考量始终在他们的视野中占有重要地位。但传教士的活动毕竟有其很大的独特性和自主性,个体的思想发展与立场选择在此中扮演了极为重要的角色。可以看出,从花之安到卫礼贤,虽然他们在代表德国利益、教会教育背景、热爱中国文明等方面,有着很多共同点,但基本的立场仍有所变化,这既是代际之间可能存在的必然差异,也与时代发展和个体选择密切相关。如谓不信,不妨来仔细考察一下花、卫二人的传教生涯。

二、"自西徂东"之后的"基督福音"——花之安的传教思路与中国意义

称之为"19世纪最高深的汉学家",②或许过誉。但作为传教士的花之安,其对中国文化之洞察与理解,确实绝非常人可比;其对中国早期现代化过程的介入之深与贡献之巨,亦同样值得大书特书。1879年10月至1883年间,《万国公报》辟出篇幅,连载花之安的《自西徂东》,这部英

---

① Marbach, Otto: *50 Jahre Ostasienmission — Ihr Werden und Wachsen*(东亚传教会50年——其成长与发展). Zürich, 1934. S. 1-15. Gründer, Horst: *Christliche Mission und deutscher Imperialismus — Eine politische Geschichte ihrer Beziehungen während der deutschen Kolonialzeit (1884-1914) unter besonderer Berücksichtigung Afrikas und Chinas*(基督教传教会与德意志帝国主义——以非洲和中国为特别视角的德国殖民时代(1884—1914)政治史). Paderborn, 1982. S. 44-45.
② 加拿大来华传教士季理斐(Donald, Mac Gillivray, 1862-1931)语,见季理斐:《基督教新教在华传教百年史(1807—1907)》。转自陶飞亚、吴梓明:《基督教大学与国学研究》第28页,福州:福建教育出版社,1998年。

文题为《文明：中国与基督教》（Civilization — China and Christian）的著作，绝非一时兴起的泛泛或应景之作，它在近代中国的精神史上留下的是浓重的烙印。其难能可贵，则在于作为传教士与外来者的明确的"中国意识"：

> 《自西徂东》之书何为而作也？欲有以警醒中国之人也。噫！中国之大势，已有累卵之危矣。在今日熙熙攘攘，似太平景象，然亦思强邻环列，果能怀柔否乎？夫当今之时势，外邦更日益富强，然中国能改弦易辙，不拘于成迹，发奋为雄，亦无不可共臻强盛，措天下于磐石之安，顾亦思所行者为何如耳。①

虽然民族之骄不去，②但花之安有一颗悲天悯人之心，有一颗善待他人之心，实在是比后来那些为"殖民者"的传教士高明多了，也确实体现了基督文明的真谛所在。③ 无论如何，这部书的背后用意很可能是为了传播"基督福音"，但它对近代中国的功用却是"一剂醒药"。

在中国近代史上，作为传播文明之利器，报刊的作用不言而喻。而

---

① [德]花之安：《自西徂东》第1页，上海：世纪出版集团／上海书店出版社，2002年。
② 花之安在此书的自序中署名为"大德国花之安"，一个"大"字，足可见其对"德国人"的身份与国势自矜自豪之意。[德]花之安：《自西徂东》第4页，上海：世纪出版集团／上海书店出版社，2002年。
③ 有论者对花之安的中国研究提出严厉批评，认为："花之安不是什么汉学家，而是西方宗教——基督教的传播者。激发他从事研究中国的动力首先来自他的传教工作的'义务和需要'，即论证中国传教的必要性，探讨中国传教合适的方式方法，鼓励西方公众对中国传教给予更多的支持和帮助。"认为："花之安并没有中西文化交流的自觉意识，他研究中国的目的主要是为了使基督教更快更彻底地征服中国，使中国早日'福音化'。实际上，花之安的中国观带有强烈的宗教偏见，它很容易对西方公众产生误导作用。不仅不能促进中西文化的正常交流，而且还会产生严重的阻碍作用。"孙立新《评德国新教传教士花之安的中国研究》，载《史学月刊》2003年第2期第53—54页。这一判断，有些对研究对象求之过苛，一则以花之安对中国的研究范围之广、著作之多、影响之久，绝不妨碍他在身为传教士的同时亦获汉学家的荣衔，他在德国的汉学史上是有地位的，至于他自己怎么看并不能决定后世的评价。二则花之安作为传教士，其立足于基督思想，追求福音广布，是理所当然之事，至于说到让"基督教征服中国"恐怕有些言重了。每个人都难免会有自己的立场，即便是"偏见"，也需要客观分析，而似不宜笼统断言。正如我们面对外来文化时，会以审视的眼光去"去粗取精"；同样，花之安站在基督教立场上，评判中国文化，难免"有褒有贬"。关于花之安对中西文化交流的贡献，请参见朱玖琳《德国传教士花之安与中西文化交流》，载《近代中国》第6辑，上海：上海社会科学院出版社，1996年。

《万国公报》作为其时最重要的媒体,其影响力更是举足轻重。① 花之安在此报连载其长篇大论,自然有其考虑。当作此书时,花之安来华已达十余年,对中国有相当的了解。所以此著之出也,直指中国人心,鞭辟入里,十分警醒世人。花之安非常敏锐而又尖刻地指出中国的问题是"无根本之学",而"无本之学,必害其国",因为在他看来,"中国人所学,徒欲精技艺以益己,而不能充所学以益人",那又怎么可能"得仁爱之大道而致天下一家,远人悦服"呢?② 这里揭示的一个关键点至关重要,学技艺只是表象,骨子里所谓"中体西用"也就是这个道理;但同样还有一点值得发挥,之所以做出这样的选择,也还不仅仅是一时的认识偏差,对于不致用的纯粹学术的轻视,中国人是有传统的。"重实用而轻学理"其实是中国思想传统的重要特征之一,所谓"师夷长技以制夷",表现出的就是对西方实用技术的重视。这一思路,百年来被奉为圭臬,其实正反映出了我们多少带有急功近利色彩的"致用传统"。

花氏能产生这样的判断,凌厉而直指根本,不是每个人都能做到的,一个远来异国的和尚,能念如此之经,更属异数。花之安的思路与取径,其实给我们考察近代中国提供了一个非常有价值的"异域之眼"。1865年,时为26岁的花之安远渡重洋,经过225天的海上行程,抵达香港。虽然他此前已做了充分的准备工作,不但在礼贤会传教神学院修完了四年的课程,还在巴塞尔大学、图宾根大学等高等学府进修过两年,尽管准备工作如此充分,但陌生的土地仍旧给他带来了巨大的文化震撼(cultural shock)。

此时的中国,正值第二次鸦片战争之后,图强之声日起,洋务运动正逐渐展开,一方面是对西方的文明和科学求之若渴,但另一方面却又在具体落实层面不得其门而入。花之安之来华,正是"适逢其时"。且不说

---

① 关于《万国公报》,请参见徐松荣:《维新派与近代报刊》第26—28页,太原:山西古籍出版社,1998年。详见陈玉申:《晚清报业史》第20—32页,济南:山东画报出版社,2003年。亦有专门研究,参见王林:《西学与变法——〈万国公报〉研究》,济南:齐鲁书社,2004年。关于传教士与《万国公报》的关系,参见孙邦华《晚清来华新教传教士对中国科举制度的批判——以〈万国公报〉为舆论中心》,载章开沅、马敏主编:《基督教与中国文化丛刊》第5辑第199—216页,武汉:湖北教育出版社,2003年。
② [德]花之安:《自西徂东》第1、2页,上海:世纪出版集团/上海书店出版社,2002年。

其曾引起很大轰动的早期著作《德国学校论略》(1873),^①就是这册《自西徂东》(1884),其在中国近代思想史上的意义也值得重新估量。

花之安来华23年之后,即1888年,耶拿大学授予其"神学博士"(Doctor of Theology)荣誉头衔,其拉丁语授词称:"耶拿大学授予花之安博士以神学博士的荣誉、权利和优待。花之安博士作为华人基督福音的成功传道者,正直、勇敢和忠诚的人,杰出的作家,无愧于跻身早期基督文明的辩护者行列,他还是列子、孟子和墨子的德文翻译者,中国宗教研究的英文作者,马可和路加福音的中文诠释者,进行中西习俗与法律比较的先驱者,以基督观点对待儒学的批评者。"^②确实,花之安以其杰出的理论工作与实践成就,成为19世纪最优秀的来华传教士之一,其对德

---

① 花之安强调著此书,是有感于"华士徒艳泰西之器艺,而弃其学问,掇其糟粕,遗其精华",花之安所以要"略言书院之规模,为学之次第,使海内人士知泰西非仅以器艺见长,器艺不过蹄涔之一勺耳"。花之安《德国学校论略》第4页,鄂中质社,1897年。中国转型期最重要的思想家梁启超亦同样多次提及此书,认为:"西人学校之等差、之名号、之章程、之功课,彼士所著《德国学校》、《七国新学备要》、《文学兴国策》等书,类能言之,无取吾言也。"梁启超《变法通议·学校通论》,载《时务报》第5—6册,1896年9月。梁启超撰《西学书目表》(上海时务报馆,1896年),下有识语,上有圈识。其中《七国新学备要》上下空白,《文学兴国策》上有一圈,《西国学校》上加两圈,下有"好"字。参见《气球·学堂·报章——关于〈教会新报〉》,陈平原:《文学史的形成与建构》第260页注释1,福州:福建教育出版社,1999年。《德国学校论略》、《德国学校》、《西国学校》等为同一书。作为京师同文馆教习的李善兰,则是在读了此书后,"始知德国之必出于学校者,不独兵也,盖其国之制,无地无学,无事非学,无人不学"。李善兰《泰西学校论略序》,载《中国近代学制史料》第2辑上册第2页,上海:华东师范大学出版社,1987年。应该说,德国文化资源对中国产生较大影响,可从此书算起。不但黄遵宪、郑观应等当时的文化名人都通过此书了解德国教育;而且行政官员,下至一般地方官,上至封疆大吏,都对德国以教育兴国的典范作用表示推重。1901年,当时被视为疆臣之首的张之洞、刘坤一联名上奏,称:"德之势最强,而学校之制,惟德最详……兴学之功,此其证明。"张之洞、刘坤一《筹议变通政治人才为先折》,载舒新城编:《中国近代教育史资料》上册第49页,北京:人民教育出版社,1979年。

② 原文为:"To Dr. E. Faber, the successful preacher of the Gospel among the Chinese, the upright, brave and faithful man, the prolific writer, worthy to rank with our Christian apologists of early days, the interpreter of the doctrines of Licius, Mencius, and Micius in German, the author of an introduction to the study of the religions of China in English, the commentator on the Gospels by Mark and Luke in Chinese, the pioneer in works comparing and contrasting China's customs and manners, laws and letters with those of the West, the critic of Confucianism from the Christian point of view; the dignity, rights and privileges of a Doctor of Theology are hereby granted by the University of Jena."Kranz, Pastor, P.: *The Works of Rev. Ernst Faber, Dr. Theol. — A Champion of the Faith, A pioneer of Christian Literature in China*. (trans. by Haden, Robert A.) Shanghai: American Presbyterian Mission Press, 1904. p. viii.

就以上列出的花氏的杰出成就来看,最为重要的恐怕还是他的"笔耕"功勋。这既与他自身的健康状况密切相连,也与他对文字工作的判断有关。花之安患有喉疾,不能长时间说话,这是客观条件。同时,花之安认为中国社会里具有重大影响的是官绅和文人,通过他们去传播福音,则可事半功倍;而如欲使之"福音化",则必须从学理上进行研究、获得尊敬。② 所以,花之安选择的工作方式是与中国前贤接近的"文字之途",尽管它是一种"文字传教"的方式,但他以"文明之道"接近中国文化,仍可让国人更易生"同情之理解"。

花之安将其所要探究的问题,归结为"西法如何才能施行于中国?"中国的走向问题,历来为仁人志士所关心,念兹在兹,未或敢忘,然则如何走出衰落,重振国威,实在是颇令人困惑的大问题。但无论如何,"援西入中"乃是一个大家都已逐步意识到的方案,不管是康有为的"用西变中",还是张之洞的"中学为体,西学为用",西学东渐不仅是大势所趋,更被那代人认作是"救国的法宝"。在这种背景下,花之安提出中国士人所关心的命题,用中国人传统的儒家思想做引子,其目的仍在导向基督文明:

> 夫儒教言理则归于天命之性,耶稣道理则归于上帝之命令,仁义皆全。虽用万物,而非逐物,是以物养吾之心性,而物之精妙莫能违,此耶稣道理实与儒教之理同条共贯者也。可知耶稣之理无所不备,无所不包,上天之奥旨、人间之伦纪、地中之万物,无不统括于其中矣。今中国欲图富强,有以振兴,尚未能从耶稣之真理,虽有从道之人欲助中国,势有不能,如柄凿之不相入也。诚能得中国君子同心合力,共往西国,真心求耶稣之理,不囿于故见,不拘于小技,精通西人格物、数学、天文各项之蕴奥,由此发出妙义,以创制显庸,并不必假手于他人,斯可长久而不坏……③

如花之安这样的基督文明使者,真可谓"善哉",若是传教士都能按照花

---

① 关于花之安的德文、英文、中文著作的详细情况,请参见 Kranz, Pastor, P.: *The Works of Rev. Ernst Faber, Dr. Theol. — A Champion of the Faith, A pioneer of Christian Literature in China*. (trans. by Haden, Robert A.) Shanghai: American Presbyterian Mission Press, 1904. 在死后短短的数年时间内,就有人专门为他著书立传,也从另一个侧面见出他在当时中国基督社会里的重要地位。

② 参见孙立新《评德国新教传教士花之安的中国研究》,载《史学月刊》2003年第2期第46页。

③ [德]花之安:《自西徂东》第3—4页,上海:世纪出版集团/上海书店出版社,2002年。

氏的思路传教,则中国很可能早已皈依"基督文明"了。花之安甚至宣称此书的目的是:"欲感众人之心,同归于至善,务冀后之君子,行谊胜于西人,将来中国必致兴盛,其威权可加于众国之上,不独胜于西国而已也。"①如此说法,我们当然可以将其理解为一种客套话,为中国"寻求富强",本就是那代中国仁人志士孜孜以求的梦想,花之安为打动中国贤者之心,虚构出一幅中国富强然后傲立于世界民族之林的图景,原也可以理解。但其实,花之安心里明白如镜,在1893年第一届"中国教育会"上,他就曾明确地说过:"基督教文化与中国固有文化,无论在宗教、道德、组织和技术各方面都是不能相容的。"②既已如此参透三味,仍努力强调自己的"中国立场",其实大是可疑。而要求"中国君子同心合力,共往西国,真心求耶稣之理"则更是将其背后用意说得一清二楚,让中国人"皈依基督"、"祈求福音",才是花之安的根本目的,作为传教士,花氏从来就没忘记过自己的根本立场。这一点在与他的继任者——后一代的卫礼贤的比较中可能更易看得明白。

1899年,花之安以花甲之龄逝于青岛,其时他在华时间已达35年,甚至远超出了他居留母国德意志的岁月。所以,如果说他对中国有着一种极为特殊的情感,③是不难理解的,但其基本立场在于传教也同样无可置疑。在我看来,传教士的入华工作,本来就是一种特殊时代下的特殊行为,虽然其功用不可否定,但并非文化交流中所应存在的常态现象。花之安在主观上虽然希望"以耶化中",但其大量著述仍相当成功地引进与介绍了德国与西方的学术与思想,在客观上对近代中国之了解西学、走向世界,有襄助之功;而他对中国的深刻认知和中学西传(不管是扭曲还是误解,都是文化交流的财富),诸如他的德英文著译,同样值得我们重视;至于其对中国的批评,同样不乏"旁观者清"的"针砭之言",如果我

---

① [德]花之安:《自西徂东》第6页,上海:世纪出版集团/上海书店出版社,2002年。
② 花之安《中国基督教教育问题》,转引自孙竞昊:《西学·西教·近代化》,见 http://www.fjsxyz.com/resource/%BD%CC%D3%FD%C2%DB%CE%C4%BF%E2/%D6%D0%D0%A1%D1%A7%BD%CC%D3%FD%BD%CC%D1%A7%D1%D0%BE%BF%D3%EB%CA%B5%D1%E9/%C6%E4%CB%FB/%C6%E4%CB%FB(4)/%CE%F7%D1%A7%A1%A4%CE%F7%BD%CC%A1%A4%BD%FC%B4%FA%BB%AF.html,下载于2004年6月7日。
③ 当然,这并不妨碍他对中国文化进行严厉的批判,参见孙立新《评德国新教传教士花之安的中国研究》,载《史学月刊》2003年第2期第49—54页。

们有海纳百川的胸怀,同样会获益匪浅。就这个意义来说,德国基督教的文化互动功能在花之安的继任者身上表现出更加接近"中国心灵"的趋势。

三、"中国心灵"的浮出水面:卫礼贤的"专业汉学"之路①

从1885年加入同善会,到1899年在青岛驾鹤西去,花之安为同善会服务了14年。但他的主要成绩是在上海取得的。1898年,同善会趁德国将山东划为势力范围之机,开辟中国北方传教区。并派花之安北上青岛,意在开辟新的传教点,可惜次年即重病身亡。1899年,又一位来自远方的青年踏上了东方的土地,这就是同善会的新任传教士,年仅26岁的卫礼贤。作为花之安的继任者,卫礼贤不但承继了作为基督文明传播者的使命,同样也选择了成为中国心灵探索者的宿命。此时的传教士,不仅没有汤若望他们那代人的好运,能够接近上层(不仅是政治层面,也是文化层面),往来结交者都是文人学士决定了他们必然对中西文化交流作出重要贡献;他们甚至也没有花之安这代人的开拓之功,他们所面临的是另一种机遇与困境,甚至连他们自己的同胞也不理解他们:

> 许多在华的洋人只要不直接和他们有关系的都认为,这些传教士只是搞破坏,也只有对骗子来讲,他们才有吸引力,他们仅仅是将教徒们的原有文化传统进行掠夺,并没有赋予他们新的信仰,因此所有的基督徒都是些粗

---

① 卫礼贤(Richard Wilhelm,1873-1930)作为德国同善会来华传教士,为中德文化交流作出了很大贡献,尤其将许多典籍译成德文,著有许多关于中国文化的著作,杨武能《卫礼贤与中国文化在西方的传播》对此有比较深入的分析,载《文化:中国与世界》第5辑,北京:生活·读书·新知三联书店,1988年。另见杨武能《卫礼贤——"伟大的德意志中国人"》,载《人民日报》1990年2月22日。张国刚撰专章探讨了"卫礼贤和法兰克福'中国学社'",载张国刚:《德国的汉学研究》第40—48页,北京:中华书局,1994年。郑天星《传教士与中学西渐——以德国汉学家卫礼贤为中心》,载《宗教学研究》1997年第2期第109—113页。马庚存《论"伟大的德意志人"卫礼贤》,载《济南大学学报》2002年第1期第52—56页。张东书《卫礼贤的中国魂》,载《国际汉学》第6辑第34—47页,郑州:大象出版社,2000年。蒋锐《卫礼贤的汉学生涯》,载《德国研究》2004年第1期第52—57页。其妻子的回忆录比较详尽,但无材料来源。Wilhelm, Salome: *Richard Wilhelm — Der geistige Mittler zwischen China und Europa*(卫礼贤——中国与欧洲间的精神使者). Düsseldorf, Köln: Eugen Diederlichs Verlag, 1956. 另可参见研讨会论文集 Hirsh, Klaus(hrsg.): *Richard Wilhelm Botschafter zwei Welten — Sinologe und Missionar zwischen China und Europa*(卫礼贤:两个世界的使者——在中国与欧洲之间的汉学家与传教士). Frankfurt am Main & London: IKO-Verlag für Interkulturelle Kommunikation, 2003.

鲁无用的家伙,传教士的工作也是虚假的仁爱。①

"虚假的仁爱",卫礼贤知道这样的指责意味着什么。与花之安那代传教士凭借帝国的势力,而可以将"基督福音"四处广播不同,卫礼贤这代人面临的,是普遍的基督信仰危机问题,这既有传教士自身的"咎由自取"处,也与时代变迁与发展密切相关。近代中国从被动地"打开国门",到主动地"走向世界",其时已是20世纪初期了,中国正经历着自己的暴力革命以造共和、文化创新以求新民族的时代。

有论者谓:"就一个世纪的中西文化交流现象而言,明显的事实是:西方人来中国,是当老师;中国人去西方,是当学生。一百年来,这个格局基本上没有改变。原因是西人来教的,中国人去学的,不是西学,而是普遍之学;西学至今被视为普遍之学。"②卫礼贤在中国,就是来当教师来了。他这样回忆与北京大学的关系:

> 在景山的附近,有一座官办大学,我在那里兼做教师。在同我的中国学生一起时,大家经常在课间讨论一些有趣的话题,每当回忆起这些心中都充满了快乐。同时,这些学生大都非常积极主动地学习钻研。这所大学的外表并不十分独特,仅仅是暗红色的砖体建筑。在这所大学25年的历程中,已经成为中国公众生活的精神动力,没有任何别的大学能有相似的能力。这种力量使它自身感到生活在一种自由环境当中,而这种自由精神在社会和政治改革以及重塑中国人精神方面意义重大。但给教授们提供的待遇却很微薄。由于财政困难,教师的工资经常拖欠,他们不得不在业余时间写作创收。讲座则充满了崇高的理想色彩,因而依然富有吸引力,每个学生都感到来这里学习是一种荣誉。③

确实,北大在彼时的中国,仍是一个标准性的象征。作为传教士,卫礼贤1899年来华,直到1924年应法兰克福大学之聘,出任其荣誉讲座教授兼汉学系主任的职位,在中国居留达25年之久。故中国为其第二故乡,当无疑问。卫礼贤曾于1924年在北大作过一系列的学术报告,内容是关于老子、孔子和康德伦理学的比较。其思路则在于借此机会向听众介绍

---

① [德]卫礼贤:《中国心灵》第176页,王宇洁等译,北京:国际文化出版公司,1998年。
② 《双单向道:对20世纪中西文化交流的几点观察》,载赵毅衡:《伦敦浪了起来》第50页,北京:人民文学出版社,2002年。
③ [德]卫礼贤:《中国心灵》第222—223页,王宇洁等译,北京:国际文化出版公司,1998年。

一点真正深刻的西方哲学,"因为这些年从美国引进来的怀疑主义和实用主义哲学实在令人可怕"。① 这一思路既与现代中国的背景有关,同时也离不开德国乃至欧洲在一战后所面临的思想危机。梁启超当年对西方是何等的推崇,但一战后游欧,归来作《欧游心影录》,复又回归国粹,确实是颇为深刻地看到了西方文明中的某些孽根性所在;但遗憾的是,过犹不及,梁氏对西方文明的优点则未免有些"略而不论"了,这当然也不是清醒的态度。同样,作为"身在此山中"人的卫礼贤,对西方文明有着更为深刻的理解和自我意识,他之拒实用主义,而论康德与老、孔,与其时杜威在华所受到的空前欢迎恐怕不无关系。②

如果将传教士的派遣纳入德意志帝国的整体发展视野中去考察,那不得不承认是为了德国大资产阶级的"民族和政治的目的服务"。③ 但必须意识到,这只是出于"统治阶级"的一厢情愿;且不论每个个体的实际情况都大相径庭,就是作为教会而言,也不会完全依附于政治(专门为此目的而建立的传教会自当别论)。

花之安对传教士的功能有相当深刻的认识:"传教士本来的职业不是开拓科学研究的新领域,而是传达(福音)信息。因此他主要把宗教——伦理作为他的活动场所。"④但卫礼贤则会骄傲地宣称:"令我感到欣慰的

---

① 原文为:"denn was in den letzten Jahren importiert wurde an amerikanischem Skeptizismus und Pragmatismus, ist wahrhaft verheerend". Wilhelm, Salome: *Richard Wilhelm — Der geistige Mittler zwischen China und Europa*(卫礼贤——中国与欧洲间的精神使者). Düsseldorf, Köln: Eugen Diederlichs Verlag, 1956. S.294. 中译文参见张国刚:《德国的汉学研究》第42页,北京:中华书局,1994年。
② 杜威来华,虽是其中国弟子诸如胡适等人的一力促成,但与时为中国学界领袖的蔡元培的大力支持,亦不可分割。作为20世纪西方思想史上对中国影响最大的名人,杜威之与现代中国发生的关联,真是"剪不断,理还乱",且不说他的大群中国弟子,诸如胡适、蒋梦麟、郭秉文、陶行知、陈鹤琴、郑晓沧、张伯苓等,他们归国后锐意改革,且思想先进、视野开阔,为现代中国的教育发展做了许多奠基性的工作。就以杜威本人而论,作为一代大哲与名家,他不辞辛苦,在中国一留就是26个月,足迹遍及上海、北京、天津、辽宁、河北、江苏、广东等14个省市,演讲200多场次,直接影响并推动了实用主义思潮的中国热。这在中国五四运动发生期的1919—1921年,其意义就显得尤为重大。
③ [德]施丢克尔:《十九世纪的德国与中国》第311—312页,乔松译,北京:生活·读书·新知三联书店,1963年。
④ Faber, Ernst: *Eine Staatlehre auf ethischer Grundlage oder Lehrbegriff des chinesischen Philosophen Mencius*(伦理基础上的国家学说或中国哲人孟子的教学观). Elberfeld, 1877. S.31.中译文见孙立新《评德国新教传教士花之安的中国研究》,载《史学月刊》2003年第2期第54页。

是,作为一介传教士,在中国我没有发展一个教徒。"①两代人虽有同一个传教会的背景,但其关于"基督福音"的思路却迥然有别,是不是可以说花之安就是以"传教"为终极目的,而卫礼贤早已放弃了"传教"任务了呢?寻章摘句是危险的,只有深入地把握两者的时代背景与个体发展,才会分辨其思路的相通与差别。卫礼贤当初来到青岛后不久,就给柏林的教会机构发函,请求退出传教活动,以专心致力于汉学研究。但这样的做法,并非表明卫氏就放弃了"基督思想",这是不可能的。传教士向汉学家的转变,更多的是一种职业选择,而并非意味着"宗教情结"的消逝。更重要的是,卫礼贤与花之安在传教思想上的巨大差别,与他接受其导师兼岳父布鲁姆哈特(Christoph Blumhardt)的影响有关,所以卫氏认为世人皆为上帝的子民,不必定要"以西化中",中国人应当有自己的接近上帝之道,故此采取"不建教区"与"拒施洗礼"的策略,尽管因此他与同善会领导人的矛盾不断扩大,卫礼贤似乎并无意改变自己的思路。②

卫礼贤终于没有老死在这片他深情厚望的土地,之所以做出这样的选择,固然有其个人兴趣的变化与选择,但更是由其时代背景所决定的。德国在一战的失败与中德关系的变化,都使得这一选择既有个人因素,又有其必然性。正如论者所指出的:"近代德国和中国的经济和外交关系开始于这样一个时期:德国正在崛起成为世界性的经济和军事强国,中国则在努力争取获得西方的技术和实力,以捍卫其国家政治和文化的完整性。从中国官方要寻求德国的专门技术和产品以实现中国'自强'的角度看,他们的关系具有互利性。但是,就强权政治支配下的德国的在华行动而言,两国的利益又是直接冲突的。从19世纪末到第一次世界大战爆发之间建立起来的中德关系,就充分显示出了这种既互利又矛盾的性质,它也持续不断地影响

---

① 张君劢《世界公民卫礼贤》,转引自郑天星《传教士与中学西渐——以德国汉学家卫礼贤为中心》,载《宗教学研究》1997年第2期第112页。
② Ballin, Ursula: "Richard Wilhelm (1873 – 1930) — eine biographische Einführung"(卫礼贤简传). in Hirsh, Klaus (hrsg.): *Richard Wilhelm Botschafter zwei Welten — Sinologe und Missionar zwischen China und Europa*(卫礼贤:两个世界的使者——在中国与欧洲之间的汉学家与传教士). Frankfurt am Main & London: IKO-Verlag für Interkulturelle Kommunikation, 2003. S.14.

着其后中德关系在20世纪20年代和20世纪30年代的发展。"①如果说,当年威廉二世将德国传教士纳入到其"世界政策"和"殖民帝国"的蓝图中来,并在实践中予以直接的支持;那么,第二帝国的毁灭与德国政治的现实,都不再有利于德国基督教在华传教事业发展;恰恰相反,作为德国国内一个学术门类的汉学学科的建立,似乎更加需要在华传教士的合作与贡献。

在福赫伯(Herbert Franke)看来,政治背景的形成,是促成德国汉学发展的一个重要因素:"1898年德国租借胶州湾后,德国的汉学也曾借此获得推动。但《凡尔赛和约》胶州湾归还中国却是一件值得庆幸的事。因为它使1919年以后德国对华关系不再有西方帝国主义对待东亚民族那样的包袱。"②总体而言,德国在华基督教事业之没落,乃是大势所趋,即便没有第二帝国的先行崩溃,日后西方传教士在中国的日子也并不好过,到了1949年更是不得不全部撤出。毕竟,在曾为"半殖民地"的中国的视野之中,"传教士"这一概念还是带上了太多的"殖民"色彩。"汉学"取代"传教",既是历史之必然,也未尝不是中德文化交流的一曲新篇章。遗憾的是,卫礼贤并未能够一展其创制汉学的宏图,在上任不久后,他就不幸辞世,终年只有57岁。但是,他的短命教授生涯,决不会掩盖他在德国思想史上的重大意义。③

与孔拉迪这样的纯粹学院出身的汉学家不同,卫礼贤的汉学研究是与他和"乡土中国"的亲密相处息息相关的。所以,孔拉迪可以在勉强来到北京八个月后,就宁可违约归国了。他情愿留在德国的土地上,在书斋里与"中国古人"为伴,读"文言古书",去"神思玄想",以构建他的"中

---

① [美]柯伟林:《蒋介石政府与纳粹德国》第10页,陈谦平等译,北京:中国青年出版社,1994年。
② 转引自张国刚:《德国的汉学研究》第37—38页,北京:中华书局,1994年。但此处说《凡尔赛和约》即胶州湾归还,与史实有出入。
③ 关于这一问题,请参见 Hsia, Adrian: "Richard Wilhelm und das China-Konstrukt deutscher Denker"(卫礼贤与德国思想家的中国建构). in Hirsh, Klaus (hrsg.): *Richard Wilhelm Botschafter zwei Welten — Sinologe und Missionar zwischen China und Europa*(卫礼贤:两个世界的使者——在中国与欧洲之间的汉学家与传教士). Frankfurt am Main & London: IKO-Verlag für Interkulturelle Kommunikation, 2003. S.25-42.

国想象",也不愿意亲历中国活生生的社会历史巨变。① 但卫礼贤则不然,他对汉学研究的兴趣,并非生发于书斋之中、讲堂之上,而是活生生来源于现实的中国社会。而由鲜活的生命姿态贯通纸上的经典讲章,则是卫氏汉学研究的重要特色,正因为此,卫礼贤经由译介中国经典和论说中国文化所产生的影响,真可谓深远。且不论这种影响在广义的西方世界是如何流传的,在此仅就其时的德国语境来对他的思想史意义略加考察。黑塞(Hesse,Hermann,1877-1962)即对其评价甚高:

> 他(指卫礼贤,笔者注)是先驱和典范,是合东西方于一身,集静与动在一体的太和至人。他曾在中国数十年潜心研究古老的中华智慧,曾与中国学苑英才交换心得,不过他既未丧失自己的基督信仰和打着士瓦本图林根家乡烙印的德国本色,也未忘记耶稣、柏拉图和歌德,更没有丧失和忘记他那要有所作为的西方式雄心。他从不回避欧洲的任何问题,不逃避现实生活的召唤,不受苦思冥想抑或美学至上的寂静无为主义的蛊惑,而是循序渐进,终于使两个古老而伟大的理想相交相融,使中国与欧洲、阳与阴、知与行、动与静有机结合起来。所以才会产生他那优美动人的语言,就像由他翻译的《易经》那样——歌德和孔夫子同时娓娓而谈,所以他才能对东西方这么多高品位的人产生如此魅力,所以他的脸上才会带着智慧而和蔼、机敏而谐谑的微笑。②

不愧是卫礼贤的知交,黑塞的这段评论可谓"知人论世"而又"切中肯綮"。同样,另一位思想史名人——瑞士著名心理学家荣格更与他有着亲密的合作关系。荣格(Carl Gustav Jung,1875-1961)和他联袂出版了两部著作,均产生了不凡的反应,并深刻地影响着作为一代学术大师的荣格的思想形成。《太乙金华宗旨》(Das Geheimnis der goldenen Blüte)与《慧命经》不太容易读懂,但作为道教的经典之作,其思想史意义

---

① 1903年时,孔拉迪受聘于京师大学堂,教授德国语言文学。他本就认为这样是不务正业,会耽误他研究汉学。只在夫人的劝说之下,才勉强成行。可参见 Conrady, August: *Acht Monate in Peking*(北京八月)。另参见 Erkes, Eduard: "Georg von der Gabelentz und August Conrady"(嘎伯冷兹与孔拉迪),in *Karl Marx Universität Leipzig (1409-1959)—Beiträge zur Universitätsgeschichte*(卡尔·马克思莱比锡大学1409—1959年——大学史论文集). Band 1. Leipzig: Verlag Enzyklopaedie, 1959. S. 451-457.
② Hesse, Hermann 撰"*Der geistige Mittler zwischen China und Europa*"的书评,原载《世界周报》1956年4月24日,Zürich。中译文转引自张东书《卫礼贤的中国魂》,载《国际汉学》第6辑第34—35页,郑州:大象出版社,2000年。

很重要。荣格日后心理分析学说之立定发明,与其大有关系。① 而在我看来,卫礼贤这一"中国心灵"思路的形成与实践,是对德国传教士思想的一个重要扭转,由传教士而汉学家(当然期间卫氏也当过教师与外交官),这条职业路居然走通了。这既说明了德国基督教在华传教作为一项历史使命终结的必然性,也在另一个层面印证了汉学作为一门学科的确立实在是大势所趋。透过卫礼贤的职业汉学家选择,似乎遥望见得的,是跨越大陆风尘的国际背景下的中德时势。可惜的是,作为那个年代里极为难得的兼通中西的德国人,卫氏英年早逝,给德国人借来"异域之眼"的工作造成了莫大损失。他对中国文化与社会的深切认识,至少是"前无古人,后少来者",所以也只有他才能如此深切体会和揭示"中国心灵"的意义。不过,这个工作主要应留给德国人去做,我们要探讨的,还是从花之安到卫礼贤,德国传教士的工作,究竟给近代中国带来了些什么,留下了些什么?

四、近代中国期待视野里的"德国传教士意义"

对于近代中国而言,"基督福音"之来也,如同"西学东渐"之铺天盖地,实是无可抗拒。然而,这基督福音又是相对复杂的,不可轻易就"盖棺论定"。在我眼里,更关注的是其中"众声喧哗"的一面。也就是说,随着近代民族—国家的各自成型,由各民族血统不同的传教士所传达的"基督福音"很可能不尽相同。

就总体而论,基督教对近代中国之影响巨大毋庸置疑,但与占据主导地位的英美传教士相比,② 德国传教士既无"捷足先登"之便,也无"人

---

① 参见李以洪《荣格与中国文化》,载《汉学研究》第1集第183—196页,北京:中国和平出版社,1996年。李以洪《荣格与汉传佛教》,载《汉学研究》第2集第180—209页,北京:中国和平出版社,1997年。帕斯菲尔德《荣格心理学与佛教思想》,载《汉学研究》第3集第341—346页,北京:中国和平出版社,1999年。
② 英美传教士人数既多,势力亦大,在近代中国的"传教活动"中毫无疑问居于主导地位。本文强调"德国传教士",并非是对此大背景视而不见,而是"存而不论"。即便是就杰出的传教士个体而言,英美亦同样未遑多让。可列举者,英国如马礼逊、傅兰雅(John Fryer),美国如丁韪良(Martin, William Alexander Parsons)、李提摩太(Richard, Timothy)、林乐知(Allen, Young John)等。他们对近代中国发展历程介入之深,观察之细,都为研究近代中国提供了很好的另类视角,参见[美]丁韪良:《花甲忆记——一位美国传教士眼中的晚清帝国》,沈弘等译,桂林:广西师范大学出版社,2004年。该书属于周振鹤主编的"基督教教士传记丛书"。

多势众"之利,更无"财大气粗"的实力(1890年威廉二世掌权后稍好),但由于其传教士群体中所涌现的杰出人物,德国传教士在近代中国的发展史上留下了一条虽非浓墨重彩,但却影响深远的线索,这就是郭士立—花之安—卫礼贤。这三位先贤,虽然其立场不完全一致,与基督教会、德国政府与中国文化的接触程度也都各有所择,但总体来说,不管是其宗教本位的选择,还是政治立场的考量,乃至文化交流意义思路的创发,都有非常独特的意义。

这种意义,如果纳入到作为传统向现代过渡过程中的"近代中国"视野之内,就会显得特别的清晰与具有时代感。外来资源的传入、借鉴、吸收与转化,乃是在"西学东渐"大潮中,必须细加区分、仔细鉴别的过程。而其导入与产生影响,则必须在与母体相衔接与契合的基础上才可能不断地"趋利避害"。而如果要做到这一点,就必须深刻地考察近代中国的背景与问题意识。①

近代中国处于传统中国与现代中国的过渡阶段,其转型固然"势在必行",其过程更是当得"痛苦挣扎"四字。凤凰涅槃,必须是要有烈火中自焚的勇气的,精神转型,同样需要有自我否定与接受新知的大魄力,能做到这一点,自然也就免不了有"新生之痛"。这尤其表现在那些最初觉醒的"先知先觉"之士身上。不仅是"师夷长技以制夷",作为近代最早的睁眼看世界者,魏源也知道如何入手:"欲制外夷者,必先悉夷情始;欲悉夷情者,必先立译馆,翻夷书始。"②从龚自珍、林则徐、魏源等第一代近代人到曾国藩、冯桂芬、郑观应等第二代,再到康有为、梁启超、蔡元培等第三代,近代中国走过的是步履蹒跚却又执着向前的进程。用更简洁的语言来描述,就是"睁眼看世界"、"洋务渐进路"、"戊戌革新途"。戊戌变法虽然以百日政变而告终,但其所开辟的"改革模式",却延绵不绝,无论是

---

① 论及传统中国向现代中国的过渡,我以为1890年代值得特别关注,不管是导火于外敌的1894年的甲午战争也好,还是稍后引线于内部的1898年的百日维新也罢,其实都具有相当程度的标志意义。而这一转变的过程,兼跨了"传统中国"末期与"现代中国"初期的阶段,我倾向于将之称为"近代中国",这一概念,大约是指1840—1910年代。也就是说,并不存在于一个独立于"传统中国"、"现代中国"之间的"近代中国",而只是为了便于表述,将位于两者之间、处于过渡性的这个时段称之为"近代中国"。
② 魏源:《海国图志》卷二《筹海篇三·议战》,转引自马勇:《近代中国文化诸问题》第47页,上海:上海人民出版社,1992年。

清末新政,还是辛亥之后的政治建设,其实都可作此看。如此,则破坏性的因素相对被忽略,而着重强调近代中国发展脉络中的建设性一面。正是从这个意义上来说,传教士,尤其是德国传教士之贡献,不可小看。但就来华传教士的"公共空间"而言,需要有一比较分析的视野;而即便是德国传教士内部,代际之间也存在各自的特点以及所反映的时代特征。此处仅以花之安、卫礼贤二人为例略做比较:

一、同样传播西学,但对近代中国思想形成的影响与意义有轻重之别。作为较早的西学输入之士,他们的立意虽然难免"福音立场",但总体来说,则既能较为准确地把握中国时下的需求,又能比较全面地输入知识资源。作为西学的来源地之一,他们对西方文化的把握是要超过一般的中国士人的。但由于花、卫是两代人,他们在近代中国语境中活动的时间差别,正是中国人由闭关锁国到走向世界的转折期,所以这也在客观上决定了他们可能给予中国思想形成的影响的程度亦有差别:花之安一部《自西徂东》的影响力是怎么高估也不过分的,卫礼贤在西学传播方面显然无法与之相比。当时中国的代表人物如郑观应谓:"中学其体也,西学其末也。"(《西学篇》)对传统文化根深蒂固的尊崇情结表露无遗,而王韬、马建忠、薛福成、陈炽、何启、胡礼垣等人亦莫不有这样的思路,他们在坚决主张学习西方"长技"的同时,坚持中国传统文化的立场,但又觉得仅如此还不行,西人之长似还不仅于此。于是,或强调工商发展,或主张革新政治秩序,应该说,都表现出相当的远见卓识。但毕竟,他们即便有过放洋留学的亲身经历,也很难做到对西学"登堂入奥",对于外来知识资源的认识与采撷,都处于极为初等的层次与状态。正是在这个意义上,传教士表现出极不一般的文化眼光与水准。

《自西徂东》的出现,符合19世纪70年代以来王韬、郑观应等第二代近代知识分子主变法、学西方、兴国家的思路。此书在其时中国知识界的地位很高,也足以说明这一问题。作为19世纪80年代"由传教士撰写的、影响最大的一部书",①《自西徂东》流传之广、影响之远,恐怕在近代中国以来的西学传播史上都属"凤毛麟角"。不仅是在一般意义上加以印行传播,如广学会成立后,第一批书就选印此册。而且在其他层

---

① 熊月之:《西学东渐与晚清社会》第409页,上海:上海人民出版社,1994年。

面上,此书也都能"广泛流传",无论是进入知识阶层(1888年,当乡试之时,广学会赠送一万册给南京传教士,以分发应试士子),还是送达政治高层(1893年,广学会重印2000部,赠每名中国政府高官一部;1898年初,光绪皇帝订阅西书129种,此书名列第一),此书都当之无愧地当时"第一西书"。所以,也就难怪有论者如此评价此书:

> 引西国事与中国相较,不事夸张,不偏回护,其辩论义理,颇有精微处,将以西国政教良法,以救中土政俗人心之弊,名曰"自西徂东",取义有由也。中言息战及公法本旨,禁买奴婢最可观。译笔亦佳,惟教语可厌。①

尽管中国士人不喜欢花之安在书中板起面孔的说教,但在花氏却是非说不可的"救世之言"、"传道之本",这本就与他自身的基督立场不可分割,为中国提供知识资源固然是需要的,但宣扬"基督福音"更是他的职业使命与信念所系。同为德国传教士的安保罗(Paul Kranz),更进一步发展出一套"救世教成全儒教说"的体系化理论来,强调基督教对儒教是一种有益的补充,具有修善提升的功能,亮出的药方是"保守其善道,改革其差谬,弥补其缺憾"。② 既承认中国传统的优点,又时刻不忘"基督教"君临天下的"救世姿态",这是近代传教士的基本思路。不过,这种姿态,绝不可能获得中国知识分子的认同和欢心。但世上本就没有"十全十美"的事,"皆大欢喜"也不可能,但好在大家自可各取所需、"为我所用"。对于近代中国而言,外来和尚的意义或许本就在于"无意插柳"的收获。

但到了卫礼贤,其对于近代中国的意义则颇有不同,这不仅因为其自身的思路与立场与德国前人有很大更易,也因为此期的中国形势也有较大的变化。这主要表现在西学传播的主体不同,所谓"从传教士到留学生",以甲午战争后为界,留学生已逐渐成为西学传播的主体。③ 梁启超曾经有如此感慨:"晚清西洋思想之运动,最大不幸者一事焉,盖西洋留学生殆全体未尝参加于此运动。运动之原动力及其中坚,乃在不通西

---

① [清]徐维则、顾燮光:《增版东西学书录》议论第三十,石印本,1902年。
② 安保罗《救世教成全儒教说一》,载《万国公报》第26册第16369—16370页,华文书局影印本1896年10月。安保罗此文1896年10月—1897年1月间在《万国公报》上连载。关于安保罗思想的阐述,可参见王立新:《美国传教士与晚清中国现代化》第192—194页,天津:天津人民出版社,1997年。
③ 安宇、周棉主编:《留学生与中外文化交流》第67页,南京:南京大学出版社,2000年。

洋语言文字之人。坐此为能力所限,而稗贩、破碎、笼统、肤浅、错误诸弊,皆不能免。故运动垂二十年,卒不能得一健实之基础,旋起旋落,为社会所轻。就此点论,则畴昔之西洋留学生,深有负于国家也。"①梁氏此说不无偏颇,留学生对现代中国的贡献,尤其是在引进西方思想文化的巨大作用上,其实不可轻估。尤其是在进入20世纪后,留学生陆续归来,西学传播的主体,自然也就毫无疑问地落入到他们的身上。

　　这一形势的转变,在客观上也弱化了传教士输入西学的意义与迫切性。因为,说到底,虽然也有如傅兰雅这样"热衷传播西学,几乎忘了传教"之人,②但西学在很大程度上仍是作为"基督福音"落地生根的工具而存在的。所以,一旦这一功能的作用消减,其历史意义也就距离宣告终结不远了。与之相适应的,则是另一种潮流的兴起,亦即体贴中国的思路,与汉学研究的勃兴。卫礼贤正是其中的代表者。这既与其个体生性和中国客观形势有关,也与本国时势的发展密切相连。

　　二、同样研治汉学,但研究思路有变迁,对德国汉学学科化建设的贡献有大小,对扩大中国文化的异域影响的程度亦不同。"拥有28本著作,在至少125家专业杂志与日报上发表书评,以及难以计数的各类论文,还是活跃的演说家"。③ 以如此骄人的成绩,卫礼贤作为德国魏玛时代的公共空间中最著名的汉学家,真可谓是当之无愧。但有意思的是,在德国,人们会争论卫礼贤的学术史地位究竟何在?他的意义,究竟在于文化中介者,还是汉学研究者?不过那是德国文化史与学术史研究应当关注的命题,此处我们关心的,仍是卫氏对于近代中国的意义。花之安虽然毕生致力于撰述工作,且成绩非凡,但"闭门造车"的成分还是多些;在卫礼贤,则不一样,对他而言,汉学研究乃是与中国社会文化现实

---

① 梁启超:《清代学术概论》第98页,上海:上海古籍出版社,1998年。
② 熊月之:《西学东渐与晚清社会》第401页,上海:上海人民出版社,1994年。
③ Leutner, Mechthild(罗梅君): "Kontroversen in der Sinologie-Richard Wilhelms kulturkritische und wissenschaftliche Positionen in der Weimarer Republik"(汉学界之论争——魏玛共和国时期卫礼贤的文化批评立场及其学术地位). in Hirsh, Klaus (hrsg.): *Richard Wilhelm Botschafter zwei Welten — Sinologe und Missionar zwischen China und Europa*(卫礼贤:两个世界的使者——在中国与欧洲之间的汉学家与传教士). Frankfurt am Main & London: IKO-Verlag für Interkulturelle Kommunikation, 2003. S.43.

相接触而产生的"血肉相连"之学问。而在传教士汉学向"专业汉学"的转折过程中,卫氏的意义尤其重要。因为,他与中国第一流国学研究者交往既密切,且能得到众人的许可与认同。这在传教士兼汉学家中,真不多见。1911年,辛亥革命爆发后,不少满清王公大臣都退入作为德国殖民地的青岛,其中颇有鸿学硕儒之士。卫礼贤利用其在青岛的便利条件,与这些人交往密切,并进而发起组织了一个"尊孔文社",其目的既在于探讨中国传统文化,也还致力于进行中西学术交流。卫氏自己后来的这样一段叙述,大致可以见出其初衷:

> 当时的想法是,着眼未来,力争对其时已受到严重损害的中国文化宝库进行抢救。我们应当通过翻译、报告、学术著作等方式,来加强东西方思想界的联系与合作。例如,可以把康德的著作译成中文,也可以把中国的经典译为德文。①

这些人物包括作为尊孔复古中坚力量的劳乃宣(京师大学堂总监督,兼署学部副大臣)、康有为、陈焕章,也有刘廷琛(京师大学堂监督)、溥伟(恭亲王)、徐世昌(前军机大臣)、赵尔巽(前东三省总督)、升允(前陕甘总督)、周馥(前两江总督)等。所谓"近朱者赤,近墨者黑",与这些遗老们常相接触,卫氏不但在国学学问上大有长进,而且也连带附和了他们的"复辟主张",甚至主动地出谋划策让清逊帝溥仪与德国皇室联姻,以换取德国支持。②

可有意思的是,卫氏的立场变化似乎"倏忽可变"。到了1922年以德国驻华使馆学术顾问(Wissenschaftlicher Beirat)的身份重返中国之后,他却与中国的新派人物开始交往起来,尤其是与新文化运动的领导人物蔡元培、胡适等,并赞扬这种居于统治地位的"极其现代"的精神。③

---

① Richard, Wilhelm: *Die Alten von Tsingtau*(青岛的遗老). Berlin, 1973. 转引自蒋锐《卫礼贤的汉学生涯》,载《德国研究》2004年第1期第55页。
② 蒋锐《卫礼贤的汉学生涯》,载《德国研究》2004年第1期第56页。
③ Ballin, Ursula: "Richard Wilhelm (1873–1930) — eine biographische Einführung"(卫礼贤简传). in Hirsh, Klaus (hrsg.): *Richard Wilhelm Botschafter zwei Welten — Sinologe und Missionar zwischen China und Europa*(卫礼贤:两个世界的使者——在中国与欧洲之间的汉学家与传教士). Frankfurt am Main & London: IKO-Verlag für Interkulturelle Kommunikation, 2003. S.19.

到1924年卫礼贤在北大授课一年后赴法兰克福大学开辟汉学专业,①此次在华约两年的时间,虽然与"遗老们"相交的时间更长,但这并不妨碍他接受中国的"新文化"。以一身之力,徘徊于"古典中国"与"现代中国"之间(卫氏同时仍与遗老们保持良好的关系),这样的人物,真是极为少见。或许,还是得益于其外国人的身份(尊孔文社中卫氏是唯一的外国人)?但无论如何,这都表明了卫氏努力接近"中国心灵"的思路与努力,确实,在近代后期,亦即现代中国的萌生期,是对传统近乎"矫枉过正"的冲创叛逆(以五四为代表)。这固然是历史发展的必然或必要,但其实对割裂传统,伤莫大焉。卫氏所做的工作,论输入西学,则不如花之安;但若论对中学的理解与传播,则颇有过之。不仅是说他数量庞大的文章著译,也还包括他在欧洲积极充沛的演讲之旅,②对于打开异域的"中国视野"是极有意义的,在宣传中国的正面形象、输入构建西方新思想尤其是德国新思想的中国资源方面,其贡献是卓著的。而这在近代中国留学生已经大批归国,以主动姿态选择"盗火者"立场的背景下,中国文化的走向世界尤显必要。在这方面,恰恰可能是"外来的和尚好念经",因为对中国他们是"外",对外国他们则是"内"了,鉴于他们对母语文化的"如鱼得水",其推出中国文化的功用很可能是国人所很难达到的层次,卫译《易经》的西方思想史与文化史意义,③足证此点。就此而言,卫氏之功是

---

① Ballin, Ursula: "Richard Wilhelm (1873–1930) — eine biographische Einführung"(卫礼贤简传). in Hirsh, Klaus (hrsg.): *Richard Wilhelm Botschafter zwei Welten — Sinologe und Missionar zwischen China und Europa*(卫礼贤:两个世界的使者——在中国与欧洲之间的汉学家与传教士). Frankfurt am Main & London: IKO-Verlag für Interkulturelle Kommunikation, 2003. S. 19–20.

② Ballin, Ursula: "Richard Wilhelm (1873–1930) — eine biographische Einführung"(卫礼贤简传). in Hirsh, Klaus (hrsg.): *Richard Wilhelm Botschafter zwei Welten — Sinologe und Missionar zwischen China und Europa*(卫礼贤:两个世界的使者——在中国与欧洲之间的汉学家与传教士). Frankfurt am Main & London: IKO-Verlag für Interkulturelle Kommunikation, 2003. S. 18.

③ 在卫礼贤看来,"《易经》毫无疑义属于世界文献宝库中最重要的书籍之列"。详见他为此书所撰《导论》(Einleitung), in Wilhelm, Richard (übertr. u. hrsg.): *I Ging — Das Buch der Wandlungen*(易经). Düsseldorf, Köln: Eugen Diederichs Verlag, 1981. S. 9. 可以这样认为,经由德国传教士参与的中外文化交流的结果功用,往往具有链条性传播意义,如卫礼贤的《德译易经》就是先在德国思想文化界产生意义——再被转译其他西语文字,经久不衰,对西方思想文化界产生重要影响。还有卫礼贤之子卫德明(Helmut Wilhelm),亦著名汉学家,曾任北京大学德语教师,并出任中德学会的首任德方常务干事,对中德文化交流贡献颇多,很有些"子承父业"的意味。日后又前往美国任教,对美国汉学贡献颇大。从这些线索中都可看出一种链性传播的轨迹。

巨大的，而花之安是无法相比的。

三、德、美传教士比较及德国传教士的学术背景。对于近代中国来说，实际上可以看作大国权力角逐的一个国际平台。无论传教士（包括花之安等人）如何标榜其如何"欲助中国"，甚至"一片善心"，但其本质仍是不可更改的"渐夺中国之利"、"欲夺华人之心"。[①] 福音化的本质是西方化，即以温和的文化和教育手段征服中国人的思想，实现教会与西方的利益。但即便如此，西方本身仍不尽是一个严密无隙的整体，盖茨（美国洛克菲勒基金会负责人）的这段话重复表明了这一立场："从长远观点来看，英语国家的人民所从事的传教事业，带来的最终结果必将是和平地征服世界——不是政治上的支配，而是在商业、制造业、文学、科学、哲学、艺术、思想、道德和宗教上的控制，传教事业在未来的几代将在各个领域获得收益，其发展前途远比现在更为远大。"[②]这里提出的一个隐含分野值得揭出，说出的是英语国家的传教事业，还有没说出的则就是非英语国家的传教事业。作为20世纪崛起于世界的美国，以接力的姿态获取英国在19世纪的霸主地位，这一点也充分表现在象征其文化存在的传教士指标上。1869年美国的传教人员不过英国的1/2，可到了1910年时，已迅速增加并超过英国，同时超过其他欧洲国家的总数的一倍以上。[③] 以上是世界范围的比例，落实在中国语境亦然。而事实上，"美国基督教文化的宗教扩张并非仅仅体现在单一的传教活动上，而是与本国社会现实紧密结合，成为美国在国家利益上大举向世界扩张的重要组成部分"，这样一种"唯我独尊的宗教立场"，[④]遭到中国文明的强烈抵制和批评，也就是理所当然之事。

必须强调的是，在近代来华传教士的浩荡大军中，德国传教士始终人数有限、规模不大且姗姗来迟（就政府意识而言），就影响范围、传教人数、总体声势而言，与在华占主导地位的早期英国传教士、后期美国

---

① 葛士濬：《皇朝经世文续编》第19册卷112第17页，上海：上海书局石印本，1898年。
② Smith, Arthur H.: *China and America Today*. New York, 1907. p.236. 中译文转引自王立新：《美国传教士与晚清中国现代化》第11页，天津：天津人民出版社，1997年。
③ Marsden, George M.: *Religion and American Culture*. San Diego: Harcourt Brace Jovanovich Inc., 1990. p.115.
④ 齐小新：《口述历史分析——中国近代史上的美国传教士》第28页，北京：北京大学出版社，2003年。

传教士相比,都无法相提并论。具体言之,不但在中国文化教育领域的影响远小于英美等国(主要指兴办学校),而且在向中国派遣传教团医生、建立医疗机构等方面也相形逊色。① 但就个体魅力与影响深度等方面来看,德国传教士取得的成绩却令人刮目相看。也就是说,"兵团作战"似乎非德国人所长,"单打独斗"倒更能显出其本事来。像花之安、卫礼贤都是其中的佼佼者,这主要与他们的教育背景即德国自身的学术传统相关。如花之安,他不但接受过教会教育,在礼贤会传教神学院修完四年课程,而且在巴塞尔大学、图宾根大学进修两年,并曾在柏林动物学博物馆、高塔彼得曼地理研究所访学。同样,卫礼贤先后在爱巴赫路易高等学校、图宾根大学、斯提夫特神学院学习。所以,我们看到,德国传教士的训练是双重的,一方面是教会教育本身,另一方面也有在一般大学学习的机会,这也就意味着他们同时接受了德国教育与学术的训练。德国大学自 18 世纪哈勒与哥廷根两大学之革新,尤其是 19 世纪初洪堡在柏林大学之改革后,"到 19 世纪中期,德国大学已领先于其他国家,拥有多所世界第一流的大学,柏林大学更是独领风骚近百年,几乎无校可与之匹敌。德意志统一后,大学获得了空前的发展,对国家和社会作出了不可磨灭的贡献,产生了世界性的广泛影响,英、法诸国前来求学者数以万计。大学的发达,不仅促进了经济和社会的发展,使国力大增,也使德国成为世界科学的中心。第一次世界大战前的德国已处于鼎盛时期,它是近代世界高等教育发展的巅峰"。② 而花之安、卫礼贤所接受教育的时间,正是德国大学与学术处于世界学术中心的时代;而他们同样都曾求学的图宾根

---

① 参见李乐曾《近代在中国的德国基督教传教团》,载《德国研究》1997 年第 3 期第 26、28 页。
② 贺国庆:《德国和美国大学发达史》第 182 页。这一点在当时的世界,是被充分认同的。20 世纪崛起世界并最终成为世界霸主的美国,在 19 世纪后半期有超越万人留学德国,成为世界留学史与文化交流史上最为壮观的景象。[美]伯顿·克拉克:《探究的场所——现代大学的科研和研究生教育》第 3 页,王承绪译,杭州:浙江教育出版社,2001 年。这一以德为师的选择,成为国际教育交流史上的划时代事件,也使得美国后来发生了学术革命,并在 1930 年代后迅速崛起,取代德国成为世界高教与科研中心。参见贺国庆:《德国和美国大学发达史》。德美思想关系的命题,决非到此为止,20 世纪中大批德国赴美知识移民,其功用同样非比寻常,参见 Fleming, Donald & Bailyn, Bernard(ed.): *The Intellectual Migration — Europe and America, 1930–1960*. Cambridge & Massachusetts: The Belknap Press of Harvard University Press, 1969.

大学,乃是德国古典三大学城之一,具有非常优秀的学术传统。① 这也就难怪,他们以传教士的身份,却能有那么良好的学术功底,取得如此杰出的学术成绩。

四、"基督福音"与"国家利益"的张力协调是一致的。虽然,德国基督教的中国活动史,并非仅花、卫二人即可代表。但两者的在华活动跨度基本涵盖近代中国的时限。所以,不妨视为一个很好的入手处。总体而言,他们的意义首先在于沟通中西交流的双向功用,不管是立足于"基督福音"立场,还是更深入地探究"中国心灵",乃至难忘自身存于其中的"德国国家利益",他们的中西文著述与活动在极大程度上裨益于中西之间(首先是中德之间)的沟通和理解,其意义深远,怎么估价都不过分。而之所以能够如此,除了他们自身的素质与努力之外,也与其"基督立场"的背景有关,无论是花之安还是卫礼贤,他们都较好地融入到中国地区的基督教社会之中,即由英美基督教新教传教士主导的社会事业,包括新闻、出版、教育、医疗等,并在这样的大背景中发生作用。虽然,在传播"基督福音"与兼及"国家利益"这两点的考量上,有时会有矛盾的一面,但总体来说,其协调是相对成功的。而无论是哪一点,都难免与"中国利益"发生冲突,这毕竟与自家出去的"盗火者"不同,外来客带来光明的同时,难免同时输入些"燃物废品"(可在他们看来,可能正是"圣火熊熊"),关键在于主人家如何立定根基,冷静择取,趋利避害,为我所用。一味地谴责与批判是无用的,关键还在于如何既不做"孱头",也不做"懦夫",而是能智慧地"拿来"。

然而,德国的基督教在华传教事业既未能如此承续下去,也未能如英美的传教事业那样获得相当程度的成功。这固然与传教士个体的素质与努力关系莫大,也决定于其国势本身的兴衰。德国在一战后的"经济危机"与"战败地位",都决定了它不可能再继续发展其"在华利益",传教士作为殖民主义的"伴随者",其地位也逐渐式微,卫礼贤后期与教会"渐行渐远"固然与他个人的选择有关,但从另一个方面看未尝不是来自

---

① 参见 Jens, Inge & Jens, Walter: *Eine deutsche Universität — 500 Jahre Tübinger Gelehrtenrepublik*(一座德国大学——图宾根学者共和国五百年). Reinbek bei Hamburg: Rowohlt Taschenbuch Verlag, 2004.

德国的"基督福音"衰弱的例证。①

德国传教士与近代中国,是一个非常广阔而有意义的研究领域,这里只是抛砖引玉,略做探讨。由此入口切入,可以考察和关注的题目很多,且不说若干著名的个案人物,值得细加爬梳研究;就是具体的专题,从中国角度看,诸如德国传教士与中国现代教育的兴办、与新闻报刊的关系、与中国思想文化界的交往等等,也是从另一个角度"观察"近代中国的大好视角;从德国角度看,传教士与汉学建立的关系、其输入中国资源与德国思想构建的联系(包括传教士与思想家的交往)、在中德思想文化著名人物交流间的作用等,都可"大加开掘"。至于其背后隐藏的"外来资源"与"主体立场"、"文化政治"与"中德交流"、"基督福音"与"中国社会"等诸多命题,更是可以大做文章,是"既重考据,又见义理"的好题目。

---

① 但如此说法,并非意味着德国传教士在华就不再存在。1945年10月13日,作为中国领袖的蒋介石在重庆接见了宗座驻华代表蔡宁(Mario Zanin),并同意保护德国传教士的利益,将其与普通德侨区分开来。这一承诺,很快以国家文件的形式反映出来,即《电各省市军政长官,监护德籍传教士补充规定件》,该件称:"奉委座电,据天主教教宗驻华代表,请求予在华全体德籍教士以自由与保护,本人愿负全责,保证渠等行动,给予特别证件等情。奉饬妥为核办等因。查德国派驻伪组织人员及德侨集中管理,业经本部分电照办,兹补充规定如下:(一)教廷所派德籍传教士,如无军事政治关系,未有间谍行为,非纳粹分子者,准仍居教堂,由各地政府监护。(二)德侨中过去有助于我抗战者,由各地政府另予居住监护。(三)德侨中专科医师及技术人员,为各事业机关需用者,得准征用服务。除呈报及分电外,希查照办理并报。"参见房建昌《民国时期德国在华外交机构、宗教势力及侨民情况》,载《德国研究》2001年第3期第62页。

第三章

帝国的消解与现代的兴起——以安治泰与卫礼贤的比较为中心

一、"世界政策"背景下的德帝国与传教会①

作为传教士,卫礼贤与安治泰(Johann Baptist Anzer,1851－1903)恰恰分别代表了德国新教与天主教的势力。同善会与圣言会都建立于19世纪后期,目的相当明确,就是以德意志民族—国家的兴起为背景,在发展基督教事业的同时,为建立庞大的对外扩张的德帝国而努力。有意思的是,两者活动的主要地域都将位于远东的中国纳入视野,并且恰恰会聚在山东,这正是其时的焦点地区,进行相关比较,可以

---

① 关于通论性的德意志帝国与传教会的关系,参见 Gründer, Horst: *Christliche Mission und deutscher Imperialismus — Eine politische Geschichte ihrer Beziehungen während der deutschen Kolonialzeit (1884－1914) unter besonderer Berücksichtigung Afrikas und Chinas*(基督教传教会与德意志帝国主义——以非洲和中国为特别视角的德国殖民时代(1884－1914)政治史). Paderborn, 1982. 关于德国教会在中国的文化活动,参见 Tiedemann, R. G.: "'Christian Civilization' or 'Cultural Expansion'? — The German Missionary Enterprise in China, 1882－1919". in Mak, Ricardo K. S. & Paau, Danny S. L. (ed.): *Sino-German Relations since 1800: Multidisciplinary Explorations*. Frankfurt am Main: Peter Lang GmbH, 2000. pp.109－134.

产生很多值得揭示的有趣之处。

从18世纪开始的德意志民族—国家构建历程,由思想文化领域到政治经济层面,仍经历了颇为漫长的历史长征。从歌德、席勒、费希特、洪堡、贝多芬等到俾斯麦、威廉二世、毛奇、克虏伯、西门子,德意志的形象整个来了个一百八十度的大转变,并非刻意要将德国的政治/文化截然对立,①而是此中的规律性因素实在让人感觉到有些"无可奈何"。有意思的是,德国政治、经济的最发达之时,并非在其精神、文化最灿烂之刻。歌德、席勒等思想精英筚路蓝缕、孜孜以求的德国强盛繁荣竟是在俾斯麦与威廉二世时代达到了"金碧辉煌之顶端"。从虚无缥缈的"神圣罗马帝国"到第二帝国的"脚踏实地",确实是经历了德国精英数代人的前赴后继、持之以恒。而"世界政策"的成型并将"大陆政策"取而代之,更象征着帝国时代的"如日中天"。19世纪末期英国的世界霸权虽仍得

---

① 冯至就曾非常敏锐地指出过德国文化与政治发展的悖反现象:"这样看来,德国民族一方面有这样崇高的精神,一方面又有像希特勒那样卑劣、夸大而残忍的行为,他不是呈现着一个很明显的分裂现象吗?我们把文学艺术里所表现的德国和那傲慢野蛮、穷兵黩武的德国略加比较,就会感到惊奇:虽然人性多半是两方面的,一个民族也往往如此,但是这样泾渭分明地在一个河道里流着,在欧洲其他的民族里很少有过。在德国民族的历史中,这两方面正如一个天平上的两个秤盘互相升沉,不是此升彼沉,就是此沉彼升。精神生活昌盛时,国力往往很衰弱,国力膨胀时,精神生活又陷于停滞。在拿破仑征服德国时,德国的文学哲学几乎发展到能与古希腊相媲美的程度,在俾斯麦执政时代,德国的文学艺术不能不说是相当贫乏的。就是在20世纪已经过去的几十年内,这两方面也经过一再的升沉,如今自然是那侵略性发展到了极端。而且两方面从来很少调和过,或是在同一个时代发展。与英国、法国相比,这是德国独特的现象:像英国的伊丽莎白时代与法国的路易十四时代那样一方面国势强盛,一方面也有莎士比亚和培根,拉辛和笛卡尔,这在德国可以说是不曾有过。"《德国民族性的分裂及其可能的演变》,《冯至全集》第5卷第281—282页,石家庄:河北教育出版社,1999年。这一点,也被德国人自己的判断所证实。在纳粹时代流亡美国的德国作家路德维希,对德国精神文化与政治的脱节现象有过如下总结:"我从二十岁开始,就在不少的戏剧和传记中描写德国人的性格,从乌尔利希封胡登,格林瓦尔德到歌德,贝多芬,韦伯,瓦格纳,以及从腓特烈二世,腓特烈大帝,到俾斯麦,威廉,兴登堡,我对德国思想精神界人物一直怀着崇敬的心情,但对这个国家的政治很反感。德国思想精神界人物同国家与政治的脱节现象,使得德国的历史不同于任何一个国家的历史。当这个国家强盛的时候,其思想精神总是遭到涂炭,反之,思想精神就得到发扬。"按照他的思路,对于德国来说,精神文化与国家繁荣是矛盾的。或者毋宁说,精神文化与世俗政治权力是脱节的,完全是两回事情。精神文化代表的是一个国家的精神头脑,是一个民族生存的精神指引和指向,"对于世界来说,即使把所有的德国皇帝和首相加在一起,也比不上莫扎特和舒伯特,比不上丢勒和科隆大教堂;没有任何一次德国的胜利能与她的艺术、绘画相媲美。"[德]艾米尔·路德维希:《德国人——一个具有双重历史的国家》第2、3页,杨成绪、潘琪译,北京:生活·读书·新知三联书店,1991年。

以维持,但已不得不小心翼翼地与周围的强权进行周旋,初时其与美国关系并不好,但出于对俄国、德国崛起的忧心,而不得不对美国"虚与委蛇"。① 这里的德国,指的正是威廉二世时代的"德意志帝国"。俾斯麦虽有"铁血宰相"之称(Eisen und Blut),但却非常现实,所以他会特别坚持"欧陆政策",这是以保证德国现实利益为核心的保守政策;与老成谋国的宰相不同,威廉二世作为新生一代的君主,不再对俾斯麦言听计从,而是要建立庞大强权的"德帝国",所以当然会选择野心勃勃的以殖民为目标的"世界政策"。②

威廉二世的"雄心",基本可以张伯伦(Chamberlain, Houston Stewart)的《十九世纪的基础》所表述的观点来概括。这部书从横跨欧洲大陆的神圣罗马帝国兴起展开,以日耳曼民族在欧洲大陆的九个世纪的历史为主导线索,展示了日耳曼民族在军事、科技、经济和文化上的成就和影响,最终得出了一个颇为荒谬的结论:日耳曼民族是人类历史上的"优秀人种"。这种理论进一步刺激了威廉二世狂妄的"大日耳曼民族神圣"和"世界帝国"的梦想,他用公开演讲的做法,印证了自己想成为此种理论的实践代表的想法,并进而发展成了独特的"世界政策"。他在帝国大会讲演中说,俾斯麦推行的欧洲大陆政策十分狭隘,而今我奉行的是世界政策,柏林应当是"世界都市柏林",德国贸易应当是"世界德国贸易",德国与世界的含义是一致的,因为世界各地都应体现德国政策。在庆祝德意志第二帝国成立25周年的集会上,柏林的德意志帝国电台播发了威廉二世的贺词。其中称:德意志帝国要成为世界帝国。在地球遥远的地方,到处都应当居住着我们的同胞。德国的商品、德国的知识、德国人的勤奋要漂洋过海……③

正是在"世界政策"出笼的大背景下,德国的基督教传教会才扮演着越来越重要的政治角色。值得关注的是,以罗马教廷为背景的天主教,与在北方势力雄厚的新教,其利益与策略并不一致,即便在各差会之间,

---

① 参见[美]沃尔特·拉塞尔·米德:《美国外交政策及其如何影响了世界》第23页,曹化银译,北京/沈阳:中信出版社/辽宁教育出版社,2004年。
② 关于威廉二世的性格特征及世界政策思路,可参见叶隽《威廉二世与光绪皇帝之试比较》,载《德国研究》1999年第2期;亦见《人大复印资料·世界史》1999年第8期。
③ 转引自叶隽《威廉二世与光绪皇帝之试比较》,载《德国研究》1999年第2期。

也并非铁板一块。随着"文化斗争"的告一段落,天主教和新教双方都意识到不可能"惟我独尊",那么面对共同的世俗力量对手,或许保证某种程度的联合可以更好地维持教会地位。进一步说,具体在德国语境之中,德国政权所代表的世俗利益,是不可能不被考虑的重要因素。天主教的差会虽然一般习惯于更多考虑教会本身的利益,但新教各差会则往往是因了明确的民族利益目标而建立的。这种多重的利益因素考量(请注意这一点最为根本),促使教会与世俗政权在一定程度上产生合流性的关联。

有论者对威廉时代的德国如此评价:"这个时代整个德国的特点,是光辉灿烂的物质繁荣和普鲁士军国主义精神的恶性发展。"[①]物质繁荣的基础是俾斯麦给打下的,军国主义的扩张才是威廉时代的本义。然而,德帝国的政策又是始终在变化着的,一方面它有着极为强烈的扩张需要,但另一方面它对自己的利益是看得很清楚的。并不会因为短期的"暴利"而忽视了长期的"远略"。所以,它与安治泰这类传教士的合作,表面看去,好像是双方都能"各取所需",但从长远来看,安治泰急于扩张天主教利益(尤其是他自身所代表的权力利益),必然会危及德帝国的长远利益。相反,在某种意义上来说,德帝国的利益其实与卫礼贤(包括其前任花之安)所代表的德国利益更加吻合。表面看去,卫礼贤并不为德帝国"拓疆辟土",更不屑于在侵华行动中充当"帮手"(更不用说"先锋"了);但实际上,正是卫礼贤所拥有的这种德国身份,极大地从整体上维护了德帝国在中国民众(乃至官方)心目中的正面形象。从这里我们看到一种颇为奇怪的悖论现象,就是"有心栽花花不开,无心插柳柳成荫"。即便是执行"世界政策"的威廉帝国,其运作也并非完全按照皇帝意愿,帝国本身有一套内在的运行秩序,历史更有一种衡量价值的标准和尺度。当然需要指出的是,这其中具有不可调和的一面,并非万能方药。

有论者一针见血地指出,威廉帝国的现代化困境"首先是由工业化和民主化的关系问题引起的",[②]并进而认为"德意志传统的政治精英们,

---

① 丁建弘、李霞:《普鲁士的精神和文化》第 444 页,杭州:浙江人民出版社,1993 年。
② 李工真:《德意志道路——现代化进程研究》第 218 页,武汉:武汉大学出版社,2005 年。

正是在自身所促进的工业化快速发展的压力下,在这样一个现代化进程所导致的内外矛盾集中的压力下,走进第一次世界大战的"。① 不错,俾斯麦本来设计了一个非常理性且策略的"大陆均势政策",力求为德国的长期发展争取一个较长久的"和平环境",事实上他已隐约意识到崛起德国的问题症结所在。以铁血手段著名的宰相对外能如此"委曲求全",正可见其"谋国之忠诚"与"谋事之深远";可惜威廉二世既不能察,亦不能用,不但将俾斯麦苦心经营近20年(1871—1890)的大好积淀挥霍一空,同时也将迅猛发展的德意志带入了万劫不复的战争之深渊。这样的判断导致了对威廉帝国时代在德意志历史传统中的盖棺论定:

> 在维持一个社会系统稳定性的时候,对内涵发展的阻挠,必然导致向外延的扩张;对内部改造的回避和拒绝,必然选择对外的冒险。打破世界格局、重分世界殖民体系的战争努力,恰恰预示着对帝国传统权力精英们学习机能衰退的真正判决。因为它表明这些权力精英已经既无意愿,也无能力去及时引导一场向现代政治和社会关系的过渡了。……这个重大的转折属于一个不容商量的历史事实,它是对这个传统政治精英已无能力进行创造性适应的报复。②

这段评论颇为精彩,它揭示了第二帝国重大转折的内在因素。事实上,这也正是俾斯麦与威廉二世执政的重大差别所在,俾斯麦努力达致与调和的(包括各种内部制度的建设、政策的调整、利益的平衡),正是"内涵式发展";③而威廉二世偏偏来了个一百八十度的大转弯,置修明内政于不顾,反之贸然进行对外扩张,而且实行的是如此野心勃勃、四面树敌的"世界政策"。但必须指出的是,这一论述只是将关注的视野投放到执掌权力的政治精英身上,而忽视了其与知识精英的互动性,以及德意志国家整体与社会民众层面的关联性。知识精英群体本身在整体上缺乏反思性与批判性,导致了与政治精英进行的是一种劣性互动,并最终误导大众。这是帝国崩溃的一个重要元素,值得细加

---

① 李工真:《德意志道路——现代化进程研究》第224页,武汉:武汉大学出版社,2005年。
② 同上。
③ 关于俾斯麦的生平,可参见[英]艾伦·帕麦尔:《俾斯麦传》,高年生等译,北京:商务印书馆,1982年。关于俾斯麦的崛起与策略选择,可参见叶隽《俾斯麦与曾国藩之试比较》,载《德国研究》1997年第3期;叶隽《俾斯麦与李鸿章之试比较》,载《德国研究》1998年第3期。

探讨。

无论如何,第二帝国的战争机器,终究以无可逆反的态势启动了。传教会作为一种可以依靠的力量,被德帝国纳入了海外殖民的重要战略组成之中,在中国的传教士们当然也不会例外。

二、圣言会的德国背景及安治泰的民族本位①

一般而言,我们都会认为圣言会与德国政府在"全球政策"执行过程中有密切合作,其实不尽确切。② 与其说合作者是作为团体的圣言会(The Society of the Divine Word,简称 SVD),不如说是作为个体的安治泰。圣言会的创建者是德国人扬森(Janssen, Arnold, 1837 – 1909),③作为天主教神父,他在德国与罗马教廷进行"文化战争"之时发起建立一个新的海外传教组织,当然很难在德国国内找到立足之地,于是就将总部的地点选择在德、荷(兰)交界处的荷兰小城斯泰尔(Style),并定名为圣言会,时为 1874 年。扬森组织能力很强,工作效率亦高,圣言会在他的领导下发展相当之快,到 19 世纪末时,其分部已遍设于欧洲(德国、奥地利、意大利)、美洲(美国)与亚洲(中国)。④ 这一点落实在中国语境里,尤其明显。早在 1839 年时,罗马教廷已把山东地区划为意大利的方济各会的势力范围,但方济各会的传教活动进展有限,一直未能打入山东南部地区(以下简称鲁南)。所以,1882 年,罗马教廷决定设立鲁南教区,由圣言会负责,⑤这是德国天主教在华获得其影响力的重要开端,而此时距离安治泰等奉派来华(1879 年)不过三年时间。

安治泰这个人多少有些像郭士立,但在文化方面多有不如,而在政

---

① 关于圣言会在山东的活动,参见[德]余凯思:《在"模范殖民地"胶州湾的统治与抵抗——1897—1914 年中国与德国的相互作用》第 335—486 页,孙立新译,济南:山东大学出版社,2005 年。
② 参见相蓝欣:《义和团战争的起源:跨国研究》第 73 页注释 8,上海:华东师范大学出版社,2003 年。
③ 关于扬森其人,请参见 Bornemann, Fritz: *Arnold Janssen — der Gründer des Steyler Missionswerkes 1837 – 1909*(扬森——1837—1909 年斯泰尔教会工作的创始人). Rome, 1969.
④ 相蓝欣:《义和团战争的起源:跨国研究》第 51 页,上海:华东师范大学出版社,2003 年。
⑤ 王守中:《德国侵略山东史》第 45 页,北京:人民出版社,1988 年。

治扩张上则殊为过之。他是巴伐利亚人(Bayern),父亲是一家小旅馆的老板,他早年入雷根斯堡(Regensburg)神学院,毕业后于1875年入圣言会总部任神学教师。此人处心积虑、野心勃勃,早在青年时代即表现出来。初时他借机要挟扬森,获得赴中国传教的机会与权力。而在1880年来华后,"仅仅十年工夫,就成为总理衙门最惧怕,也最头痛的传教士"。① 总理衙门毕竟是中国最高的外交权力部门,②虽然在其时国势衰落的背景下确实"小心翼翼",但也不至于对一介传教士个体如此"胆战心惊"。此说或许有夸张,但也从另一个方面可证,安治泰的能量确实"非同小可"。这且按下不论,就传教工作本身而言,其实是一个颇为艰辛的过程,除了执着与信仰之外,"刻苦耐劳"与"智慧用心"也同样必不可少。作为下属的德国传教士薛田资这样记述安治泰的工作状况:

> 当安治泰主教1882年到鲁南第一次传教的时候,他只在坡里这个小村内找到几家信天主教的人,他们是一个世纪以前在一次迫害中飘流到那里去的。以此为起点,他不断扩大范围。他和他的助手弗兰纳德麦茨神甫不倦地到处奔波,处处播下新的种子。③

我们可以看到,安治泰的传教是非常有策略的。他是先去"寻根探源",在"接续薪火"之后,再使之"发扬光大"。这一点,与此前负责传教的意大利方济各会的"多年无功"的比较之中,就更能看得清楚。天主教早在公元7世纪就以景教之名传入中国,虽然声名不彰,但日后元代有也里可温教,明代更直接正名为天主教,④真可谓"源远流长"。这一点表现在近代以来更是如此,所谓"自西教开禁之后,教堂几遍天下,传教洋人,相

---

① 相蓝欣:《义和团战争的起源:跨国研究》第52页,上海:华东师范大学出版社,2003年。关于安治泰其人,请参见 Rivinius, Karl Josef: *Weltliche Schutz und Mission — Das deutsche Protektorat über die katholische Mission von Süd-Shantung*(世界保护与教会——鲁南天主教会的德国庇护). Cologne und Vienna, 1987.尤其是第五章。
② 关于总理衙门,请参见 Banno, Masataka: *China and the West 1858-1861 — the Origins of the Tsungli Yamen*. Cambridge, Massachusetts: Harvard University Press, 1964.
③ 廉立之、王守中编:《山东教案史料》第284页,济南:齐鲁书社,1980年。此处弗兰纳德麦茨即福若瑟(Freinademetz, Josef),安治泰的重要助手。
④ 关于天主教在华史,请参见顾保鹄:《中国天主教史大事年表》,台北:光启出版社,1970年;江绍源:《中国天主教传教史》,台北:台湾商务印书馆,1970年;萧若瑟:《天主教传行中国考》,上海:上海书店,1989年;顾裕禄:《中国天主教的过去和现在》,上海:上海社会科学院出版社,1989年。

望于道,华民入教者,亦日增月盛",①这种描述或不无夸张,但至少说明,天主教在华是有悠久传统的。

当然,值得指出的是,即便在这样的大背景下,鲁南地域仍似一块"铁壁铜墙",天主教难入其门。这是因为,鲁南在中国文化地理意义上有其独特的地位。所谓鲁南教区,包括的地方有:曹州府、兖州府、沂州府、济宁直隶州所属各州县。而中国传统思想的核心部分——儒家学说创始人孔子的故乡即在此。由此可见传教者所要面对的风险与挑战。可在意大利人手上成为"滑铁卢"的鲁南,在德国人安治泰的眼中,却极可能成为自己的"奥斯特里茨"。这既是巨大的压力,同时也意味着最佳的机遇。知难而上是英雄,安治泰选择的策略,正是直接挑战中国文化的核心——"儒家之祖"。从这个意义上来看,安治泰真有点"明知山有虎,偏向虎山行"的气概。

说"基督教和鸦片烟土差不多,都是未得人民同意而强加在中国身上的",②似乎过多地渲染了殖民化的色彩,其实,基督教毕竟与为毒品的鸦片不可相提并论,它固然有其"文化侵略"的一面,但同时仍带来很多"西学精华",值得细加厘清。

但在安治泰身上,传统的德国修养似乎并未得到更多的体现,正如前面提及的出身背景与野心勃勃,导致了他在鲁南地域采取的是一种"暴力性"的文化扩张。在阳谷县建立了第一个传教据点——坡里庄教堂后,圣言会在鲁南的扩展就变得相当迅速,学校、修道院、育婴堂乃至印刷所,都相继建立起来,构成了一个有相当规模的事业(英文所谓 Missionary Enterprise)。这种成功,既可从安治泰的教会职位迅速提升得到印证(1882 年出任鲁南传教区副主教;1885 年 12 月鲁南被提升为主教区,安治泰任首位传教主教;1886 年 1 月成为正式主教),也可从新教徒数量上得到证明(1890 年时,鲁南教区共有新教徒 2733 名,望教者 1017 名;1893 年时,山东的德国传教士共 34 名,在阳谷等十地共建教堂 12 座,教徒共 4000 人)。③ 然而所有这一切,都远没有一件事可以"惊天

---

① 世续等:《清德宗实录》第 413 卷第 15 页,伪满康德 4 年影印版。转引自王守中:《德国侵略山东史》第 44 页,北京:人民出版社,1988 年。
② [美]泰勒·丹涅特:《美国人在东亚》第 486 页,姚曾廙译,北京:商务印书馆,1959 年。
③ 这里统计的传教士数量均列出姓名,所谓"教士姓名在护照册可查"。中央研究院近代史研究所编:《教务教案档》第 5 辑(1)第 554—555 页,台北:中央研究院近代史研究所,1981 年。

动地",那就是挑战孔子。虽然与传统中国对孔子的尊崇相比,其时中国对孔子的接受程度相去已不可以道里计,但毕竟在中国,孔子始终是具有象征意义的标志物,多少有点像西方文化中的"耶稣"。安治泰要做的就是,"以耶稣代孔子"。① 在这里,圣贤的文化意义本身倒不是需要深入探究的东西,而是其作为权力标志的象征功能扮演了更重要的角色。耶稣与孔子的对立,有时正是经由中介者的"人为恐怖"所造成的。虽然,安治泰通过"软硬兼施"的霸王手段,取得了明显的传教"政绩",但同时也埋下了日后大规模冲突的"导火索"。

在某种意义上,说安治泰代表了1880至1890年代德国的在华形象,恐怕并不为过。德国虽然在威廉二世亲政后,积极推动"世界政策"的发展,但就远东的进程而言,如果没有这些传教士的推波助澜,很难说就能如此"立竿见影"。外交官、传教士、军人、商人形成了一种奇特的在华组合,他们为了各自的根本利益,在中国的土地上上演了一出出精彩纷呈的戏剧。当然,对中国人来说,其中不乏悲剧的色彩。虽然在俾斯麦时代,敏锐的外交官(如德国驻华公使巴兰德(Brandt,M.v.))已一眼看出传教士身上潜藏的"扩展德国在华政治利益的机会",②但真正实现"政教合流",仍要等到大权易手和德国外交政策的彻底更变。1890年,威廉二世的亲政,标志着德国由俾斯麦时代的"大陆政策"向皇帝的"世界政策"的转变;作为这一宏大背景下的一个小

---

① 比较一下卫礼贤对孔子与孔庙的态度,就可以得出完全相反的印象。卫礼贤曾专门前往曲阜,瞻仰孔庙。他详细地记录了这一过程,并这样描绘自己的感受:"参天的古柏守护着曲阜的这座孔庙。庙内大理石的柱子上雕着气宇轩昂的盘龙,气氛高贵而严肃。一些古柏已经只剩下向外伸展的枯枝,逐渐开始朽坏,而有的老根上又抽出了新的枝条。这些圣洁的古柏奇妙地展示了生长和形成的过程。这里的确是一片神圣的土地。每一个角落都带有圣人生活过的痕迹,每一棵圣树都有一块纪念石,昔日刻写在上面的文字揭示着这些古树的含义。"又说:"在这种神圣的宁静中,在这种被古柏的浓荫和奇特的鸟鸣加重了的宁静中,人类的心灵会被永恒轻轻打动。时光的流逝和琐碎的纷争退缩了。那些曾用自己有力的举动把人类塑造成这般模样的人物,就像远处高山的山巅一样,终于显示出了自己的全貌。那些曾为地球上最伟大的民族指出千百年的安宁和太平之路的人,在其中占有重要位置,赢得了人们的尊敬。"[德]卫礼贤:《中国心灵》第79—80页,王宇洁等译,北京:国际文化出版公司,1998年。这段似乎从内心淙淙流淌而出的文字,既显示出了卫礼贤的文化修养,同时也揭示了其对以孔子为代表的中国文化精神的敬重。
② [德]余凯思:《在"模范殖民地"胶州湾的统治与抵抗——1897—1914年中国与德国的相互作用》第344页,孙立新译,济南:山东大学出版社,2005年。

注脚,安治泰于同年10月亲赴罗马请求保教权的自由选择权,①11月在柏林宣布圣言会的中国传教接受德意志帝国保护。威廉二世自己也曾表明过与安治泰的关系:"在华的天主教会,无时不受到我的支持。天主教士安治泰主教回到柏林,时常做我的宾客,他以中国各项的重要事情报告我。"②由此可见,天主教背景的圣言会与德国的世俗政权紧密地捆绑在一条战舰之上。

安治泰当然并非没有他自己的利益考虑,也就是说,他一方面推动圣言会与德意志帝国利益的合流,另一方面也是为了谋求个人的权力与利益。所以,我们可以清楚地看到,他的身影虽然总是伴随着德国军队的影子而出现,但他与德国政府的关系,与其说是"民族本位",不如说是"相互利用"。因为一般来说,与外交官代表本国政治利益不一样,与商人代表本国经济利益也不尽相同,传教士从根本上而言,关心的主要仍是自身的"功利本位"。具体言之,就是如何通过教会利益的扩张而达到"福音传播"的目的。这就注定了教会与国家之间的合作必然存在本质性的矛盾冲突,很难调和,故此往往短暂。当初曾积极参与合作的圣言会和德国政府都遭遇了这样的过程。这里仅以三次教案来阐明这一过程。

1897年的巨野教案,被作为德国侵占胶州湾的借口,以两名传教士遭凶杀为代价而实现了德意志帝国久欲达致的殖民地获取。无论是传教士还是第二帝国,双方都从中得益。在这一军事、政治双重交涉中,"无论传教士还是德意志帝国都从谈判结果中获得了很大好处,帝国利用传教作为实现自己目的的工具。传教士也在整个事态中发挥了积极作用:安治泰和福若瑟都极力从国家意图中为传教谋取利益"。③ 换言之,传教士在意的是获取物质利益(赔款、建设教堂等),德国政府考量的

---

① 长期以来,法国拥有对天主教传教士的保教权。而俾斯麦出于慎重考虑,避免在此类事上过于操切,以免结怨于法国。但作为当事方的安治泰与巴兰德都持积极态度。[德]余凯思:《在"模范殖民地"胶州湾的统治与抵抗——1897—1914年中国与德国的相互作用》第344页,孙立新译,济南:山东大学出版社,2005年。也可参见李乐曾《文化斗争、殖民政策与德国在华取得保教权的问题》,载《近代中国教案新探》,合肥:黄山书社,1993年。
② 转引自邵循正《天主教士中的两个特务间谍——樊国梁和安治泰》,载《大公报》1951年9月7日。当然这样的文章,有其特殊时代的历史语境制约与阶级立场考虑。
③ [德]余凯思:《在"模范殖民地"胶州湾的统治与抵抗——1897—1914年中国与德国的相互作用》第352页,孙立新译,济南:山东大学出版社,2005年。

是民族国家的政治利益（殖民地的获得），双方本质立场并不一样，不过各取所需罢了。

1898年的嘉祥教案，则暴露出合作双方的利益冲突来。其表现是传教士戴维斯受到大刀会的威胁，差点有生命之危。一方面，我们注意到，在德军侵占胶州湾后，圣言会在鲁南势力大增，皈依人数甚多；另一方面，这种"打破平衡"的状态，势必导致大规模的"反拨"。大刀会的出现就是明证。① 德国政府必须面对的事实是，一方面传教士曾给帝国做过帮手，但他们同时也是既定秩序下的"麻烦制造者"。对于已经获得胶州湾统治权的第二帝国来说，需要维持正常的秩序，而正常秩序要求的是常态的维持。可对传教士来说，不断扩张其教徒皈依范围是他们"永无止境"的追求目标，从这点来说，他们不可能与中国本土的居民与势力处于友好平衡的状态。不是东风压倒西风，就是西风压倒东风。

1899年的日照教案，则注定双方渐行渐远，终至分道扬镳。教案导因是传教士薛田资与几名中国教徒被扣押并虐待，之后事件被不断升级。最终，以德军出动镇压后再撤兵为收场。虽然教会获得了大量利益，德、英财团也获得了天津—镇江的铁路建筑权，但代表帝国利益的海军署国务秘书蒂尔皮茨（Tirpitz, Alfred von）在事毕之后有非常深刻的反思，具体言之，他认为传教会与德帝国之间的利益冲突近乎不可调和，因为这次军事行动实际上对德国在山东的政治、经济和军事利益都很不利。他在1899年6月27日致胶澳总督叶世克（S. Joeskee）的信中说："我有一定的理由怀疑这些传教士是安分守己、通情达理的人。为了我们自己——内在的和外在的——利益，我们的确应当善待传教士，但是照您自己的话来说，我们又不能走得太远，以至于把总督降格变成盲目的、供传教士驱使的工具。"②

其实这个判断一点都不错，在安治泰看来，天主教会的利益当然是

---

① 参见［德］余凯思：《在"模范殖民地"胶州湾的统治与抵抗——1897—1914年中国与德国的相互作用》第356—362页，孙立新译，济南：山东大学出版社，2005年。
② 转引自［德］余凯思：《在"模范殖民地"胶州湾的统治与抵抗——1897—1914年中国与德国的相互作用》第368页，孙立新译，济南：山东大学出版社，2005年。蒂尔皮茨自己著有回忆录，Tripitz, Alfred von: *Erinnerungen*（回忆录）. Leipzig, 1919.

首要的,而且他们为了在中国获得正面形象,还要极力将自己与有着侵略者形象的德帝国有所撇清。他们通过各种媒体发表文章称:"是1897年以来德国在山东的军事行动,而不是德国的传教活动引发了义和团起义。"①真是有些此地无银三百两的味道。难怪德国政府方面对安治泰的评价不高,亨利亲王致威廉二世的信中就直言不讳地指出:"安治泰对传播德国文化事宜漠不关心;无论在这里还是在国内,他所考虑的都是天主教的势力扩展。"②这意味着,即便在德国政治高层视野之中,也将德帝国与天主教的利益对立起来。如果说蒂尔皮茨还不过是高级官僚的话,那么亨利亲王的特殊身份则意味着对以安治泰为代表的天主教势力的最终疏远。

事实上,无论是蒂尔皮茨还是亨利亲王,其判断与嗅觉都是灵敏的。1899年,山东巡抚张汝梅的奏折提供了最好的证据:

> 惟查东省民教不能相容莫甚于今日,其故皆由教民虐待平民,教士又袒护过甚,百姓衔恨日深,无论贤愚莫不痛心疾首,直有不可终日之势。地方官遇有教案极力弥缝,一不立结即受严谴。百姓亦知教民势大难犯,遇事含垢忍辱,敢怒而不敢言。教民因而气焰益张,任意陷害良懦。教士不察,动将平民送官,教民遂得阴逞其欲,重则罚款破家,轻则折席赔礼。甚至罚席时不以人视平民,责令头顶杯盘膝行而前,如是甘心方得了事。此民教结怨日甚之实在情形也。③

以安治泰为代表的圣言会传教士的最愚蠢行为,就是直接介入了山东本土的"利益纠葛"。他们当然有自己的无奈,为了扩张势力,而不得不借助于当地的"无赖群氓",但这种只顾眼前利益的做法必将埋下祸根,酿成大祸,日后兴起的民众武装势力(从大刀会到义和团)莫不种根于此。张巡抚的这个报告,基本上是能站在公正立场全面分析的,清廷怕"得罪洋人"、地方官则想"保住官位",这样就使得教民在与平民的利益冲突中占据天然优势。而调节彼此利益的天平本应是传教士,但以安治泰为代

---

① [德]余凯思:《在"模范殖民地"胶州湾的统治与抵抗——1897—1914年中国与德国的相互作用》第369页,孙立新译,济南:山东大学出版社,2005年。
② 转引自[德]余凯思:《在"模范殖民地"胶州湾的统治与抵抗——1897—1914年中国与德国的相互作用》第369页,孙立新译,济南:山东大学出版社,2005年。
③ 《总署收开缺山东巡抚张汝梅文》,载《教务教案档》第6辑(1)第32页。

表的传教士却根本不理解世间万物的"和谐共生"之理,自以为通过强力(背后是德帝国的军事力量)就可以"为所欲为"。这样的压迫,能得逞于一时,又岂能安然于一世?

果然,且不说中国民众的抵抗风暴久在酝酿之中;就是其依仗的强力也领悟到其中的奥妙,而不愿意被其利用了。① 虽然,1899年圣言会与德帝国的合作基本尚属于"寿终正寝",但直到1903年,安治泰才一命呜呼。在这一段时间里,发生了重大的历史事件——义和团运动与八国联军入侵。虽然战争以德国为首的八国联军获胜而宣告结束,但这一声势浩大、风起云涌的人民战争,也迫使德帝国反思自己的在华政策,将其调整为"和平发展殖民地";这一点同样也表现在传教士的策略转变。安治泰甚至对地方官表态:"面许通行各教士,以后教民诉讼,不准写教民字样,是非曲直,一听地方官讯办。"②事实上,山东境内在此后也没有发生过重大教案。

1903年,52岁的安治泰殒逝,这其实在很大程度上预示着他所代表的强硬立场的"基督事业"的终结。虽然福若瑟继承了他的主教位置,但事实上,圣言会的传教事业早已日薄西山。与世俗政权摆脱了密切的利益关联,实际上也就意味着圣言会必须学习独自面对善意的"福音传递",而非仅是"仗势欺人"。而在某种意义上来看,圣言会的消解,实际上不过是德帝国消亡的一个区区前奏而已。距离1918年威廉帝国彻底战败解体,此时不过还有15年的时间。而在山东,事实上由于1914年日德战争的迅速推进,德国利益就已被彻底摧毁。安治泰这样的人物,居然也生自德国,由此可见德意志民族文化中孽根性的一面;不过,任何具体的个人,都不可能摆脱与大时代背景的关联,没有威廉帝国的"野心勃勃"与"挑起战争",也产生不出这样的"侵略怪物"。不过,如此立论,并非是说德国文化在那样的时代背景下只能产生安治泰这样的"政治畸人",卫礼贤的出现及其文化立场的浮现,让我们可以感受到德国文化的"醇厚纯正"一面。

---

① 关于清朝官吏与德方的意见,可参见王守中:《德国侵略山东史》第124—126页,北京:人民出版社,1988年。
② 转引自王守中:《德国侵略山东史》第274页,北京:人民出版社,1988年。

三、同善会的民族色彩与卫礼贤的文化立场①

同善会（Allgemeiner evangelisch-protestantischer Missionsverein，简称 AepMV）1884 年成立于魏玛，1929 年改称"东亚传教会"（Deutsche Ostasien-Mission，简称 DOAM），这是一个由德国自由派神学家和大学教授发起成立的基督教新教传教差会。它自觉地与传教运动中的"虔信派"主流保持距离，主张宗教宽容，并从理性主义文化（进步乐观主义）出发，信奉一种非教条的伦理化基督教——西方文明（文化传教）。它采取新的传教方法：不设立广泛的传教机构，也不以"虔信主义"个人皈依为主要目标，而是派遣受过良好教育的基督教徒，通过文字和教育工作，向印度、日本和中国等文化民族中的受过教育者宣传基督教文化，特别是德国特色的基督教文化。该传教会从一开始就与有组织的殖民扩张运动密切相连，希望通过殖民扩张推动基督教和德国文化的传播。几个极为有影响的德国传教士都出于该会，他们与中国的关系也相当密切，这几个人就是：花之安、安保罗、卫礼贤。这里主要以卫礼贤为代表，来考察其传教与文化思路。在德国新教传教士在华的工作中，我们会意识到一点，即每个个体的不同，可能在很大程度上决定了其方法与成绩，而总部的控制能力相对显得较弱，多少有些"天高皇帝远"、鞭长莫及的味道。这一点，在卫礼贤身上表现得非常明显。

作为近代以来的第三代传教士（以郭士立等为第一代），卫礼贤是以花之安的继任者身份来到中国的；而此时，距安治泰来华整整 20 年。1899 年，当卫礼贤在 19 世纪末期来到中国时，他可以瞻望的正是 20 世纪的新曙光，这实际上也意味着，"现代"（此处为狭义概念）以一种积极的方式正在向他走来。卫礼贤接替的不仅是花之安的职位，也是花之安、安治泰这一代传教士的传统终结。因为，在华夏土地上酝酿翻滚着的，正是一场前无古人的时代巨变，卫礼贤到来的时刻正逢其时。他可以从容地观察晚清帝国的崩溃与革命时代的兴起、民国初建与新文化运

---

① 关于卫礼贤对义和团的态度，可参见苏位智《传教士·公正舆论·教案——由义和团时期的卫礼贤所想到的》，载孙立新、蒋锐主编：《东西方之间——中外学者论卫礼贤》第 216—231 页，济南：山东大学出版社，2004 年。

动的蓬勃开展。

教会利益,或者具体到某个差会的利益,乃是传教士在其职业生涯中考虑的核心问题之一。这点,无论是天主教,还是新教,都没有本质的差异。所以,像卫礼贤这样的人物应当作为特例来处理。但如此说法,并非是说卫礼贤就如何与众不同,而具有绝对的"特立独行"的特殊性。其实,我们只要稍微考察一下卫氏的在华活动,尤其是在山东的传教活动,就可以发现,他在很大程度上承担着差会的基本任务与职责。① 不过,与安治泰不同的是,他更关注文化、教育层面的具体工作,而不仅是汲汲于权势的扩张。这种价值取向既受到个体素养的很大限制,同时也与各自差会的基本目标设定颇有关联。正如他所说的:

> 在像中国这样的国家,一个欧洲人很难认清他为之施洗的那个基督徒的道德品行。可是,不管怎样,教会是应该为它的成员负责的。在中国,做出像上面那种可疑指控恐怕会比任何其他事都损害基督教精神。不是教条使人变得伟大,而是人使教条变得伟大。对天主教会来说,这样单个的一代人也许不至关重要。它确信总有一天,这些皈依者的下一代或是下下一代会成为真正的好基督徒。可是个人主义的新教不会接受这样的长期支票。②

这里有几点值得特别强调:一是卫礼贤明确地区分了天主教、新教价值立场的根本差异;二是他对中国的现状既非常了解,又认知深刻,所以不会有"海市蜃楼"的幻想;三是他的传教明显地与价值功利拉开距离(如信徒人数),而更注重"基督教精神"的实现。这些,都决定了他能够在自己择定的道路上坚定地走下去:"因此,对我来说,最好的办法是让自己过一种与基督教精神相符的简单生活,通过在学校和医院工作来影响别人,和他们一起生活,建立起亲密的关系,同时相信圣灵

---

① 德国占领胶州湾后,同善会主席团立刻将在那里开展工作视为自家的"神圣义务",并立即派人前往建点。到1914年(一战爆发前),同善会在此进行了办学、行医、著述出版等多种活动。[德]豪斯特·格林德(Gründer, Horst)《卫礼贤——德国的自由派帝国主义者和中国的朋友》,载孙立新、蒋锐主编:《东西方之间——中外学者论卫礼贤》第85—86页,济南:山东大学出版社,2004年。而这些工作主要是由卫礼贤完成的。

② [德]卫礼贤:《中国心灵》第19页,王宇洁等译,北京:国际文化出版公司,1998年。

的力量。"①对一个传教士来说,如果能真的坚持自己的"精神选择",庶几一种理想境界。可问题在于,现实的制约又能容许个体在多大程度上"走自己的路,让别人说去"?为了自己的理想价值,卫礼贤究竟要付出多少代价?

显然,卫礼贤并不是同善会政策的最佳执行者,这就注定他日后会与同善会选择分道扬镳。虽然,同善会强调传教士个体的文化修养,希望通过文化传教的方式达到"随风潜入夜,润物细无声"的效果,但这样做并非是说其没有"功利目标"。事实上,早在筹建之时,其民族国家建构的指向就很明确,"民族传教"与"德国文化"是他们的核心利益。在他们看来:"迄今为止,我们的传教士一直都在为英国的政治利益而工作,这种情况必须改变。对于我们来说,德意志的利益是更迫切的。"②早期的德国传教士因没有明确的民族—国家建构背景,确实与德国世俗政权隔膜颇深,往往被别国所利用,如郭士立(被英国所用)就是很好的例子。将矛头明确指向英国,并非无的放矢。当击败了法国,建立了第二帝国并确立了欧陆霸权之后,德意志帝国的目标就是"世界霸主",这就势必挑战原有世界秩序的维护者——大英帝国。这不仅表现在欧洲范围的利益冲突,而且也体现在全球范围内的殖民竞争。同善会说出的,实际上正是威廉帝国想要表明的立场。同善会主席维特(Witte,Johannes)一方面猛烈攻击英国传教士,指责他们背离了自身的宗教立场,而效力于世俗国家政权;另一方面却又抱怨德国政府资助不够,德国传教士无法抗衡英、美对中国的影响。他甚至建议步美国人后尘,派遣大量学业初成的青年知识分子前往中国,但显然未得实行。③ 如此强烈的民族主义倾向,显然没有在它的基

---

① [德]卫礼贤:《中国心灵》第19页,王宇洁等译,北京:国际文化出版公司,1998年。
② 《1883年4月11日美因河畔法兰克福同善会筹建会议备忘录》第34页,格拉鲁斯,无出版年代。转引自[德]豪斯特·格林德(Gründer, Horst)《卫礼贤——德国的自由派帝国主义者和中国的朋友》,载孙立新、蒋锐主编:《东西方之间——中外学者论卫礼贤》第85页,济南:山东大学出版社,2004年。
③ 转引自[德]豪斯特·格林德(Gründer, Horst)《卫礼贤——德国的自由派帝国主义者和中国的朋友》,载孙立新、蒋锐主编:《东西方之间——中外学者论卫礼贤》第96—97页,济南:山东大学出版社,2004年。同善会立场的代表人物还有茹尔巴赫(Rohrbach, Paul, 1869—1956),他是很富影响力的福音神学家和政论作家,对德国在中国的文化使命有非常强力的鼓吹。参见上揭书第95—96页。

层主事者(如卫礼贤)这里得到强有力的呼应。卫礼贤发出的甚至是有些唱反调的声音。

卫礼贤曾经试图退出同善会,他甚至以自己在中国未发展过一个教徒为骄傲。① 作为一个传教士,说着这样的话,多少让人会质疑他的"教会立场":不发展教徒,做什么呢?他试图更多地去理解中国人,理解他们心目中的"中国心灵";他尽量站在公正客观的人类价值尺度上,去发表意见;或者说,在功利的意义上,他忘却了"德国利益"的存在。而这,即便不是与同善会立场背道而驰,至少也是"相去甚远"的。

卫礼贤不是那种循规蹈矩之人,他素来就很有自己的主见,哪怕是刚到中国不久。他最初抵华之时,德国已侵占了胶州湾;而很快地,则爆发了因德国驻华公使克林德之死而引发的义和团运动和八国联军入侵。对义和团运动,卫礼贤的评价还是比较客观的,他认为:"这时候的中国人,就像大战中的德国人一样,被贴上了仇视整个人类的标签。其实,平心而论,这场运动是基于一种真实的民族主义的狂热。当仇恨和残忍的冲动一起释放出来时,残酷是无法避免的。"将义和团运动与第一次世界大战相提并论,并认为前者相对后者而言不过"小巫见大巫"。② 卫礼贤的态度和立场,应该说做到了尽可能公正客观。他对德国人并不客气,对八国联军入侵也持基本否定态度,对德国军队的做法则归结为"欧洲和亚洲思维方式之间发生的令人遗憾的一系列冲突"。③

胶济铁路(青岛—济南)的修建,继续引发了一系列的矛盾与惨剧。与安治泰等人挑动中德军事暴力冲突以获取利益迥然不同,卫礼贤以自身的可贵实践努力调停这种军事镇压的发生。他也因此而博得了中国官方与民众的好感。④ 不仅如此,卫礼贤在八国联军入侵中,甚至会

---

① 张君劢《世界公民卫礼贤》,转引自郑天星《传教士与中学西渐——以德国汉学家卫礼贤为中心》,载《宗教学研究》1997年第2期第112页。
② [德]卫礼贤:《中国心灵》第14—15页,王宇洁等译,北京:国际文化出版公司,1998年。
③ [德]卫礼贤:《中国心灵》第17页,王宇洁等译,北京:国际文化出版公司,1998年。从他对威廉二世与联军统帅、德国人瓦德西的评价来看,至少有些嘲讽的意思。上揭书第16页。
④ 参见[德]卫礼贤:《中国心灵》第18页,王宇洁等译,北京:国际文化出版公司,1998年。苏位智《传教士·公正舆论·教案——由义和团时期的卫礼贤所想到的》,载孙立新、蒋锐主编:《东西方之间——中外学者论卫礼贤》第220页,济南:山东大学出版社,2004年。

义正词严地表明自家的立场,认为这是一种野蛮的侵略:"如果说,中国发生的义和团运动是它落后于时代的象征,那么,得胜的各国联军似乎是为了显示所谓'文明国家'的粗鲁和残忍而来的,而且这种粗鲁和残忍一点儿也不比外国人谴责的中国人差。"①这种评价,总体来说是客观的,至少在他的眼里,义和团运动的仇外与暴力方式是落后的,但其重心更在对八国联军的谴责,"文明"和"残忍"形成两极般的互衬。更别忘记,这支军队的统帅是德国人瓦德西,主导者是德意志帝国。同样作为德国传教士,卫礼贤的态度与安治泰积极主动的出谋划策和充当德帝国侵华的"急先锋",恰恰形成一种鲜明的对比。作为两代传教士,又非同一派系,卫礼贤的这种差异性,究竟意味着什么?在我看来,卫礼贤选择的是一条"通向澄明之路"。也就是说,实际上他早已摆脱了单纯的传教士身份,而将自己置身于一个更加宏阔的世界文明进程背景中来看待问题。

他总结中国与基督教的历史交往,认为17世纪那些"有广泛卓越贡献的传教士们"带来的是"智慧的信仰、文化和科学",而19世纪随着炮舰和鸦片而来的则是"取代耶稣宽容自由的精神的是一种狭隘、野蛮的思想,膨胀的物欲和广泛吸收皈依者的渴望",这些传教士"在文化交流方面的作用实在少得可怜"。② 所以,他如此看待时代背景下的人类发展前途:

> 现在东西方的交流又重新开始,这次也许是世界历史上最后一次,也是最重要的一次机会。它是一种综合,而不仅是两个半球直接的对抗,并且可能是人类历史两段不同时期的融合。③

他将中国作为东方,或许可待商榷。但总体而言,东西方交流的宏观视野设置是可嘉的,而在传教士这一群体中,卫礼贤的思想高度是罕见的,他的文化立场的选择是坚定的。在近代德意志帝国建构的背景下,他既没有因了自身的功利考量而倒向帝国的怀抱,也没有因为职业的限制而循规蹈矩,而始终坚持了自己作为一个独立知识精英的价值立场,是相

---

① [德]卫礼贤:《中国心灵》第16页,王宇洁等译,北京:国际文化出版公司,1998年。
② [德]卫礼贤:《中国心灵》第186页,王宇洁等译,北京:国际文化出版公司,1998年。
③ [德]卫礼贤:《中国心灵》第187页,王宇洁等译,北京:国际文化出版公司,1998年。

当难能可贵的。而恰恰正是这一点,很可能从长远角度来看更符合德意志民族的整体利益。德国文化能教养(bilden)出卫礼贤这样的知识精英,这是康德、歌德与荷尔德林等前代先贤的骄傲。

四、帝国消解之成立与现代兴起之可能

由历史线索的角度,从安治泰到卫礼贤,①我们可以见出德意志帝国消解的可能性。这其中有两层含义,一是说作为一种时代发展的大势所趋,以自我扩张和利益攫取为核心的帝国必将退出历史舞台,以民主制度为要义的民族—国家将呈现于世界政治场域的中心位置;二是说就史实而言,德意志第二帝国的扩张性"世界政策"确实也在1918年以战败为终局。德意志帝国虽然还会有希特勒第三帝国的"复兴狂飙",但终究属于"回光返照"。德意志民主时代的开端,其实可以从1919年的魏玛时代开始计算。

从另一个方面来看,"现代"的兴起,②也不妨纳入视野。现代兴起,意味着一种普世价值观的可能产生,亦即民族—国家利益可能相对淡化其在近代舞台上的极为浓墨重彩的形象,而自由—独立价值观成为不可抗拒的"大势所趋"。我坚持认为,后现代的说法多半属于知识者的"一相情愿",虽然有其超越历史的主动性与创新性,但并不符合历史车轮滚滚、循之有序的渐进过程。如谓不信,历史微观处的个案即可证之。在这里,不妨就落实在具体的传教士层面,随着安治泰在20世纪初年(1903

---

① 关于这样一种比较视野的研究,可参见 Ballin, Ursula: "Colonial Imperialism and Christian Mission in China — the Cases of the German Missionaries Gützlaff, Anzer and Wilhelm"(中国的殖民帝国主义和基督教传教——关于德国传教士郭士立、安治泰、卫礼贤的个案研究). in Kuo Heng-yü & Leutner, Mechthild (Hrsg.): *Deutschland und China — Beiträge des Zweiten Internationalen Symposiums zur Geschichte der deutsch-chinesischen Beziehungen, Berlin 1991*(德国与中国——1991年柏林第二届中德关系史国际研讨会论文集). München, 1994. S. 191–214.
② 关于"现代"的概念,解释诸多。关于文学中的"现代"概念,请参见[德]西尔维奥·维也塔(Silvio Vietta)《现代的概念》,载周发祥等主编:《人文新视野》第2辑第209—237页,天津:百花文艺出版社,2005年。

年)的"一命呜呼",①在随之而来的殖民史过程中,再也没有出现像安氏那样野心勃勃并如此强有力地介入外交政治的德国传教士。1921年,卫礼贤退出同善会,更可看作是在华德国传教士的"时代转折",一方面是沦为战败国的德国政府再也无法像以前那样予自己的子民以足够的"有力庇护",另一方面也显示出传教士对自身职业的省思与处理策略。

黑塞的父亲就是早年被派往印度的传教士,但他坚持不肯"子承父业",②宁可四处漂泊,职业更迭频繁,也决不从事社会地位既高、前途亦一派光明的传教士事业,或可视为具有某种象征意义。而他与卫礼贤的交好,亦同样未必没有潜移默化的家世影响。19世纪以降的传教士职业,在传统的传播"基督福音"之外,其实不可避免地沾染上浓重的"本国利益"色彩。在此处,自然是与扩张性的德意志帝国相应的"德国利益"。郭士立早期虽然"事随利变",但最后还是明显地转向到了德国利益立场;而到了安治泰、花之安,则更明确无疑地站在"德国利益"的立场上,不管是用更直接、明确、强硬的政治手段,还是看重文化手段的传播与影响功用,他们的基本指导思想不出于国家利益;可到了卫礼贤,却很不一样。作为新一代传教士的卫礼贤,虽然仍不脱教会传统的基本范围,但由于时代迁变,其思路已经与前人有很大不同。如果说,在安治泰、花之安的时代里,德意志第二帝国正如日中天,有迅速崛起与世界霸主的气概的话,那么在卫礼贤在华的年代里,正让人无比深刻地感受到这种由上升到急剧下降的过程。当然,更重要的,还是卫礼贤自身的学术修养与志向择定所决定的。那么,我们要问,如果说从花之安到卫礼贤的路径,让我们感受到思想史发展中体贴"中国心灵"的一脉相承,那么从安治泰到卫礼贤,究竟能展现出怎样的玄机呢?

---

① 颇有意味的是,同样在1903年,以歌德、席勒为代表的德国文学象征进入中国的公众视野。赵必振译《德意志文豪六大家列传》(原著者为日本人大桥新三郎,上海作新社)中即包括歌德、席勒,当时译名为"可特"、"希陆",参见阿英《关于歌德作品的初期中译》,载《人民日报》1957年4月24日第7版。卫茂平:《德语文学汉译史考辨:晚清和民国时期》第430页,上海:上海外语教育出版社,2004年。赵乾龙《席勒和中国文学》,载杨武能编《席勒与中国》第27页,成都:四川文艺出版社,1989年。

② 关于黑塞与中国的关系,请参见 Hsia, Adrian: *Hermann Hesse und China — Darstellung, Materialien und Interpretation*(黑塞与中国). Frankfurt am Main: Suhrkamp Verlag, 1974.

其一，传教士思路从"功利利益"到"文化立场"的变迁，反映出帝国消解是大势所趋。这不仅表现在传教士作为政治力量的"逐渐黯淡"，同样也表现在帝国政治精英层面的"落花流水春去也"。1911年，晚清帝国终究在武昌起义的隆隆炮声中宣告覆灭，宣统逊位，民国筹备；1917年，苏维埃革命取得成功，沙俄帝国"烟消云散"；1918年，德意志帝国也在世界大战的惨败背景下，片刻间"土崩瓦解"，威廉二世仓皇出逃。帝国消解在东、西方以不同的方式，但却在非常集中的时段相继发生。而作为战胜国的大英帝国，实际上也因为国力的严重消耗而失却了世界霸主的地位。从更长远的视野来看，英帝国、第三帝国与日本帝国，都随着二战的结束而全部消解（非帝制意义上的）。1945年之后的世界，应该可以说，不再是一个"帝国的年代"。①

其实，卫礼贤早年就入过"德国殖民地协会"；他的传教士位置也同样受到同善会与帝国海军署（Reichsmarineamt）的联合资助。② 但有

---

① 关于帝国时代的论述，可参见［英］艾瑞克·霍布斯鲍姆：《帝国的年代：1875—1914》，贾士蘅译，南京：江苏人民出版社，1999年。

② 可参见［德］豪斯特·格林德（Gründer, Horst）《卫礼贤——德国的自由派帝国主义者和中国的朋友》，载孙立新、蒋锐主编：《东西方之间——中外学者论卫礼贤》第88页，济南：山东大学出版社，2004年。因为未见德文，所以不敢断定。估计这个德国殖民地协会可能是 Deutsche Kolonialverein（也可能是 Deutsche Kolonialgesellschaft），Novak, Kurt: Geschichte des Christentums in Deutschland — Religion, Politik und Gesellschaft vom Ende der Aufklärung bis zur Mitte des 20. Jahrhunderts（德国基督教史——从启蒙末期至20世纪中期的宗教、政治与社会）。München: Verlag C. H. Beck, 1995. S.193.这类协会组织在当时的德国颇多，譬如鼎鼎大名的"泛德意志协会"（Alldeutscher Verband）。其前身是1891年成立的日耳曼总同盟，首任主席是彼得斯（Peters, Karl）；1894年，这个组织改组成为"泛德意志协会"，其领导人为哈塞（Hasse, Ernst）。其宗旨为：1.联合世界上所有德意志人组成一个庞大的泛德意志国家；2.支持政府在欧洲和海外推行强有力的利益政策；3.主张由伟大的德意志统治世界，并同一切阻碍民族发展的思想和行为作斗争。这个组织的影响力极大，不但对经济界和政界的重要人物，而且对侨居在世界各地的德国人都广有影响。其领导人则包括了官员、议员、军界、学界和工业界的要人。1914年时，社会民主党人艾斯纳（Eisner, Kurt）评价该组织称："在德国，谁对外交政策路线施加决定性的影响？四分之一世纪以来，不是别人，正是泛德意志主义者。在对政策的指导方面，他们的影响甚至比地主和资本家的强有力的团体的影响还要大。在这段时间，他们的成就比德国所有政党和所有议会集团的成就加在一起还要大……从第一个海军法案到最后一个陆军法案，所有军备计划都是在泛德意志主义者手中制订出来的。他们是突击部队……"丁建弘、李霞：《普鲁士的精神和文化》第447—448页，杭州：浙江人民出版社，1993年。［德］阿柏特·诺尔登：《德国历史的教训——关于财政资本和容克地主的政治作用》第14页，茅弓译，北京：生活·读书·新知三联书店，1958年。

趣的是,从其日后的人生轨迹来看,他似乎并未受到这种背景过于强烈的影响,而走上了一条具有自己判断价值的独立道路。现代性的基本问题,在进入 20 世纪以后以一种极为剧烈的方式显现出来,卫礼贤显然是非常清醒地洞察了这一点。从他退出同善会的强硬立场上就可见一斑,虽然这对他作为传教士有诸多好处,但他毕竟不再可能"风起云涌"做时代的主人。细想一想,如果不是同善会有强大教会支持,卫礼贤怎么可能在青岛优哉游哉,既生活得相对富裕,又能做出偌大的事业,积累丰厚的资源?但教会在中国之式微衰颓,又是大势之所趋。这点从 1920 年代汹涌而起的"非基督教"运动,即可看得非常清楚。[①] 卫礼贤的适时转移,或许乃是最明智的选择;也或许,他意识到有更重要的事情需要他去完成。事实证明,无论是日后出任外交官,还是成为汉学家,卫礼贤的文化史意义都相当重要。在世所公认的"文化交流中介桥梁"之外,[②]卫礼贤具有自己独立的"文化立场",且不为世俗功利影响而改变,这才是其尤为可贵之处。

其二,某种意义上具有传统延续性的"现代性"命题正为新一代传教士所自觉认知,现代的兴起乃是不可抵挡的大势所趋。如果说,安治泰这样的人物,虽然其背后有着极为强烈的"功利动机",从而使其表面的"捍卫帝国"行动,沾染了过多的"私利色彩",并最终导致与第二帝国利益的冲突的话,那么,卫礼贤的个体抉择,毫无疑问并不与帝国发生太多的直接关系,但这并不意味着他不具备帝国的文化史乃至政治史意义。[③]事情就是这样的有趣,往往是"有心栽花花不开,无心插柳柳成荫"。而这一点除了个体品性之外,与文化修养是不可分割的。早在青年时代,卫礼贤就熟悉歌德与康德,热爱荷尔德林,正是德国文化与西方文明的底蕴,再加上对中国文化的深入底里的探研,才使得卫礼贤的认知眼光

---

① 可参见叶仁昌:《五四以后的反对基督教运动——中国政教关系的解析》,台北:久大文化,1992 年。
② 如 Hirsh, Klaus (hrsg.): *Richard Wilhelm Botschafter zwei Welten — Sinologe und Missionar zwischen China und Europa*(卫礼贤:两个世界的使者——在中国与欧洲之间的汉学家与传教士). Frankfurt am Main & London: IKO-Verlag für Interkulturelle Kommunikation, 2003.
③ 可参见[德]豪斯特·格林德(Gründer, Horst)《卫礼贤——德国的自由派帝国主义者和中国的朋友》,载孙立新、蒋锐主编:《东西方之间——中外学者论卫礼贤》第 84—97 页,济南:山东大学出版社,2004 年。

与层次非同凡响,并能在实践层面加以坚持,终于成就了不仅联系"中德文化",而且体现"现代转型"的桥梁事业。而歌德、席勒、荷尔德林那代人对现代性的深刻洞察及此种传统形成,及其与卫礼贤思想建构的关联,则是值得深入探究的极佳命题。

其三,由"帝国话语"到"现代转型"的转折,为日后的"双边学术场域互动"铺垫下很好的基础。这一点则通过卫礼贤其人得到充分表现,从"高高在上"的洋大人到独立寻职的自由人,卫礼贤所面临的生存挑战其实并不小。毅然告别传教士职业,不仅意味着抛弃有保障的生存基础和优厚地位,更意味着选择一种具有诱惑力的事业,意味着挑战、机遇与风险并存。从驻华使馆的学术顾问(Wissenschaftlicher Beirat)到被解聘的外交雇员;从北大德文教授到法兰克福大学中国学院的创始人。卫礼贤走过的,并非是平坦大道。而这究竟是历史的必然还是戏剧的偶然,也实在是一言难尽。但至少可以肯定的是,卫礼贤通过其敢于尝试的冲劲和努力,不但终究获得了德国学术场域的承认,① 而且为中德之间"双边学术场域"的互动提供了良好的基础。这一点,在我看来,是尤为难能可贵的。由帝国时代的"殖民传教—反抗妥协"模式,到标志现代的"双边交流—学术互动"模式,中德两国的关系,终于进入到了一种真正具有现代意义的"交往行动话语"状态。② 这即便放置在现代化世界(20 世纪前期)的全球范围内的双边关系中也是不多见的,故此具有十分重要的文化史"范式"意义。究其原由,既与德国因一战蜕变为战败国有关,也与卫礼贤这样的"有识之士"密不可分,正是通过他的杰出推力,使得中德学术场域的互动无论在深度、广度上都达到了一个相当高的层次;遗憾的是,1930 年,未及花甲之龄的卫礼贤之早逝,使得这一事业"中道而

---

① Leutner, Mechthild(罗梅君):"Kontroversen in der Sinologie — Richard Wilhelms kulturkritische und wissenschaftliche Positionen in der Weimarer Republik"(汉学界之论争——魏玛共和国时期卫礼贤的文化批评立场和学术地位). in Hirsh, Klaus (hrsg.): *Richard Wilhelm Botschafter für zwei Welten — Sinologe und Missionar zwischen China und Europa*(卫礼贤:两个世界的使者——在中国与欧洲之间的汉学家与传教士). Frankfurt am Main & London: IKO-Verlag für Interkulturelle Kommunikation, 2003. S. 48.
② 借用哈贝马斯语,参见 Habermas, Jürgen: *Theorie des Kommunikativen Handelns*(交往行为理论), Band 1. Handlungsrationalitat und gesellschaftliche Rationalisierung. Frankfurt am Main Suhrkamp Verlag, 1985.

折",虽然也有"中德学会"复起于北平,①但就对中国文化的亲密交往、认知深度、同情理解等多重标准而言,再也没有出现过卫礼贤这样的"天才人物"。既是杰出的汉学家,更因其自身经历而对乡土中国产生温润之感觉,所谓"温情之敬意"、"同情之理解"并非空泛之言,只有当它融入到学者自身的生命精神之中时,才有可能产生巨大的文化创造力。从这个意义上来说,我们有理由期待,曾经为世界学术/精神中坚的中、德学术场域的交流与互动,能为世界精神带来新鲜的活力、敏锐的启迪。而要做到这一点,那些具备着"卫礼贤精神"的新一代学人(中介者)的出现,不但必不可少,而且事关全局。

---

① 郑寿麟当年在法兰克福时,与卫礼贤过从颇密,并深受卫礼贤促进中德文化交流的理想与努力的影响。1931年时,郑寿麟首先发起成立德国研究会(Deutsche Studiengesellschaft),并把自己的部分德文藏书捐给研究会。这一举动规模虽小,但却成为中德学会成立的先导。时任北京大学德语教师的卫德明即建议按照法兰克福的中国学院模式建立中德学会。这一建议得到德国官方代表如德国驻华使馆参赞斐霞(Fischer, Martin)、新任驻华公使(不久升格为大使)陶德曼的支持。我们可以看到,中德学会基本上就是在"卫礼贤精神"的影响下创立的,两个发起者,一为其弟子,一为其公子(儿子)。日后热心参与其事的,如首任中方干事、北大德文系教授杨丙辰,同样与其兼有师生、同事之谊。

第四章

平生风义师友间——以卫礼贤与蔡元培、杨丙辰的北大交谊为中心

一、北大改革背景下的德国文学系创办：卫礼贤与杨丙辰的师生同事之谊

卫礼贤的身份复杂，既是汉学家，又是传教士；既客串过书院山长，又受聘过大学教授；甚至还担任过使馆职务，介入过文化政治。然而这一切，如果没有传教士的经历，很难建构起他日后如此饱满丰硕的人生履历。饮水思源，应当认识到，因为传教任务而展开的一系列在华活动，对卫礼贤作为一名文化人物的成型，具有重要意义。此处，我们仅从一个较细微的视角切入，即卫礼贤在青岛开办礼贤书院等中小学的功用说起。①

---

① 1901年，卫礼贤创办了礼贤书院；1905年，又创办了美懿书院（后改名"淑范女学校"）。周东明《德占青岛时期的教育策略及实施》，载刘善章、周荃主编：《中德关系史文丛》第2辑第146—148页，青岛：青岛出版社，1991年。有论者就认为："他在青岛开办的非同寻常的德华学校就已经证明了他对中国文化的尊重，因为该校要求在此听老师用德语讲课的中国学生深入钻研中国的知识财富。"[德]W. F. 奥托《卫礼贤——人格肖像》，载孙立新、蒋锐主编：《东西方之间——中外学者论卫礼贤》第6页，济南：山东大学出版社，2004年。另关于该校培养出来的名人，参见鲁海：《卫礼贤在青岛》，上揭书第69页。

一般而言,西方人之在华开办教育,乃是19世纪以降的重要文化现象,其中之主力是来华传教士。但对基督教在华教育的研究中,基本都将目光集中于大学教育,对中等以下教育明显关注不够。① 事实上,这种从少年时代就开始的基督教教育,其潜移默化功能未必就弱于大学教育。如谓不信,在卫礼贤的传教兼教育生涯中,其中一个学生,没想到日后颇有功用。此人就是日后出任早期北大德国文学系主任的杨丙辰。当年在青岛,卫礼贤或许真的没有想到,有朝一日,这名弟子竟会成为自己的顶头上司。1923年,卫礼贤失业于德国使馆,而受聘于北京大学,当时的德文系主任正是杨丙辰。② 当其时也,卫氏正当知命之年,而杨丙辰则风华正茂,留德归来后不过刚过而立。20世

---

① 如有学者列出了基督教教育方面的著作,但很少是与中小学教育有关。参见鲁珍晞《一九七零年以来的西方著作》,载鲁珍晞(Jessie G. Lutz)编:《所传何为?——基督教在华宣教的检讨》第240—241页,王成勉译,台北县新店市:国史馆,2000年。王成勉《基督教在华史中文书目选要》,载鲁珍晞编:《所传何为?——基督教在华宣教的检讨》第257—260页。

② 杨丙辰(1892—1960年代中期,待考),早年获河南省官费赴德留学,1913年夏季学期起在柏林大学注册学习法律,原名为杨震文(Yang Zhenwen),在德注册名为Yang Dschenwen。到第一次世界大战结束,杨一直在德留学,他归国后即任北大德文教授,之后并任清华大学教授。1933年,北平的中德学会建立后,他与卫德明分别出任中、德双方的干事。1935年时,他曾短期出任过开封的河南大学的校长。除了作为德文专业的开创者之外,他的重要功绩表现在翻译上。他翻译大量德国文学著作,诸如莱辛、歌德、席勒、豪普特曼等均有涉猎,是北大德文系创建时期的重要人物,亦是中国德语文学学科第一代创始人的最重要成员之一。他还翻译过里尔的《德国民族的性格》与费希特的《对德意志国民的演讲》。Harnisch, Thomas: *Chinesische Studenten in Deutschland — Geschichte und Wirkung ihrer Studienaufenthalte in den Jahren von 1860 bis 1945*(中国留德学生——1860至1945年间留学的历史和影响). Hamburg: Mitteilungen des Instituts für Asienkunde, 1999, S. 173. Kreissler: Françoise: *L'Action culturelle allemande en Chine: de la fin du XIXe siècle à la Seconde guerre mondiale*(德国在中国的文化活动). Paris: Ed. De la Masion des sciences de l'homme, 1989. p.289. 关于杨丙辰,张中行有过专文回忆,但对其在德文专业方面的贡献提及甚少,只说他德语口语不错,德国人亦表赞赏。但由于生性迂阔,解放后找不到职业,只是翻译德文,以勉强度日。1960年代中期去世。老境颇是颓唐。参见《杨丙辰》,载张中行:《负暄琐话》第55—57页,哈尔滨:黑龙江人民出版社,1986年。据《国立北京大学历届校友录》,他是河南南阳人,1918年入校,曾担任的职务为西文系教授、哲学系教授、德文系教授兼主任等,当时的工作单位为辅仁大学,住址为北平骑河楼马圈胡同9号。五十周年筹备委员会:《国立北京大学历届校友录》第115页,北京:北大出版部,1948年。另可参见温源宁:《一知半解》(Imperfect Understanding),上海:别发有限公司,1935年。季羡林的《清华园日记》中对杨丙辰亦多有提及,参见季羡林:《清华园日记》,沈阳:辽宁美术出版社,2002年。关于杨丙辰对德文学科的意义,参见叶隽《花自飘零风尘中》,载《读书》2005年第8期。

纪早期在青岛的时候,身为书院院长的卫礼贤,与其时为求学少年的杨丙辰,相差近二十岁。① "师生之份"判然已定,而与十余年后状况相比,正印了那句"十年河东,十年河西"的古语。其实,话说回来,杨丙辰之日后留学德国,与这位昔日的老师卫礼贤,也不可能毫无关联。卫礼贤当年在华传教,很有自己的独立主见,以逸出常规之外乃至不发展教徒为荣。② 应该说卫氏的这种文化立场与策略选择,是比较容易获得中国人的好感的。

正是这种自有天意的冥冥宿意,两位留德学人,一位是北大新任校长——蔡元培,一位是德文系首任主任——杨丙辰,一位是德国传教士——卫礼贤(此时应改身份为德国讲学者),因了一个特殊的因缘时势背景,在特定的时空之中走到了一起,为了一个共同的事业,实现了暂时的"携手"。

作为中国现代学科建制史上第一个德国文学系,北大之德文系建设意义重大。但这种建设,因其"筚路蓝缕",所以"坎坷艰辛"。值得总结处诸多,这里不妨就史实层面略加考证。杨丙辰其人,或许并不是一个最佳人选,但"时势已然",历史的重任就这样落到了他的肩上。因为,虽然与杨丙辰有师生之情,与蔡元培有睦谊敦交,但卫礼贤不可能因此而改变自己的基本思路。中国语境内的德国文学系建设,哪怕是北大,都不是他志趣之根本立定所在。所以,这一重大责任仍是历史性地落到了本土学人的肩上,杨丙辰在北大德文系建设过程中的功用必须予以充分关注。而无论是作为留德归来的北大校长蔡元培,还是长期居华(短暂)出任教授的卫礼贤,都因了德国文学学科的建设发展,而得以在德文系聚首。

---

① 参见杨武能《八十年前是一家》,载《读书》2005年第3期第85页。不过此文对早期中国德语文学(或日耳曼学)学术史的叙述史实不够精细,需要仔细征引。可参见叶隽《关于北大德文系师生的纪念摄影》,载《读书》2005年第11期第79页。关于杨丙辰和卫礼贤,欧尔克在其回忆录中亦有提及,参见 Oehlke, W.: *In Ostasien und Nordamerika als deutscher Professor: Reisebericht(1920－1926)*(在东亚与北美做德国教授:旅行报告(1920—1926))。Darmstadt & Leipzig: E. Hofmann, 1927. S.20－21. S.60. 他特别强调了顾孟余在北大德文系创办过程中的作用,并提及他多次出任系主任。关于卫礼贤在青岛的教育生涯,可参见 Wilhelm, Richard: *Unsere Schulen in Tsingtau*(我们在青岛的学校). Berlin, 1913.
② 张君劢《世界公民卫礼贤》,转引自郑天星《传教士与中学西渐——以德国汉学家卫礼贤为中心》,载《宗教学研究》1997年第2期第112页。

作为新任北大校长的蔡元培,其对于德文系建设发展的重要性不言而喻。因为,外国文学各学科的分系发展,正是他的得意手笔。所以他于1918年9月20日在北大做开学式演说词时,不无自得之意地总结自己的"政绩":"一年以来,于英语外,兼提倡法、德、俄、意等国语,及世界语;于旧文学外,兼提倡本国近世文学,及世界新文学……"。① 具体言之,他对德文系的发展亦同样关注甚多:

一是早在1918年《在北京专门以上学校校长会议提出讨论之问题》上,蔡氏就明确提出了包括德文系在内的颇为详尽的课程设置,虽然以今日眼光视去,显得颇是简陋,只列出本科生的课程十一门。大致可分为四块,一是通论德国文学的,为"德国文学梗概:散文·戏剧·作文"、"德国文学史";二是各专门文体的,为"散文"、"戏剧一"、"戏剧二"、"戏剧三"、"诗一"、"诗二"、"小说一"、"小说二";三是德国哲学的,为"德国哲学家之文章(叔本华、尼采)"。此外,还有三条小注释可能颇为重要。一是说明有相关之各系,列名为"法文学系、英文学系、中国文学系、哲学系",大概是注重相关学科沟通的意思;二是强调有"预备科",列(A)预科德文一、(B)预科德文二,这大概是说语言课的学习应当在预备科阶段完成的意思;三是"特别科",说明是"得选为第二种外国语",大概是我们今天所说的"二外"的意思,列出"兼习的德文"之一、二、三、四。② 但无论如何,这样一份具有专业学术领域性质的"德文系课程表"在中国具有"开天辟地"的意义。

二是在师资聘请上颇费苦心,尤其是礼聘欧尔克教授。作为北大校长的蔡元培,只可能有宏阔的思路与高明的见地,但不太可能在每一个具体的系科上投入太多的时间和精力。这样的话,除了他立定的原则之外,每个系科的主持人物,就显得非常的重要。作为老同盟会人和留德同学,蔡元培对朱家骅既有了解,亦有信任,所以他之邀约朱家骅,本乃理所当然之事。而朱家骅尽心竭力,请来欧尔克,亦同样显得其不负所托,忠人之事。这是蔡元培办德文系的最初手笔。

---

① 《北大一九一八年开学式演说词》(1918年9月20日),原载《北京大学日刊》1918年9月21日,载《蔡元培全集》第3卷第382页。
② 《在北京专门以上学校校长会议提出讨论之问题》附表四(1918年10月30日),载蔡元培:《蔡元培全集》第3卷第439页,杭州:浙江教育出版社,1998年。

应该说,相当成功。欧尔克(Oehlke,Waldemar),原在柏林工业大学教授德国文学史,后应朱家骅之邀转赴北大,担任教职。之所以能选择中国,固然是由于北大校长蔡元培和朱家骅的热情相邀,也与第一次世界大战后德国国内形势不景气有关。从日后的事实来看,欧尔克对北大德文系的创设贡献极大,这与蔡元培礼聘第一流学者的策略密切相关。

三是对德文系的关心是多方面的。无论师生,无论公私,他似乎都一视同仁。1922年时,蔡元培致杨丙辰公函一封,请其出任德文系教授会主任,称:

丙辰先生大鉴:

敬启者,德文系教授会主任,本年应当改选,查德文系教授只二人,照章应由先生接替教授会主任,兹特通知,请即鉴察为盼。专此,敬侯

教祺

蔡元培启 九月二十三日①

如果说这是工作关系,那么为杨丙辰作序则多少具有私谊在内。1923年时,蔡元培为杨丙辰译著作序,此书乃达恩(Dahn,Julius Felix)的名剧《费德利克小姐》(Als Kurier nach Paris),由上海商务印书馆印行。蔡元培在序言中通论戏剧在西方文学中地位,并以宏阔的视角比较英、法、德三国戏剧,认为:

法国的戏曲,偏重形式,而又文词优美。英国的戏曲,则善于描摹社会上一般人的心理;而于剧中各角色,尤能刻画得惟妙惟肖。德国的戏曲则多含哲理上的问题:凡名作都有一番深邃的理论为之贯彻始终。②

以时为北大校长之身,且事务繁忙,蔡元培仍为杨丙辰拨冗作序,且议论风发,此中不仅有作为一代通人所具有的广博知识和学术兴趣,同时肯定也潜藏因共同的留德背景而产生的"德国情结"。作为校长的蔡元培,对德文系的学生情况与师资建设也颇在意,曾关心让优秀毕

---

① 致杨丙辰函(1922年9月23日),《蔡元培全集》第11卷第155页,杭州:浙江教育出版社,1998年。

② 转引自卫茂平:《德语文学汉译史考辨:晚清和民国时期》第23页,上海:上海外语教育出版社,2004年。原文"德国的吸取"疑为"德国的戏曲"之误,径改之。

业生如张威廉留校任教,①甚至他人在国外之际,仍会记录下德文系毕业生的情况。②

相比之下,杨丙辰与卫礼贤虽然昔日是师生,但现在则是同事兼上下级。③ 作为系主任的杨丙辰,并非专业的德语文学出身,他留德时是以法学为专业。卫礼贤虽是德国人,但同样非专门的日耳曼学专业出身,在德语语言上或许颇有优势,但并非德语文学专家。所以,这样的一种师资状况,就决定了作为德国一流学者的欧尔克必然担负起学科规制建设的重任。

卫礼贤的北大授课,其实是一件很有趣的事。如张威廉就回忆曾听过卫氏的讲座,说他"不但通晓古汉文,汉语也说得正确流利,曾在北大大礼堂做过一次公开讲演,博得不少掌声"。④ 如此看来,卫氏的真才实学,即便是当年的北大学生也是承认的。可卫氏与北大的因缘早就开始了,1919年6月15日时即曾来北大讲演,据《德国尉礼贤到京演讲通告》称:

> 德国尉礼贤博士(Dr. Wilhelm)本彼邦哲学家,到中国已十一年,精通华文,尤研究中国哲学。已译成德文者,有论语、孟子、老子、列子、庄子及大学、中庸等,现正译周易,近适以事来北京,本校特请于十五日午后五时,在第三院大礼堂用华语讲演。演题为"中国哲学与西洋哲学之关系",届时全校同人均可往听。⑤

其时恰在五四之后,张威廉说他在北大时听过卫礼贤的报告,有可能是这一次。而卫礼贤在1924年也曾在北大做过一系列的学术报告,内容

---

① 张威廉自己回忆说:"毕业时候欧尔克对我讲,蔡校长想留我,但我母亲有病,想回家,就没有留下。"叶隽《二十世纪上半期中国的"德国文学学科"历程——张威廉先生的历史记忆》,载《博览群书》2005年第4期第75页。
② 蔡元培1923年10月24日日记说,《北大日刊》9月8日号登有毕业生名单,其中德文10人(参照其他文种,英文15人,法文3人)。1925年10月24日日记,《蔡元培全集》第16卷第248页,杭州:浙江教育出版社,1998年。
③ 这一点也可从当年德文系毕业时的照片上略见一斑。前排所坐从右到左三位先生为:卫礼贤、杨丙辰、欧尔克。第四位可能是李茂祥或顾孟余。根据中国人排列座位的习惯,卫礼贤在德文系的地位显然不是最重要的。照片见杨武能《八十年前是一家》,载《读书》2005年第3期。
④ 《我学德语的经过和对德语教学的点滴看法》,载张威廉:《德语教学随笔》第156—157页,南京:南京大学出版社,2000年。
⑤ 《德国尉礼贤到京演讲通告》,1919年,北京大学档案,案卷号BD1919027。

是关于老子、孔子和康德伦理学的比较。其思路则在于:"我想借此机会向听众介绍一点真正深刻的西方哲学,因为这些年从美国引进来的怀疑主义和实用主义哲学实在令人可怕。"①这一思路既与现代中国的背景有关,同时也离不开德国乃至欧洲在一战后所面临的思想危机。梁启超等当年对西方是何等的推崇,但一战后游欧,归来作《欧游心影录》,复又回归国粹,确实是颇为深刻地看到了西方文明中的某些孽根性所在;但遗憾的是,过犹不及,梁氏对西方文明的优点则未免有些"略而不论"了,这同样不是清醒的态度。同样,作为"身在此山中"人的卫礼贤,对西方文明有着更为深刻的理解和自我意识,他之拒实用主义,而论康德与老、孔,与其时杜威在华所受到的空前欢迎恐怕不无关系。②

作为汉学家与思想家的卫礼贤,绝对很是出色。但在德国文学系当教师,要求的却是"术业有专攻"。虽然曾他不无美好地回忆过自己在北京大学的经历,③但卫氏在这里任职的是德文系教授,他所谈及的课堂情况自然主要是与德文系的学生在一起。他当时开过两门语言课,是三、四年级合班的"德文尺牍"、"德文作文";另开了几门专业课,一是"德国大思想家之人生观及宇宙观"(Lebens- und Weltanschauungen der grossen deuschen Denker),一是"德文修辞学及文体学"(Deutsche Stilistik und Rhetorik),这两门课都是给三年级学生开的,后者加了一个小注"用书:同前",看来是有教科书的;还有二年级的"德国近世文学概论"(Einführung in die moderne deutsche Dichtung)

---

① Erich Hänisch: "Die Sinologie an der Berliner Friedrich Wilhelms Universität in den Jahren 1889–1945", in *Studium Berolinense — Aufsätze und Beiträge zu Problemen der Wissenschaft und zur Geschichte der Friedrich Wilhelm Universität zu Berlin*. Berlin, 1960. S. 554–555. 转见张国刚:《德国的汉学研究》第 35 页,北京:中华书局,1994 年。

② 关于杜威与中国的关系,可参见元青:《杜威与中国》,北京:人民出版社,2001 年。就现代中国语境里的外国讲学者而言,关于罗素、泰戈尔等都有专门著述,如冯崇义:《罗素与中国——西方思想在中国的一次经历》,北京:生活·读书·新知三联书店,1994 年。张羽:《泰戈尔与中国现代文学》,昆明:云南人民出版社。但对德国讲学者似乎关注不够,贝克来华曾被论述过,参见 Hu Chang-tze: *Deutsche Ideologie und politische Kultur Chinas — Eine Studie zum Sonderwegsgedanken der chinesischen Bildungselite 1920–1940*(德国思想与中国政治文化——对 1920—1940 年中国知识精英的另类思想研究). Bochum: Studienverlag Brockmeyer, 1983.

③ [德]卫礼贤:《中国心灵》第 222—223 页,王宇洁等译,北京:国际文化出版公司,1998 年。

与三年级的"德文诗学"(Deutsche Poetik)。① 卫礼贤的德国文学修养看来不错,这几门课没有功底是开设不出来的。但如果将之与作为专业学者的欧尔克一比较,"不比不知道,一比吓一跳",②差距马上就显现出来了。

据说,卫礼贤当时在北大每周课时即达 20 小时,而且还在师范大学与医专兼课,并有两个昔日的青岛学生与其共事。他自己这样回忆说:"我接受了北京大学的德国文学与哲学的教授聘请,工作量相当重,但同时与学生的交流也能彼此受益。此外我还在师范大学与其他高级研讨班做报告,涉及哲学、教育学与西方哲学史等。我有时用英文讲,有时用中文讲,在北大上课时则主要用德文并杂以中文的解释。"③虽然我们相信卫礼贤的充沛精力与过人本领,但如此庞收并择,就注定内容难以深入独到。更何况是需要术业有专攻的德国文学。遗憾的是,我们现在无法找到卫氏当时讲授这些专业课程的讲义教材或追述回忆,当年的学生们(诸如张威廉、商承祖、冯至等)均未能就此提供材料,至少说明他们的

---

① 《德文学系课程一览(十二年至十三年度)》,载《北京大学日刊》1923 年 9 月 15 日,第 3 版。
② 从 1923—1924 年德文学系四个年级的课程设置情况来看,欧尔克无疑是"大拿",他承担了几乎从一—四共四个年级的主干课程。他给一年级开设的是两门课,一为"葛胜语,上古及中古高原德意志语"(Götisch, Alt und Mittelhochdeutsch),一为"德国古代文学史"(Geschichte der alten deutschen Literatur)。给二年级开设三门课,"日耳曼国粹学"(Germanistik),名称实在吓人,其实主要是"研究 Walther von der Vogelweide 之作品";"德国文学史"(Geschichte der deutschen Literatur bis zum 18. Jahrhundert),范围为"自中古时代起至十八世纪";"施来尔及葛德之研究"(Schiller und Goethe für Philologen),乃是治德国文学的两大重镇歌德与席勒。给三年级开设三门课,"十九世纪之德国文学史"(Geschichte der deutschen Literatur im 19. Jahrhundert);"历史的德文文法"(初级)(Historische deutsche Grammatik für Anfängen);"日耳曼国粹学练习"(Germanistische Übungen über die Zeit von Luther bis Klopstock),其范围是"自路得起至克罗普斯托克止"。给四年级开设七门课,"德意志考古学"(Deutsche Altertumskunde)、"历史的德文文法"(高级)(Historische deutsche Grammatik für Fortgeschrittene)、"德国文学之根源"(Quellen der deutschen Literatur)、"比较的文学史"(Vergleichende Literaturgeschichte)、"德国近代之文学"(Die deutsche Dichtung der Gegenwart)、"德国语言学之沿革"(Geschichte der deutschen Philologie)、"诗律学"(Metrik)。《德文学系课程一览(十二年至十三年度)》,载《北京大学日刊》1923 年 9 月 15 日,第 3 版。"德国近代之文学"据所列德文应为"德国当代之文学"。这样多的课程,如果不是"腹有诗书",又怎能如此"胸有成竹"? 这样的水平,即便在德国学者之中,也可谓"翘楚"。
③ 转引自 Wilhelm, Salome(hg.): *Richard Wilhelm — Der geistige Mittler zwischen China und Europa*(卫礼贤——中国与欧洲间的精神使者). Düsseldorf, Köln: Eugen Diederlichs Verlag, 1956. S. 285.

印象不深,能记得他的,只是他关于孔子、老子与康德的比较,可见其汉学家的身份仍是第一位的;而相反,北冯南张都不约而同地对欧尔克的专业水平推崇有加。这种比较中隐含的学术评价差异,是不难得出的。好在卫礼贤从来就没有想过要在德国文学上与其同僚们一争雄长,他的一门心思与宏大志愿都放在了德国汉学学科的创立问题之上。这才是他心目中真正的事业。

二、中德学术因缘的另段佳话:卫礼贤与蔡元培的"惺惺相惜"及其文化史意义

当 1922 年卫礼贤再返中国时,是以德国驻华使馆学术顾问(Wissenschaftlicher Beirat)的身份来的。所以,居留的地方,正是其时中国的政治文化中心——北平。这就与原来作为德国殖民地的青岛大不一样,他得有天时地利,与中国的新派人物开始交往起来,尤其是与新文化运动的领导人物蔡元培、胡适等,并赞扬这种居于统治地位的"极其现代"的精神。[①] 他在日后论及心目中的"新中国"时这样提到蔡元培:

> 在这一时期,国立北京大学的校长蔡元培也扮演了重要的角色,他对青年学生的影响尤其大。蔡元培属于老派学者,他曾经是翰林院的成员之一。但是,他却从一开始就坚定不移地支持新运动,并且很快就取得了领导地位。他是老一代领袖人物中唯一在欧洲大学中呆过的人。回国之后,他担任了教育总长,后来又被委以国立北京大学校长一职。重新创造中国的教育和文化体制是他的主要目的。[②]

虽然以外来者的身份,使卫礼贤很难能真的深刻体察五四时代对中国在文化意义上由传统转向现代的重要意义,但这种近乎局中人的"异域之眼",从另一个方面来看,却也未尝不是观察现代中国形成过程的有益补充。蔡元培的身份,卫礼贤认识得很到位,而对其文化资本(cultural

---

① Ballin, Ursula: "Richard Wilhelm (1873 – 1930) — eine biographische Einführung"(卫礼贤简传). in Hirsh, Klaus (hrsg.): *Richard Wilhelm Botschafter zwei Welten — Sinologe und Missionar zwischen China und Europa*(卫礼贤:两个世界的使者——在中国与欧洲之间的汉学家与传教士). Frankfurt am Main & London: IKO-Verlag für Interkulturelle Kommunikation, 2003. S.19.
② [德]卫礼贤:《中国心灵》第 63—64 页,王宇洁等译,北京:国际文化出版公司,1998 年。

capital)的分析尤其全面,这也可从日后国人对蔡氏的盖棺定论中可以得到印证。冯友兰有这样的解释:"他(指蔡元培)所以得到学生们的爱戴,完全是人格的感召。道学家们讲究'气象'……如程颐……说程颢'纯粹如真金,温润如良玉,宽而有制,和而不流。……视其色,其接物也如春阳之温;听其言,其入人也如时雨之润。胸怀洞然,彻视无间;测其蕴,则浩乎若沧溟之无际;极其德,美言盖不足以形容'。这几句话,对于蔡元培完全适用。"①但将蔡氏描述为上代学者中留欧的唯一之人,则未免牵强。严复年长于蔡氏,②且曾出任京师大学堂总监督(相当于校长),更因其"严译名著"对西学在现代中国的影响发挥了巨大的作用,对此卫礼贤似乎不应该不知道。不过,卫礼贤一眼窥透蔡氏出长北大的雄心宏图,却表现出他作为德国人的文化敏锐与学术本位:重建中国教育文化体制。这正是年近知命、沧桑生涯的蔡元培的生命理想。教育与文化并重,说明卫礼贤对北大校长与蔡元培的双重意义都有较为深刻的认知,即既包括教育史上(主要是现代大学制度)的发凡起例,也涵盖文化史上的开启风气,所谓"思想自由、兼容并包"其实指向非仅在区区大学而已。

  1922年,德国哲学家杜里舒(Driesch,Hans,1867－1941)应邀访华讲学。1922—1923年的《晨报》曾连续报道了杜里舒的访华之旅,为我们提供了最好的材料。1922年10月18日以《德国哲学家杜里舒已抵

---

① 冯友兰《我在北京大学当学生的时候》,载陈平原、夏晓虹编:《北大旧事》第359—360页,北京:生活·读书·新知三联书店,1998年。
② 严复(1854—1921),初名传初,改名宗光,字又陵,后又改名为复,字几道,晚号愈野老人,别号尊疑等,福建侯官(今闽侯)人。幼年修习旧学,后考入福州船政学堂学习5年,系该校首届毕业生。1877年奉派赴英国留学。1879年归国,先在福州船政学堂任教习,一年后调天津北洋水师学堂任总教习,后任该校会办(副校长)和总办(校长),任职达20年。其间曾四次参加科举考试,均名落孙山。1894年甲午战争后,积极主张变法维新。1897年在天津创办《国闻报》和《国闻汇编》,协办通艺学堂。1898年参与向清帝上万言书,提出变法的具体纲领。戊戌变法失败后,任京师大学堂编译局总纂,协助马相伯创办复旦公学,任安庆高等学堂监督等。其重大贡献为较早在中国致力于西方近代政治经济思想和逻辑学的译介、传播和宣传活动,其严译名著,如《天演论》等产生了极为广泛而深远的思想史意义。1912年,曾短期出长京师大学堂(即今北京大学前身),后又担任总统府法律外交顾问、约法会议议员、参议院参政等。1915年参加筹安会。晚年提倡尊孔读经,为"孔教会"主要发起人之一,反对五四新文化运动。1920年返归故里。著有《愈野堂诗集》、《严几道诗文钞》等。关于严复生平,请参见王栻:《严复传》,上海:上海人民出版社,1957年。欧阳哲生:《严复评传》,南昌:百花洲文艺出版社,1994年。徐立亭:《晚清巨人传·严复》,哈尔滨:哈尔滨出版社,1996年。马勇:《严复学术思想评传》,北京:北京图书馆出版社,2001年。

沪》为题,长篇谈论"其略历及其预定之演题",开头就将其放置在大师来华讲学的框架背景之中称:"讲学社自请罗素、杜威二大哲学家来华演讲后,即函请德国大哲学家杜里舒,继罗、杜二氏来华讲学,期以一年,早得杜氏同意。"①时任德国驻华使馆学术顾问的卫礼贤,亲自由北京赶到上海迎接,并陪同其在上海、南京讲学,②可谓是给足了杜里舒面子。毕竟,杜氏在当时的德国还算不上第一流的大学者。所以一般而言,这种讲学也就很可能淡如云烟,像杜威、罗素那样引起现代中国的整体激动,不太容易。但卫礼贤是个有心人,他以此次杜氏访华为契机,卫氏与杜里舒、张君劢等人合编了一部《德英汉哲学词典》,所得稿酬捐给了德国助学会。③ 而正是杜里舒的来华讲学,给了卫礼贤一个很好的机缘,使得他与中国教育、学术、文化界得以亲密接触,这其中自然也包括其时为中国知识界领袖的蔡元培。

1923年蔡氏重组德文系,其策略是:重聘杨丙辰,延请卫礼贤。其时卫礼贤正在失业,因为经济危机的缘故,德国外交部大幅度削减人员,卫氏本就非外交官身份,故亦在被裁之列。蔡氏于是送了一纸聘为教授的一年期合同给他。所以,我们可以认为,蔡元培之聘卫礼贤,既是出于为北大延揽人才的需要,同时也不妨看作"济友于水火之中"的雪中送炭。如此"公私兼顾"之事,原本多多益善。可惜的是,卫礼贤与北大的因缘,并不表现在聘用关系的长久上。1924年,卫礼贤本已准备与北大续签合同,但法兰克福的聘书正好到了。④ 于是他准备打点行装,毕竟,建设一个新的汉学学科的诱惑对他这样的人来说真的很难抗拒。

---

① 《北大邀请德国哲学家杜里舒教授讲学的有关报道》,1922—1923年,北京大学档案,档案号 BD1923002。
② Wilhelm, Salome(hg.): *Richard Wilhelm — Der geistige Mittler zwischen China und Europa*(卫礼贤——中国与欧洲间的精神使者). Düsseldorf, Köln: Eugen Diederlichs Verlag, 1956. S. 281 - 282.
③ 张东书《卫礼贤的中国魂》,载《国际汉学》第6辑第44页,郑州:大象出版社,2000年。
④ Ballin, Ursula: "Richard Wilhelm (1873 - 1930) — eine biographische Einführung"(卫礼贤简传). in Hirsh, Klaus (hrsg.): *Richard Wilhelm Botschafter zwei Welten — Sinologe und Missionar zwischen China und Europa*(卫礼贤:两个世界的使者——在中国与欧洲之间的汉学家与传教士). Frankfurt am Main & London: IKO-Verlag für Interkulturelle Kommunikation, 2003. S. 19 - 20.

蔡元培与卫礼贤的关系之所以颇为密切,可能与双方的文化背景之切合颇有关系。蔡元培致卫礼贤的书信都是用德文写的。卫礼贤在法兰克福创办中国学院(China-Institute),①也同样寻求蔡元培的帮助,看重的当然是其中国学界领袖的地位。1925年11月12日,蔡元培致卫礼贤函,专门推荐学人参与卫氏创办汉学杂志的事业:

> 先生有意创立汉学杂志,我可推荐两位撰稿人,他们是傅斯年和俞大维。傅先生出生于山东一个名门世家,饱读经籍,博闻强识;自毕业于北京大学后,先后在伦敦、柏林读书,业已六年。其专业为心理分析,但他也从事中国语言文字的研究。俞先生出生于浙江一个书香之家,其叔俞明震为著名诗人。俞先生聪敏过人,所欲学者,从不知其难;尤长于数理哲学,多有新论发表于德国杂志,并为德国数学界所注目。②

1925年11月14日,中国学院正式成立,并成为德国极为重要的中国文化传播机构。1924年11月21日,蔡元培赴德,入汉堡大学报名入学,研究民族学。时间大约一年余,③所以1925年他主要居留于汉堡。显然,卫礼贤对他的行程是比较清楚的,由此可见彼此的关系不会太远。卫礼贤甚至极力建议法兰克福大学授予蔡氏荣誉博士学位,④虽不果,然亦可见出卫氏的判断力。卫氏对此非常失望,便在自己的新著《中国心灵》

---

① 该学院以输入中国文化、联络中德人民感情为目的。同样,卫礼贤所创办的《中国学报》(Sinica)在专业领域内享有盛名,几年之间中国学院获得超乎预期的发展。
② 致尉礼贤函(1925年11月12日),《蔡元培全集》第11卷第244页,杭州:浙江教育出版社,1998年。蔡元培对卫礼贤创办的中国学院显然很有好感,1936年时还专门提及,他说德国人是愿意研究中国问题的,"二十三所大学中,有五所设中国学讲座,佛郎克府的中国学院,尤常与中国的学者生密切关系。"蔡元培《王光祈追悼会致词》(1936年3月10日),《蔡元培全集》第8卷第284页,杭州:浙江教育出版社,1998年。此处佛郎克府即法兰克福。
③ 蔡元培1924年初迁往法国,为何11月抵德并赴汉堡大学求学呢?其原因是当年他在荷兰、瑞典出席民族学会大会时,遇见了莱比锡大学时的同学:德国民族学家但采尔教授,但采尔盛赞汉堡民族博物馆资料丰富,劝蔡前往汉堡进行研究。蔡元培于是决定去其所在的汉堡大学研究民族学。参见蔡建国:《蔡元培与近代中国》第118页,上海:上海社会科学院出版社,1997年;周天度:《蔡元培传》第252页,北京:人民出版社,1984年。
④ 关于蔡、卫之间的来往,参见致尉礼贤函(1925年7月23日)、致尉礼贤函(1925年11月12日),《蔡元培全集》第11卷第240、244页,杭州:浙江教育出版社,1998年。卫礼贤对蔡元培显然非常推重,而且认识到他对现代中国文化史的重要意义,即:"重新创造中国的教育和文化体制是他的主要目的。"(见前引文)从这段表述中,我们可以看出,卫礼贤不但对蔡元培的经历相当了解,而且对其优长(兼具新旧之长,而易为各派所接受),及其抱负(对教育文化制度的重建)都有很深刻的认识。对于一个外国人来说,相当难能。

(Die Seele Chinas,1926)扉页上题词"献给正义与自由之斗士、学者、友人蔡元培先生"。① 其对蔡元培的推崇与敬重,可谓终身不改。可惜的是,天不假年,卫礼贤在五年之后即"驾鹤归西"。好在人事更易,但彼此连接的中德文化因缘却未到此结束。② 1934年1月21日,蔡元培在日记中有这么一段记载:

> 接卫德明(卫礼贤之子)所寄《北平中德文化协会经过》(会址:北平遂安伯胡同七号),知有《中德文化协会丛书》之编辑。已决定的有文学、哲学、教育与自然科学等书。"文学丛书"第一卷为《魏兰之介绍》。"历史丛书"第一卷为哈勒《德国史》,第二卷为《卡尔大帝本纪》,第三卷为《俾斯麦外传》及其《回忆录》。"哲学教育丛书"为裴斯塔罗次的《儿童教育》。自然科学丛书第一卷为海提纳所著《地质的主因》。别有《德国近五十年来之学术》,已由张嘉森教授担任。③

相比较其日记中多半三言两语的日程记事,这则较为详尽的日记,既显示了他对故人的友谊,亦表现出对德国学术文化的浓厚兴趣。北平"中德学会"(Das Deutschland-Institute)是1933年由部分留德学生和在北京的德国汉学家共同发起成立的,发起人则是曾参与组织"留德学生中德文化研究会"的曾在莱比锡大学求学的郑寿麟,他捐出自己的所有私人藏书,并获得德国学术交流中心(DAAD,亦译成德国学术交换处)的支持。该会成立后以促进中德文化交流为己任,成为一个既介绍德国学术文化、又研究中国传统文化和学术的学术团体,具有非同一般的学术

---

① 张东书《卫礼贤的中国魂》,载《国际汉学》第6辑第46页,郑州:大象出版社,2000年。
② 卫礼贤与中国文化界名流交往甚多,在中国且不论,也在德国,即接待颇多中国学者。1926年中国学院邀请了伯希和等世界著名学者举行以"东方和西方"的专题报告会,其中就包括胡适(其报告题为《中国小说艺术》)。1922年,徐志摩游历德国,与卫礼贤结识。1923年,卫礼贤再度来华,徐志摩曾专门作诗一首,题赠卫氏,《小花篮——送卫礼贤先生》,诗前小序称:"一年前此时,我正与博生通伯同游槐马,于耶纳访葛德、西喇之故居。——卫礼贤先生,通我国学,传播甚力,其生平最崇拜者,孔子而外,其邦人葛德是,今在北大讲葛德。"转引自鲁海《卫礼贤在青岛》,载孙立新、蒋锐主编:《东西方之间——中外学者论卫礼贤》第74页,济南:山东大学出版社,2004年。此处槐马即魏玛、耶纳即耶拿、葛德即歌德、西喇即席勒。1928年,徐志摩游欧时,亦曾再访卫氏。此时的卫礼贤,已是执法兰克福大学汉学讲座的名牌教授,但仍不忘故人之情,亲自陪同诗人参观诸多著名博物馆、展览馆等。1928年,太虚法师云游欧陆,亦曾被邀请到中国学院讲演《佛教新运动》。参见张国刚:《德国的汉学研究》第45页,北京:中华书局,1994年。
③ 《蔡元培全集》第16卷第311—312页,杭州:浙江教育出版社,1998年。

意义。与1925年卫礼贤在法兰克福创立的中国学院相呼应,在中国的文化中心北京以中国留德学人为主,还有德国的汉学家,他们也开始创办研究德国文化的协会。1931年,郑寿麟首先发起成立德国研究会(Deutsche Studiengesellschaft),①并把自己的部分德文藏书捐给研究会。在郑氏看来,通过这样的学术机构,将德国之今昔文化介绍给中国,可以促进中国人对德国文化的了解和深入的认识,也可以为研究德国学术的学者和大学生提供各种帮助。他的这一举动,规模虽小,但却成为中德学会成立的先导,并引起中德两国学界人士的积极反应。时任北京大学德语教师的卫德明即建议按照法兰克福的中国学院模式建立中德学会。② 这一建议得到德国官方支持,从而成就了中德文化交流史上一段佳话。

表:1935年时"中德文化丛书"进行状况一览表③

已出版	一、魏兰之介绍;二、席勒:阴谋与爱情

---

① 郑寿麟,1900年生,同济大学工程科毕业后赴德留学,毕业于德国莱比锡大学,获哲学博士学位。回国后,历任安徽大学、四川大学(一说为成都大学)、北京大学、中山大学教授、系主任,北平图书馆特约编纂、编译馆人文组特约编译。1940年的史料言其译有《一个军人之思想》,著有《德国志略》(中华书局,1929年)、《中西文化之关系》(中华书局,1930年)、《亚里士多德》、《西德政治参考资料》等。他于1948年去台湾,1966年退休后专任中国文化大学教授,兼任德国文学研究所主任。

② 卫德明(Wilhelm, Helmut),为卫礼贤之子,亦著名汉学家。他曾经出任中德学会首任德方常务干事,而中方常务干事正是杨丙辰。两人不但都具备对对方文化的热忱和了解,而且彼此之间兼有世家之谊,所以不但热心会务,而且合作默契。在他们的努力下,中德学会在短期内即初具规模,取得了不少成绩。会址也由北平图书馆小屋迁往东城新址,内设一办公室及一阅览室,每周两次接待各校学生之咨询。前来阅览德文书籍、报纸、杂志的人士也颇为踊跃。直到1934年秋,杨丙辰和卫德明因事辞职。参见田正平主编:《中外教育交流史》第752—753页,广州:广东教育出版社,2004年。卫德明在当时的文化场域中显然也颇为活跃,如陈受颐在应邀为中德文化丛书中的《德国史纲》撰序言时开篇就称:"今年夏天,北平中德文化协会干事卫德明先生(Dr. H. Wilhelm)很高兴的告诉我,德国杜平根大学史学教授约翰·哈勒尔先生(Johannes Haller)的《德意志史的时代》,已由魏以新先生译为中文,快要出版了。卫先生要我替译本写一篇序,我对于日耳曼史未曾特别研究过,本来不配序哈氏的书;为了卫先生的好意,不敢坚却,只好写几句简单的介绍词。"陈受颐《陈序》,载[德]哈勒尔:《德国史纲》第7页,魏以新译,商务印书馆,1934年。

③ 关于中德学会,参见丁建弘、李霞:《中德学会与中德文化交流》,黄时鉴主编:《东西交流论谭》第265—289页,上海:上海文艺出版社,1998年;房建昌:《从北京的中德文化协会到中德学会(一九三三——一九五零)》,载《德国研究》1999年第2期。比较深入的研究,见[德]托马斯·詹森《对北京中德学会在1933—1945年间所从事工作的几点说明与质疑》,载[德]马汉茂等主编:《德国汉学:历史、发展、人物与视角》第176—193页,李雪涛等译,郑州:大象出版社,2005年。

印刷中	三、开石坦纳:工作学校之意义;四、哈莱:德国历史上的各个时代
已完稿	五、德国五十年来之学术;六、特洛斯德:犹太经卷;七、史涛姆:忏悔;八、德国青年旅舍;九、席勒:谋叛
编译中	十、海特奈:地质学大纲;十一、裴斯塔洛基:儿童教育(即:裴斯泰洛齐,笔者注);十二、歌德与席勒之通讯集;十三、尼采:萨拉图斯特拉如此说
计划中	十四、文特尔班特:西洋哲学史;十五、卡尔大帝论;十六、俾斯麦的事迹

父子相继,在德国的汉学传统中,本就不乏其例,从福兰阁到傅吾康,从卫礼贤到卫德明,他们的贡献,真的值得细加盘点。而这种由于惺惺相惜而产生的学术/私人交谊,并未因了生命的终止而结束。蔡元培与中德学会的交往,证明了这种世家友谊的存在可能,以及它对中德文化交流的重要意义。①

三、北大一年:卫礼贤在中国学术场域的定位及其认知

就卫礼贤并不漫长的个体生命历程来看,1923年,正是中国人所谓知命之年的卫礼贤,其出任北大德文教授,仍具有相当重要的转折意义。这不妨看作是他走向纯学院学术道路的开端或预备。我们知道,在德国,卫礼贤在长时间里不为正统的学院派汉学家所承认,认为他走的是野路子,不应接纳其进入大学。不过,在我看来,这其中固然有学术原则的严格区分(学术认知层面),但未尝没有场域占位的策略考量(利益冲

---

① 据蔡元培1934年2月5日的日记:"午后四时,德国现代印刷品在世界社开会,我主席。我与石曾、德总领事白仁德、中德文化协会代表谢理士(Dr. Ernst Schierlitz)均有演词。谢君现在北平辅仁大学任教员及图书馆主任。彼言德国在古腾堡以前,已有刻本书,但活字排印始于古氏。在会场中,又晤波歇曼(Börschemann),素研究中国建筑,著有《普陀》、《祠堂》、《宝塔》等书,此次又来考察。"《蔡元培全集》第16卷第314页。此时的蔡元培,乃是中国文化/学术场域居于顶端位置的权威人物,他与李石曾的共同出席,很让这场活动有"面子"。这其中固然有蔡元培本人对德国的固有情谊在,但因了卫德明所产生的"世家情谊",而对中德学会产生的好感,是不是也该计算在内呢? 这一点在其1934年1月21日日记中的书写也可看出,"卫德明(卫礼贤之子)",这并非无关紧要。在中国传统里,"故人之子",总有些别样意味的。

突层面)。事实上,卫礼贤虽未接受过专业的汉学家训练,但就对乡土中国的亲身阅历与现代中国的学理认知而言,别说是其时的德国汉学界,就是放眼世界,能夸口超越他的,也不知是否有人?

对于一个外国人来说,能接近并进入中国学术场域并非易事,这其中既需本身素质的"长期积累",也需时机成熟的"水到渠成"。卫礼贤因天时地利之变,再兼人和之通,所以相当成功地建构了与彼时同时存在的两个"文化中国"的关系,在青岛是"传统中国",①以与劳乃宣、辜鸿铭

---

① 1911年,辛亥革命爆发后,不少满清王公大臣都退入作为德国殖民地的青岛,其中颇有鸿学硕儒之士。卫礼贤利用其在青岛的便利条件,与这些人交往密切,并进而发起组织了一个"尊孔文社",其目的既在于探讨中国传统文化,也还致力于进行中西学术交流。卫氏自己后来的这样一段叙述,大致可以见出其初衷:"当时的想法是,着眼未来,力争对其时已受到严重损害的中国文化宝库进行抢救。我们应当通过翻译、报告、学术著作等方式,来加强东西方思想界的联系与合作。例如,可以把康德的著作译成中文,也可以把中国的经典译为德文。"Richard, Wilhelm: *Die Alten von Tsingtau*(青岛的遗老). Berlin, 1973. 转引自蒋锐《卫礼贤的汉学生涯》,载《德国研究》2004年第1期第55页。这些人物包括作为尊孔复古中坚力量的劳乃宣(京师大学堂总监督,兼署学部副大臣)、康有为、陈焕章,也有刘廷琛(京师大学堂监督)、溥伟(恭亲王)、徐世昌(前军机大臣)、赵尔巽(前东三省总督)、升允(前陕甘总督)、周馥(前两江总督)等,还有就是辜鸿铭。卫礼贤曾记录下盖沙令对中国之行的体会:"这些年老绅士眼光如此恬淡安闲,又如此清楚明晰,而本性又如此朴实宽宏,这给他的印象简直太深了。他的感觉是中国人的这种本性恐怕比不上欧洲人的活力。我告诉他,我只希望他能认识辜鸿铭,他的活力和刚健耐久力丝毫不比任何欧洲人差。"然后他记录了盖沙令与辜鸿铭的交锋:"有时,突然会有人敲门,然后辜鸿铭就走了进来,做他当夜的造访。当他还没有用完他要的那份简单的晚餐时,谈话的火焰好像是闪开的火花一样迸射。伯爵说话时,辜鸿铭总是迫不及待,等不到轮到自己。他把中文、英文、法文和德文都混在一起,又说又写。这位东方哲人的心灵和头脑中充满了各种各样的思想和感觉,包括整个世界的历史和神圣的创造计划,以及远东的精神和西方的野蛮掠夺。他把所有的一切都倾泻给伯爵。宴饮终于结束了,曙光透过窗棂照射进来。地上撒落着没踩的碎纸,上面写满了欧洲和中国的格言、各种建议、妙言警句和引语。辜鸿铭起身去睡觉,吉色林伯爵承认自己面对着一个充满活力的中国人。"[德]卫礼贤:《中国心灵》第147页,王宇洁等译,北京:国际文化出版公司,1998年。吉色林即盖沙令。德国哲学家盖沙令(Hermann Keyserling)原为俄国爱沙尼亚一位男爵之子,后来入德国籍,1912年曾前来中国,归国后他撰著《哲学家的旅行日记》(Reisetagebuch eines Philosophen)而一举成名,所谓"该书成为战后德国最为畅销的哲学著作之一"。1911年盖沙令开始环球旅行,次年来中国后经卫礼贤引见,他得以与寓居青岛、北京和上海的一批遗老有密切交往,"特别是同辜鸿铭来往甚密,他们曾有过长时间的经常性的思想交流"。他自己后来也有记述:"我每天都花许多时辰同辜鸿铭和他的朋友及支持者在一起。他是那样的智慧过人和那样的脾气火暴,有时使我不由得想起拉丁人来。"此外,他还公开承认自己的思想受到过辜氏的启发,譬如他说自己强调东西文化的平行性(即相同之处)过多,"可能是受到辜鸿铭的影响"。而通过与辜鸿铭等人的接触,盖沙令对儒家文化有了较深的了解,而且对东方文化推崇备至:"当我们去寻找道德和宗教的真实基础时,当我们发现'实在'就存在于我们自身时,古代东方的智慧就像黎明时分冉冉升起的太阳,向我们放射着光芒。我们——对人生奥秘怀有真切关注的人们——正感受到东方的魅力。"参见黄兴涛:《文化怪杰辜鸿铭》第252—254页,北京:中华书局,1995年。

等人的关系为代表;在北京则是"现代中国",以与蔡元培、胡适等人的关系为代表。这其中,最值得揭示的,仍是他与留德学人的关系,因为是德国传教士兼汉学家的特殊身份,就决定了他必然与留德学人有相当密切的往来。有趣的首先是他与辜鸿铭的关系,显然在北大时期也得以继续。因为是时,辜鸿铭仍拖着他的长辫子,在蔡元培长校的新北大担任英国文学教授。

不仅如此,蔡元培长校的北大时代,留德学人几乎遍布各系。德文系自不用说,除了德国学者之外(如欧尔克、海理威等),从朱家骅、顾孟余到杨丙辰等,均有留德经历。理科学长夏元瑮,亦为留德学人,还曾陪同蔡元培拜会爱因斯坦,向北大图书馆捐献过德文书籍。从卫氏日后的记述来看,他对蔡元培时代的北大改革有相当程度了解与深刻认知,如果没有作为场域中人的亲身经历与体验,很难如此"娓娓道来":

> 在蔡元培管理北京大学期间,他把这所学校改造成了一个综合性的大学和研究机构。他把学校分成不同的院系。教导处负责推举大学的官员,因而它对整个机构的管理拥有独立的权力。蔡元培成功地网罗了一批年轻的杰出人才,科研活动以让人难以置信的活力开展起来。尽管由于财政状况不佳,薪水很低,有时甚至发不出薪水来,但教授们都以极高的热情投入工作,师生之间的关系融洽。在这时的北京大学,蔡元培确定了思想自由的原则,一些极端保守的教师都可以不受干扰地参与教学工作。甚至反动的辜鸿铭都曾在北京大学任教过一段时间。
>
> 可以说,北京大学站在了中国文化的最前列,它代表了一支与人民生活直接有关的主要力量。所有的教授都为自己属于人民这个集体而自豪。学生们也在寻求和加强着与最大多数人民的联系。他们自告奋勇,在为人民开办的夜校中任课。每一个美学、科学或是有关社会的问题都会引起很多人的兴趣。为了对付出现的新问题,师生之间涌现出了各种自由的学会。通过这条道路,由蔡元培和他的同仁们奠定基础的北京大学,在新中国的精神生活中占据了无人替代的重要位置。①

卫礼贤同样对蔡元培作为教育总长的"课程改革"作出很高评价,但主要局限在价值意义的评判上,而非具体的改革措施。② 但从上述关于北大

---

① [德]卫礼贤:《中国心灵》第67—68页,王宇洁等译,北京:国际文化出版公司,1998年。
② 参见[德]卫礼贤:《中国心灵》第66—67页,王宇洁等译,北京:国际文化出版公司,1998年。

改革来看,他对其进程相当了解,不但包括蔡元培的具体改革措施,也包括师生、学会乃至夜校的具体状况,这显然与他北大一年的教授职业是不可分割的。不仅如此,他还在"中国文化传统"与"世界文明进程"的宏观背景中详细考察了另一重大事件,他认为:"在与北京大学有关的群体中,最重要的一项活动是白话文运动的兴起。"在他看来:

> 新的时代对语言有新的要求。在伟大的文艺复兴运动中,欧洲各国的民族语言成为自己的书面语言。从这一点来讲,中国的文学运动堪与文艺复兴相比。人们渴望一种能够适应新思想的语言,一种更加简单明了的语言。北京大学的著名人物陈独秀创办的《新青年》成为文学革命的前沿阵地。这本杂志的语言崇尚自然,而政治和社会主张则属于左翼。一位非常有才华的年轻教授——胡适从美国学成归来,他不仅能说一口流利的英文,还满脑子都是美国式的实用主义哲学……①

应该说,卫礼贤对新文化运动的描述相当具体而全面,更重要的是,他有相当卓立的独到之见,他肯定新文化运动"在不断改进","不但新运动领袖人物胡适、梁漱溟和现代诗人徐志摩等人使用白话文","梁启超、蔡元培也进入进来,新文化发展到前所未有的水平"。② 所以,在他眼中,新文化运动的定位在于:

> 整个中国精神生活中那些最生气勃勃的因素都与这次文学革命有关。原来抵制外国的障碍已经消除。东西方之间公开和毫无保留的交流开始了。人们不再像过去张之洞试图作的那样,固守于某个特殊的中国圈子。在梁启超等人的领导下,一个精神世界建立起来了。对外发出的邀请在世界各地都得到了回应。罗素从英国来了,杜威从美国来了,泰戈尔从印度来了,其他的人也会接踵而至。③

是的,接踵而至的还有德国的杜里舒、贝克,英国的萧伯纳……当然还有

---

① [德]卫礼贤:《中国心灵》第68—69页,王宇洁等译,北京:国际文化出版公司,1998年。
② [德]卫礼贤:《中国心灵》第69页,王宇洁等译,北京:国际文化出版公司,1998年。将梁漱溟、徐志摩等均列为新文化的领袖人物,显然有些牵强。这说明:作为一个外国人,其对中国的认知程度终究难免局限。但卫礼贤和他们中的大多数人显然都是有私人交往的,事实上,卫礼贤不仅成功地建立了北京的"德国圈子",而且也建立了"中国圈子",仅其夫人在回忆录中提到的名字就有:梁启超、张君劢、徐志摩、林徽因、梅兰芳等。参见 Wilhelm, Salome(hg.): *Richard Wilhelm — Der geistige Mittler zwischen China und Europa*(卫礼贤——中国与欧洲间的精神使者). Düsseldorf, Köln: Eugen Diederlichs Verlag, 1956. S. 295-297.
③ [德]卫礼贤:《中国心灵》第69—70页,王宇洁等译,北京:国际文化出版公司,1998年。

未能成行的爱因斯坦、奥伊肯;可最不能也不应忘却的,就是本来就身在其中,搭建桥梁的卫礼贤。以一汉学家的身份而名垂青史,卫礼贤的观察与活动,对我们理解和阐释现代中国的学术/文化场域,确实是提供了一个非常独特的视角。同样,由于这样的知识背景与生命经历,他对中国的整体认知以及与现代中国精神之脉络密切相连的程度,也绝非闭户书斋的纯粹书生可以相比。虽然不被学院内的汉学界认作专家,①但这一点都不妨碍他"中国通"的声名。卫礼贤撰《来自东方的光芒》(1921),对东方文化(主要指中国文化)如此界定:

> 在过去几百年间,东亚文化世界从根本上讲在自己地域内固守不动,小心地同咄咄逼人的西方隔绝,从里到外都以不同的方式对西方文化类型采取一种激烈的抵制态度。而在我们这里则显示出一种不断增长的对东方的倾慕,一种对东方宗教文化素材的有意识接收,甚至发展到许多人不满地背弃自己的过去,而在东方寻找全部的拯救。在我们整个精神生活中都可以发现这种东方的浪潮。②

正如他揭示的那样,这种"东方意象"有着非常明显的时代背景特征与致用功利目的,所以会接着说,"可以看到,每当这从总体上讲积极进取的欧洲精神到达战争、军事高潮并开始突变时,就会从东方传来让人镇定、收心内视并起着充实丰富作用的精神思潮"。③ 就中德文化交流史而言,20世纪的卫礼贤与17世纪的汤若望具有同等重要的意义,甚或有过之而无不及。之所以如此立论,乃因为卫氏有着极为自觉的双边文化交流意识与努力。就汲取中国文化思想资源以为德国所借鉴来说,别说是在那个时代,就是从德国文化史的宏观层面来把握,恐怕也极少有人能超越卫礼贤。

---

① Leutner, Mechthild(罗梅君):"Kontroversen in der Sinologie-Richard Wilhelms kulturkritische und wissenschaftliche Positionen in der Weimarer Republik"(汉学界之论争——魏玛共和国时期卫礼贤的文化批评立场及其学术地位). in Hirsh, Klaus (hrsg.): *Richard Wilhelm Botschafter zwei Welten — Sinologe und Missionar zwischen China und Europa*(卫礼贤:两个世界的使者——在中国与欧洲之间的汉学家与传教士). Frankfurt am Main & London: IKO-Verlag für Interkulturelle Kommunikation, 2003. S.43.
② Wihlelm, Richard: *Botschafter zweier Welten*(两个世界的使者). Düsseldorf, 1973. S.165.转引自卫茂平:《中国对德国文学影响史述》第329页,上海:上海外语教育出版社,1996年。
③ Wihlelm, Richard: *Botschafter zweier Welten*(两个世界的使者). Düsseldorf, 1973. S.166.转引自卫茂平:《中国对德国文学影响史述》第330页,上海:上海外语教育出版社,1996年。

1924年,卫礼贤在久久空盼之后,终于等来了法兰克福大学的一纸聘书,他毫不迟疑地放弃了北大德文系教授的位置,扯帆归航。与其说是他的恋家情结促使他做此选择,还不如说是因了建设德国汉学学科的极大诱惑。无论他是如何的对中国感情深厚,但对于作为德国知识精英的卫礼贤来说,如何将汉学研究作为德国发展的精神资源,才是第一位的考量。更何况,此时的德国正在一战失败之后,不仅经济衰退得厉害,而且整个国家与民族都处于一种相当迷惘的精神危机状态。诚如梁启超在欧游之后,会大谈"中国人对于世界文明之大责任",甚至要求青年人自称一种新文化系统并对外扩充,然后有这么一段豪言壮语:"我们可爱的青年啊! 立正! 开步走! 大海对岸那边有好几万万人,愁着物质文明破产,哀哀欲绝地喊救命,等着你来超拔他哩。我们在天的祖宗三大圣和许多前辈,眼巴巴盼望你完成他的事业,正在拿他的精神来加佑你哩。"① 卫礼贤当然不会如此走极端,在德国人种族文化优越感浓厚的时候,他对中国文化倾心学习推重;在西方文化普遍遭遇危机感的时候,他也没有将祖宗"扔到垃圾堆"里去。正如他1924年在北大做讲座时强调的,康德伦理学才是"真正深刻的西方哲学",不跟风、不盲从,不为暂时的现实状况所迷惑,能判断自己文明的遗产价值,这个卫礼贤才真的有"风骨独立"的学者气度。正如黑塞对他的评价那样,既立基督信仰,又存德国本色,既能尚友耶稣、柏拉图和歌德,又能神交孔夫子,更能循序渐进融两大理想为一体。② 卫氏对德国现代学术/文化场域的贡献,暂且按下不表,③ 此处仅就他对中国现代学术发展进程的意义略做概括。

　　北大场域卫礼贤的中国交谊,具有多重含义。其一,它体现出西学

---

① 梁启超《欧游心影录》(节选),载夏晓虹编:《梁启超文选》上册第428—429页,北京:中国广播电视出版社,1992年。
② Hesse, Hermann 撰 *Der geistige Mittler zwischen China und Europa* 的书评,原载《世界周报》1956年4月24日,Zürich. 中译文转引自张东书《卫礼贤的中国魂》,载《国际汉学》第6辑第34—35页,郑州:大象出版社,2000年。
③ 关于卫礼贤在德国思想史上的重大意义,请参见 Hsia, Adrian: "Richard Wilhelm und das China-Konstrukt deutscher Denker"(卫礼贤与德国思想家的中国建构). in Hirsh, Klaus (hrsg.): *Richard Wilhelm Botschafter zwei Welten — Sinologe und Missionar zwischen China und Europa*(卫礼贤:两个世界的使者——在中国与欧洲之间的汉学家与传教士). Frankfurt am Main & London: IKO-Verlag für Interkulturelle Kommunikation, 2003. S. 25-42.

东渐过程中重要的转折环节,即外来精神主体由传教士向讲学者的变迁。诚如我在绪论中所论,近代以来西方来华者可简分为两类人,一类以物质功利为标的,一类以精神接触为尺度。① 就对现代中国的文化影响而言,从传教士到讲学者的变化,具有质的变化的重大过渡意义。前者具有宗教传播的理想情结,后者则更看重中西文明的互补价值。而深究历史细节,这两类人的界限并非泾渭分明,往往互有渗透。最好的例子,就是卫礼贤。他早年是传教士,但已兼具汉学家素养;后期退出教会,俨然以学者自居。就讲学者而言,卫礼贤或许不是最佳代表,但确实可对他赋予一定程度的象征意义,因为毕竟从传教士到讲学者的过渡,他一人而兼二任、跨两段;作为汉学家,他的长处不在德国文学,所以他"避短用长",本无可厚非。但即便就德文系建设而言,汉学家的功用仍不可小觑。欧尔克就认为或许请德国的汉学家来给德文系的学生上课更加合适,②而北大德文系德国学者的变迁,也说明了此点,先是有卫礼贤,后来的洪涛生也是一名汉学家,而且他对德文系的建设贡献颇大,尤其是学术推进方面。③ 毕竟,若论到对中西文明的自觉比较与学理认知,

---

① 罗素在理出白种人来华的三种动机外,认为中国人相对单纯:"中国人到西方寻求知识,希望知识能为他们提供获得智慧的途径"。《中西文明比较》,载[英]罗素:《罗素文集》第1卷第29页,靳建国等译,呼和浩特:内蒙古人民出版社,1997年。总体判断不错,但他在这里将西方人的功利观总结为三种,我以为还缺了一种——而这后来者很重要,即以他这类知识精英为代表的——精神源泉追寻。
② 北大德文系随后的发展,似乎印证了欧尔克的思路。先是由德国传教士兼汉学家卫礼贤担任教职,之后则是德国汉学家洪涛生。
③ 洪涛生(Hundhausen, Vincenz)对北大德文系的发展贡献卓著,但日后的境遇却颇是凄凉。对此人,德国学界现已予以颇多关注。可参见 Walravens, Hartmut (hrsg.): *Vincenz Hundhausen (1878–1955): Leben und Werk des Dichters, Druckers, Verlegers, Professors, Regisseurs und Anwalts in Peking*(洪涛生(1878—1955):在北平的作家、出版家、教授、导演及律师的生平及其著作). Wiesbaden, 1999. Walravens, Hartmut (hrsg.): *Vincenz Hundhausen (1878–1955): das Pekinger Umfeld und die Literaturzeitschrift Die Dschunke*(洪涛生(1878—1955):北平社会圈及文学杂志《中国帆船》). Wiesbaden, 2000. Walravens, Hartmut (hrsg.): *Vincenz Hundhausen (1878–1955): Nachdichtungen chinesischer Lyrik, die Pekinger Bühnenspiele und die zeitgenössische Kritik*(洪涛生(1878—1955):中国诗的再创作、北平戏剧及时代批评). Wiesbaden, 2000. Walravens, Hartmut (hrsg.): *Vincenz Hundhausen (1878–1955): Korrespondezen 1934–1954, Briefe an Rudolf Pannwitz 1931–1954, Abbildungen und Dokumente zu Leben und Werk*(洪涛生(1934—1954):1934—1954年间的通讯、1931—1954年间致潘魏茨信、生平和著作的图片与资料). Wiesbaden, 2001. 另可参见吴晓樵《德国汉学家洪涛生及有关他的研究》,载"世纪中国"网站。

汉学家是再也合适不过的人选。从有利于双向交流而言,讲学者是否具有汉语能力以及中国文化基础,也至关重要。正是这类讲学者(不仅是汉学家),其著名者如杜威、罗素、泰戈尔等人的到来,不仅给中国带来世界一流的思想、知识和学术,而且作为大学者和思想家,他们也能在更高的层面去考量和体察中国文化,不但不会以居高临下或悲天悯人的态势(传教士)来教化中国人,反而可能以理性的眼光审视彼此的文化,尝试在更高层次上沟通和汇通中西文化。这种外来者精神主体的立场重大变迁,意味着中外文化交流不但有回到平等原点的可能,①更有创造生成的机会。由此而言,卫礼贤的意义,远超出其个体(或作为传教士,或作为汉学家)一隅。②

其二,它标志着外来精神主体(传教士/讲学者)与中国创造主体(留学生)的良性合作可能。就中国现代教育/学术的主体性建设而言,近代(主要指19世纪)以来的西学东渐(此指中国语境)是绝对无法绕过的重要背景,而此中传播主体的变迁又是最关键点,即"从传教士到留学生"。一方面,我们应充分认知留学人的创造主体地位(大致以蔡元培1916年长校北大为标志);另一方面,我们必须承认,在留学生闪亮登场,并全面从传教士手中接过"西学传播"的主体位置之前,③传教士的文化史意义是怎么估计也不过分的。而在这个过程中,强调中

---

① 关于回到中西平等对话的原点的命题和探讨,参见张西平:《中国与欧洲早期宗教和哲学交流史》,北京:东方出版社,2001年。
② 这一点也为与卫礼贤颇有交谊的张君劢所证明:"在德国,人们称卫礼贤为中国专家,但他并不只是民族学家、语文学家或历史学家意义上的专家。据我看来,要认知中国靠单纯的学术研究是不够的。对于一个未开化的民族,如米兰尼人(Milanesen)或玻利尼西亚人,纯粹的科学研究是适用的,因为人们是把这些民族作为客观对象来考察的。对于一个死亡的文化民族,如古希腊和古埃及,这种方法也是必需的。然而中华民族是一个生机盎然的民族,有着生机勃勃的精神,其独特的个性在于自古至今不间断的连续性。对于这样一个民族,要把握它的本质必须靠理解和亲身感受。通过在中国25年的居留和同受过教育的中国人的交往,卫礼贤成功地触及了中国精神的最深处。"所以,"卫礼贤不是文化研究者,而是一个文化经历者,一个文化领会者。由于他,德意志民族对中国的兴趣超越了专业科学的圈子而变得富有活力。"张君劢《卫礼贤——世界公民》,载孙立新、蒋锐主编:《东西方之间——中外学者论卫礼贤》第27—28页,济南:山东大学出版社,2004年。
③ 关于这一问题,可参见叶隽:《另一种西学——中国现代留德学人及其对德国文化的接受》,北京:北京大学出版社,2005年。

国创造主体与外来精神主体(由"传教士到讲学者")不断密切的合作关系与良性发展,是极必要的。留学生与传教士有很好的合作,留学生同样与讲学者建立了良好的合作关系。事实上,我们只要看看杜威、罗素、泰戈尔等人访华之行的促成者,往往都是昔日的留学生(有些甚至是及门弟子如胡适)、当日的在位者。这种合作,意味着不但留学生取得了创造性建设的主体地位,而且能自觉做到"博采众长",将外来精神主体的知识资源化作自身成长、发展与创新的源泉。当然,换一个角度来看,外来精神主体的基本定位与立场是不在中国场域之内,而往往在本国精神之中的(卫礼贤就是一个好例子),不过这并不要紧。一则这不妨碍他们与前者的良性合作;二则对于中国视野来说,"以我为主"、"吾土吾民"才是最根本的。

其三,它为我们提供了观察中国现代学术场域的另类视角,尤其是德国学术/文化资源对中国现代学术规制生成的作用力度。在中国现代学术场域的形成与建构过程中,外来学术资源的功用不可小视。事实上,无论是蔡元培为中国现代大学/学术立制度(思想自由、兼容并包),还是陈寅恪为中国现代学术定精神(自由之思想、独立之精神),都与德国思想资源密切相关。① 充分揭示作为现代大学/学术源头的德国精神,不但对现代中国的自身认知,也对现代性与全球化的深入理解意义重大。而在此一浪潮中,留学生固然是一典型现象,讲学者同样是不容忽视的一支"游动力量"。至于像卫礼贤这样的"中国通",更因其曾有过的传教士经验与超强的中国文化资源,而使得他的中国现代学术场域观察别具只眼,极具参考价值。因为,他是一个近乎换了皮肤的"中国人",他对中国学术场域的参与力度不但强健而且具有渗透性。事实上,我们可以看到,他与当时的重要人物(尤其是文化知识界),不但都多有交往,甚至颇为密切。而由于德国人的特殊身份,他必然会重视和凸显德国因素

---

① 关于蔡元培、陈寅恪与德国思想的关联,参见叶隽《现代学术视野中的留德学人》第30—119页,上海:同济大学出版社,2004年。也可参见陈洪捷《德国古典大学观及其对中国大学的影响》第133—206页,北京:北京大学出版社,2002年。下篇内容:"德国古典大学观对中国的影响——以蔡元培在北京大学的改革为例"。

的重要性,①因为这也是他与中国人交往的重要文化与社会资本。② 由此角度进入(当然不仅是卫礼贤一人),很有可能打开理解中国现代学术进路的另一扇门。当然,是否能够如愿以偿,那就需要考量研究者的智慧、功力与见地了。

---

① 这一点也可从欧尔克教授的回忆录中看出来,他非常重点地论述了诸如"德国学术在中国"、"德语在北京"的情况。Oehlke, W.: *In Ostasien und Nordamerika als deutscher Professor: Reisebericht(1920 - 1926)*(在东亚与北美做德国教授:旅行报告(1920—1926)). Darmstadt & Leipzig: E. Hofmann, 1927. S. 15 - 24. 37 - 42.
② 无论是他在精神层面强调康德伦理学的功用,还是在政治层面主张中德皇室联姻。都反映出"德国资源"对他的重要性。卫礼贤曾在青岛附和清末遗老们的"复辟主张",甚至有些异想天开地出谋划策让清逊帝溥仪与德国皇室联姻以换取德国支持。蒋锐《卫礼贤的汉学生涯》,载《德国研究》2004年第1期第56页。

第五章

科学原则的确立——以蔡元培、傅斯年等的中研院活动为中心

一、从北大校长到中研院长：蔡元培对现代学术机构建制之认知

我们今日谈蔡元培，多半推崇他的"校长风度"，说他在北大改革胸有成竹、指挥若定，更以"网罗大典、包容众家"的气魄将个死气沉沉、官僚气足的京师大学堂改造成了生龙活虎、生机盎然的新北大。然而我们要知道，蔡元培虽出长北大十年，但在校视事不过五载而已；他一生任职最长者恐怕还要算是在中央研究院。他在北大不过是接手他人的东西，进行改造而已，虽然改造得异常成功，成为中国现代大学之奠基。而与北大不同的是，中央研究院从筹划到创建，都是他鼎力为之，说他是中央研究院之父，恐怕并不为过。

作为中国学术史上开天辟地的第一朝，中央研究院的意义，怎么估计都不过分。历任文化教育领域内各种高级职位，从教育总长到北大校长，乃至集教育学术大权于一体的大学院长，作为文化领袖的蔡元培,来出任中研院长,即便不是驾轻就熟,也确实是众望所归。如果说北大校长的意义,在于引领风尚、为时代之标杆、成大学之领袖,那么就中研院长的位置,则必然是独立风骨、为国家之朔望、成学术之祭酒。中国的"科学院传统"由此而奠立。对中央研究院的意义,蔡氏有明确的体认:"就名义言,既为全国最高学术研究机关,就职责言,又兼学术之研究、发表、奖励诸务",故此"使命重大,深自兢兢"。[①] 其实,在中央研究院的性质确立上,蔡氏是颇有深心的,他这么解释中研院的定位:"本院依组织法规定直隶于国民政府,为中华民国最高学术机关,故就系统而言,为国府统治下之一院,就性质言,则为一纯粹学术研究机关,全院除院长由国民政府特任外,其余行政及研究人员均由院长聘任。"[②]这段话看似简单,内藏至少三层玄机:一则界定与政府的关系;二则确立纯粹学术机构的定位;三则通过确保院长的权力以捍卫学术独立。曾为开国元勋、部会首脑,蔡元培对民国官场的内幕深悉三味,尽管如此,他的理想情结并未稍有去怀,一旦有施展身手的机会,他仍顽强地坚持自己的理想实践之可能。1928年4月出任中研院长,乃是水到渠成的胸有成竹;[③]

---

① 蔡元培《中央研究院过去工作之回顾与今后努力之标准》(1929年),《蔡元培全集》第6卷第462页,杭州:浙江教育出版社,1998年。
② 蔡元培《国立中央研究院工作报告》(1929年3月15日),《蔡元培全集》第6卷第369—370页,杭州:浙江教育出版社,1998年。
③ 中央研究院的设立倡议,最早始自孙中山。1924年冬,孙中山北上之际,在提出召集国民会议、解决国是的同时,亦建议筹设中央学术院为全国最高学术研究机关,因其于1925年逝世,此议并未落实;1926年,国民党中央曾在广州设立中央学术院,但目的是为了训练训政时期的政治人员,名实不符,且在第一期学员结束后,即已停办;1927年,蔡元培在大学院成立之时,就根据其组织条例,聘请中央研究院筹备员30余人,并确立中央研究院为中华民国最高科学研究机关。此时不过更加正名而已,将中华民国大学院中央研究院改为国立中央研究院,成为独立机关。周天度:《蔡元培传》第286—288页,北京:人民出版社,1984年。当然,如果谈到关于在中国设立类似的科学院机构,则还可往前推。1912年8月,马相伯应临时大总统袁世凯之邀,担任总统府高等顾问。第一件事就是草拟"仿设法国阿伽代米之意见",建议成立中国最高学术研究机构——函夏考文苑,即指"华夏(中国)科学院"之意,其规模宏大,拟议筹建的具体学术机构包括:哲学研究所、数学研究所、物理学研究所、动物学研究所、植物学研究所、考古学研究所、艺术研究所、辞书编辑所、名词统一委员会、文物保管委员会、古籍整理委员会、文字改革委员会、学术著作奖励委员会等。列名发起人还包括严复、章太炎、梁启超等,苑(院)士则拟议为四五十人。遗憾的是,袁世凯的注意力在如何当皇帝上,此事自不会有什么结果。许有成《马相伯与我国近代教育事业——纪念马相伯诞生145周年》,载宗有恒、夏林根编:《马相伯与复旦公学》第204页,太原:山西教育出版社,1996年。这个阿伽代米,即法文的Académie。

但大学区制的尝试失败,实际上在很大程度上打击了蔡元培的学术理念;8月辞去大学院长,不仅是蔡氏个人的仕途挫折,也意味着大学区制的彻底失败。蔡离开时为首都的南京,而定居上海,这其中既有与政府权力中心保持距离的秉性所系,也有学术独立自行其是的策略考量。蔡氏虽然常年在上海,但并不意味着他挂名不问事,①而且由于其崇高的社会声望及丰厚的文化资本,他对中研院的发展和大政方针仍起到导向作用。②

年届花甲的蔡元培,早已经"功成名就",若非一腔"报国之情",又怎会继续在这样的位置上"长袖挥舞"?说穿了,还是难以摆脱的"学术情结",试图以自己的特殊文化资源,为现代中国留下一套可以凭借的学术制度模式。正如有论者慧眼见识:"蔡先生对于学术的提倡,除在北京大学促进研究之学风,效果甚著外,国立中央研究院之创议与主持,实为蔡先生对于我国学术之最大贡献。"③考之事实,此言非虚。北大变革之意义重大,毋庸赘言,但其影响更在教育史(尤其大学制度)方面;就现代学术而言,仍只属初开风气,若论制度性的完整建立,并引领全国,成为学界标向之所在,仍宜推中研院的设立。论及中研院对中国现代学术史的影响,其要点有二:一是它在20世纪30至40年代确实成为国中学术重镇,最高学术研究机关之名当之无愧;二则它开辟的是现代中国的"科学院传统",无论是在大陆,还是在台湾,都以不同的方式继续下去,并由此介入现代世界的科学院轨迹。

科学院传统虽然从17世纪早期就已发源,④但具体落实并具有重大

---

① 蔡元培专门有诗记录来往南京、上海之间的行程云:"俯瞰路旁皆绿野,仰看天半有朱霞。车行到处跨冬暖,闻道号寒千百家。"《沪苏往返》(1935年1月19日),《蔡元培全集》第8卷第6页,杭州:浙江教育出版社,1998年。
② 中央研究院物理、化学、工程三研究所在上海设所时,戴季陶(时为中央政治会议委员)以"庶几首都成为文化中心"的理由,要求中研院一切机关都要设到南京。1930年1月,国民政府更指令三所迁往南京。作为院长的蔡元培则明确复文,申述理由,表示不同意见。参见周天度:《蔡元培传》第297—298页,北京:人民出版社,1984年。
③ 王云五《蔡孑民先生之贡献》,载蔡建国编:《蔡元培先生纪念集》第112页,北京:中华书局,1984年。
④ 如同大学一样,科学院的发端亦在欧洲,首先还是在意大利,然后在法、英、德等国不断出现。17世纪早期时,就有比较小规模的各种团体与协会,它们将数学家、自然研究者、文学家、史学家、哲学家等各种不同领域的学者集结在一起。进入17世纪下半期后,这些团体和协会越来越多地被收归国有成为科学院,如巴黎、伦敦、都柏林、柏林、彼得堡、(转下页)

意义者,仍当推由莱布尼茨倡议成立的柏林科学院(1700)。[①] 当年莱布尼茨拒绝进入大学,看重的正是科学院予学者优游自在的自由创造氛围;日后费希特与施莱尔马赫不约而同反对洪堡的大学理念,看重的也是科学院与大学各司其职、术业专攻的原则坚守。虽然较诸实践,大学在现代社会生活中的知名度与号召力都很高(尤其是名牌大学),但科学院作为学术研究的专业机构(大学毕竟还要承担教学、育人的任务),仍无可替代。虽然规模有限,但正可树一时之标则,营一代之氛围,开一世之风气。从普鲁士科学院(die Preußische Akademie der Wissenschaften zu Berlin),到俄罗斯科学院(Russian Academy Of Sciences),到法兰西科学院(Académie française),到英国皇家学会(The Royal Society),各国科学院机构的建立不仅意味着在文化场域内多出一个实体性的科学机构,也象征着科学传统的卓然独立。在蔡元培的心目中,科学院与研究所不太一样,从通儒院到大学院再到后来的研究生院,其名称不一,功能则同,"其任务为高深学问之研究"。[②]

中研院的建立,决不仅仅意味着中国有了一个专门从事学术研究的机构而已,蔡元培对此点有明确之认识:"研究院系国家设立,其性质与大学之研究院不同,大学校之研究院,系为大学毕业生造就更高深的学问而设,研究院的性质,则在使学者依其兴趣,得一自由研究机会,有时

(接上页注④)马德里、斯德哥尔摩、哥本哈根、罗马等。参见 Hammermayer, Ludwig: "Akademiebewegung und Wissenschaftsorganisation — Tendenzen und Wandel in Europa während der zweiten Hälfte des 18. Jahrhunderts"(科学院运动与学术组织——18世纪下半期欧洲的趋势与变化). In Amburger, Eric / Ciesla, Michal / Sziklay, Laszlo(hg.): *Wissenschaftspolitik in Mittel- und Osteuropa*(中欧与东欧的科学政策). Berlin, 1976. S.3 ff.

① 柏林科学院(Deutsche Akademie der Wissenschaften zu Berlin)迅速成为著名的科学研究中心,不仅对自然科学研究与语言、文学研究不加限制,而且致力于各种科学的分门别类的研究。1740年起,更名为"普鲁士科学院"(Die Preußische Akademie der Wissenschaften zu Berlin)。[德]彼得·克劳斯·哈特曼《神圣罗马帝国文化史——帝国法、宗教和文化》第507页,刘新利等译,北京:东方出版社,2005年。

② 蔡元培《北京大学国学研究所一览序》(1925年6月27日),《蔡元培全集》第5卷第342页,杭州:浙江教育出版社,1998年。关于蔡元培对中国现代学术研究机构的制度建设考察,请参见胡国枢《近代中国科学事业的开拓者蔡元培》,载中国蔡元培研究会编:《蔡元培研究集》第377—385页,北京:北京大学出版社,1999年。

选择几个切用于实用的问题去研究,供给社会政治教育各种事业的参考。"① 在这里,蔡元培对科学院与研究生院的区别非常重要:前者是学者得以自由研究的纯粹学术平台;后者为学生造就高深学问的求学场所。五年之后,蔡元培又进一步论述了两者的异点:

> 大学研究院,既须兼顾教员、毕业生、高级生三方面之方便,故其所设研究所之门类,愈多愈善,凡大学各院中主要科目,以能完全成立为最善,庶不至使一部分之教员与学生失望。独立研究院,以研究员为主体,故外国间有以研究员之姓名为一个研究所之标志者。其科目不求备,视有特殊之研究员与社会有特别之需要而设之,除研究员所需要之助理外,是否有兼收研究生之需要与可能,完全由研究员决定之。前者稍偏于博大,而后者稍偏于精深,不必强求其一致也。②

归总言之,蔡元培强调大学之设研究院,既有其一贯的大学办理研究机构(从研究所到研究院)的理念,也有以中研院长身份,规划全国学术研究事业的思路。③ 毕竟,发言时所处的具体位置不同,所侧重的立场不可能完全一致。强调科学院(此处用所谓"独立研究院"概念)之优长在于"精深",突出学者(研究员)的个体声望与功用,其目仍在突出学术研究本身的独立性与科学院建制的不可替代性。而以中研院为中心,蔡元培显然有规划和引领中国整体学术发展的构想。这一点,在其对国民党六中全会主席团的纪念会报告《中央研究院与中国科学研究概况》上表述得相当清楚。他定位中研院的使命为两方面:(一)实行科学研究;(二)指导、联络、奖励学术的研究。④

前者不用多说,作为最高学术机构,如果自己没有学术研究工作的实绩,那就失去了立足的基础,只能叫做学术管理机关了。后者倒是值

---

① 蔡元培《在中央研究院招待二届全教会会员宴会上的致词》(1930年4月17日),《蔡元培全集》第6卷第481页,杭州:浙江教育出版社,1998年。
② 蔡元培《论大学应设各科研究所之理由》(1935年1月1日),《蔡元培全集》第8卷第3—4页,杭州:浙江教育出版社,1998年。
③ 如蔡元培就曾将中国学术研究机构分为四类:一、国立综合研究院;二、独立的研究所;三、大学中的研究院;四、工业机关中之研究所。详见蔡元培《二十五年来中国研究机关之类别与其成立次第》(1936年9月30日),《蔡元培全集》第8卷第388—389页,杭州:浙江教育出版社,1998年。
④ 蔡元培《中央研究院与中国科学研究概况》(1935年11月4日),《蔡元培全集》第8卷第173页,杭州:浙江教育出版社,1998年。

得认真阐述,因为这关系到作为一代学术领袖的蔡元培,如何以一种建设性的姿态,来真正承担起学术领袖的职责。既孚人望,又具才智,这才是一代学术领袖蔡元培的风采。看看他的综述,就知道他的眼界既高、心胸亦博,凡在国中者,无论国立机构,还是大学研究院,乃至私人团体,都囊括在视界之内。但既是由国家设立的兼备学术/政治功能的最高学术机构,那也就肯定难免政治色彩的渗透。日后,蒋介石欲以翁文灏、朱家骅或王世杰出任院长的做法,就足以说明政治对学术的干涉。而陈寅恪等的坚决抵制,亦同样说明学术界本身的独立性要求。①蔡元培对此显然有所认知,并在可能的条件下做出了制度性的建设防范的。所以,他强调:"我们虽是最高的研究机关,但决不愿设法统制一切的科学研究。丁先生说得好,国家什么东西都可以统制,惟有科学研究不可以统制,因为科学不知道有权威,不能受权威的支配。中央研究院能利用他的地位,时时刻刻与国内各种机关联络交换,不可能阻止旁人的发展,或是用机械的方法来支配一切研究的题目,这是本院成立以来一贯的方针"。②

由此,蔡元培特别突出了评议会的功能,他这样阐释道:"依本院组织法设评议会,为全国最高学术评议机关,其职务在集中国内人才,联络各学术研究机关,谋国内外研究事业之合作。"③在时任总干事丁文江的具体主持下,评议会的工作应当说是相当务实的,也真的确立了中研院作为全国最高学术机关的另一项功能,所谓"指导、联络、奖励学术的研究"。无论是促进科学合作的基本原则的拟议,还是若干分组委员会的

---

① 蔡元培逝世后,陈寅恪力主胡适继任中央研究院院长,其意则在发扬"学术自由"。汪荣祖这样说:"傅斯年在给胡适的信中说,大家想要选胡一票,连平素不管事的陈寅恪也极热习,'矢言重庆之行,只为投你一票'。当蒋介石下条子指定顾孟余继任,'我辈友人''颇为激昂'。信中又说:次日晚,翁(文灏)任(叔永)出名请客,谈此事,寅恪发言,大发挥其 academic freedom 说,及院长必须在外国学界有声望,如学院之外国会员等,其意在公,至为了然(彼私下且谓,我们总不能单举几个蒋先生的秘书,意指翁、朱、王也)"。汪荣祖:《陈寅恪评传》第256页,南昌:百花洲文艺出版社,1992年。
② 蔡元培《中央研究院与中国科学研究概况》(1935年11月4日),《蔡元培全集》第8卷第173页,杭州:浙江教育出版社,1998年。
③ 蔡元培《中央研究院工作报告》(1935年11月),《蔡元培全集》第8卷第205页,杭州:浙江教育出版社,1998年。

设立,①都表明了这方面的功用的明显增强。正如有论者所指出的那样:"评议会的成立,是在君先生替中央研究院立下的百年大计,有了评议会,才有了后来的院士会议,有了院士会议,研究院的体制才正式完成"。② 由此,"这个全国最大的科学研究机构,重新建立在一个合理而持久的基础之上。"③

蔡元培的想法还很多,譬如也有过设立中研院教育研究所的计划,并希望能与教育部合作。④ 但那些都属于"锦上添花"的效应,且计划大于实践。毕竟,此时的蔡元培已是年近古稀的老人,他的实际功用更多立定于文化资望与大政把握;在具体院务主持上,几任总干事功不可没。尤其是在杨杏佛、丁文江之后继任中研院总干事的傅斯年,在继承的基础上又有推新。1936年,由傅斯年代作的《中央研究院进行工作大纲》充分表明了"百尺竿头,更进一步"的规划设想。大致概括,包含以下三层意思:

一、推进科学研究之深度,兼顾"学院自由"之原则。所谓"二十年来,中国大学教育及留学事业之量的进展,至为迅速,故至九年前国民政府定都南京时,学术界已深感有提高学术研究之必要,本院建置之原意在此"。⑤ 紧接着,报告提出了各门科学的关系及其在整个学术地图中的

---

① 参见蔡元培《中国的中央研究院与科学研究事业》(1936年3月),《蔡元培全集》第8卷第303—304页,杭州:浙江教育出版社,1998年。
② 朱家骅《丁文江与中央研究院》,载雷启立编:《丁文江印象》第81页,上海:学林出版社,1997年。中研院评议会相当于日后的院士会议(即学部会议),其评议员的产生方法颇值参考:"(1)三十个全国第一流的科学家。他们先由中央研究院院长和全国各国立大学校长共同选出,然后由国民政府正式任命为聘任评议员。(2)中央研究院院长和各研究所所长,他们是评议会的当然评议员。……目前中央研究院承担研究十四个科目,即物理、化学、工程学、地质学、天文学、气象学、历史学、语言学、人类学、考古学、心理学、社会科学、动物学和植物学,每一项至少有一名评议员在评议会里充任代表。值得注意的是,那三十个聘任评议员,他们除了都是全国杰出的科学家外,还在各个科研机构、各大学、政府部门和企业中担任着重要职务。"蔡元培《中国的中央研究院与科学研究事业》(1936年3月),《蔡元培全集》第8卷第303页,杭州:浙江教育出版社,1998年。
③ 胡适语,转引自朱家骅《丁文江与中央研究院》,载雷启立编:《丁文江印象》第80页,上海:学林出版社,1997年。
④ 蔡元培《在中央研究院招待二届全教会会员宴会上的致词》(1930年4月17日),《蔡元培全集》第6卷第481页,杭州:浙江教育出版社,1998年。
⑤ 蔡元培(傅斯年代作)《中央研究院进行工作大纲》(1936年4月16日),《蔡元培全集》第8卷第312页,杭州:浙江教育出版社,1998年。

定位问题:

> 此类科学问题之研究,无论其属于实验科学,或纪录科学,或人文科学,仅应以其问题自身之重要性,定工作程序之先后,未可泛然浅然,但以立见功效及直接应用等标准约束之。盖若干应用最广、收经济价值最大之技术事业,其所凭借之最初步科学研究,表面上每属于纯粹科学之微细题目。即至若干科学研究毫无经济价值且永无应用可言者,如不少人文科学之问题,果能以事理之真布之世人,开拓知识之领域,增加对于人文进化之了解,其影响纵属迟缓而间接,其功效有时仍极巨大。故本院各所之实践纯粹的研究者,其用意不外求于科学进展之大路上尽其能力,因以提高国内学术之水准,并祈冀我国在国际间得逐渐的列于进步的学术之林也。①

这其中有一种悖论值得揭出,虽然处处不忘提及"学院自由"之原则(想来即为 academic freedom,所谓"学术自由"也),但实际上是"应于合理范围内充分尊重之",②并非蔡、傅不明冠冕堂皇之道理,而在于功利思路很难从制度上完全避免。国家设立科学院的目的,就在学术研究的提升;如果不能有明确可评估的进步标准,则科学院又奚为? 所以,在这里的"学术自由"必须有一个符合维度的处理方式。而最重要的目标仍是提高学术水准,得列国际进步学林。争雄世界学术场域之志,呼之欲出也。

二、奖励学术研究之策略,引领"中国学术"之潮流。从丁文江到傅斯年,一以贯之并实践推进的路径是借重政治资本,推动中国学术的整体发展。傅斯年这里强调的正是:"历年来本院以建树自身工作基础之故,未遑于奖励研究上尽力",而"奖励学术之研究为本院任务之一,今后当于此事上多所致力"。③ 具体方案,则是多方募集款项,设立奖励金额,鼓励青年学者致力于学。应该说表面看去,或为纪念已故两总干事,实则利用此举,起到引领中国学术潮流的功能。一是奖励研究不是任何学

---

① 蔡元培(傅斯年代作)《中央研究院进行工作大纲》(1936年4月16日),《蔡元培全集》第8卷第312—313页,杭州:浙江教育出版社,1998年。
② 蔡元培(傅斯年代作)《中央研究院进行工作大纲》(1936年4月16日),《蔡元培全集》第8卷第313页,杭州:浙江教育出版社,1998年。
③ 蔡元培(傅斯年代作)《中央研究院进行工作大纲》(1936年4月16日),《蔡元培全集》第8卷第316页,杭州:浙江教育出版社,1998年。

术/教育机关都具备的资格与职能,也只有中研院这样的最高学术机关才有此"权力",当然也可说是"责任";二是通过奖励的手段,既可标举学术研究之潮流所向,也同样可以提升自家在"学术江湖"中的实际地位。说是"一举两得"当不为过。

三、注意学术与社会之互动,强调三方面的工作:原始学术资料的规模性整理、国家社会问题的致用性研究、政府教育事业的学术性辅助。应该说,在这些方面,都表现出傅斯年的高屋建瓴、手眼非凡。前者属为人做嫁衣裳的基础性工作,但绝非可有可无,乃是"万丈高楼平地起"的最根本所在。资料整理的学术性与规模性,由中研院来组织和协调,既能显示出其学术权威性的一面,又可见出其对学术工作的长远眼光与领袖气度。至于强调"本院所属各所研究计划中,对于各项利用科学方法以研究我国之原料与生产诸问题,充分注重之,其为此时国家或社会所急需者,尤宜注意",则充分说明傅氏的致用意识。既曾留欧多年,并非不知"为学术而学术"(Wissenschaft um Wissenschaft)的道理,①但仍强调二者的"水乳交融"。一方面是"纯粹科学研究之结果,固多为应用科学之基础,而应用科学之致力亦每为纯粹科学提示问题,兼供给工具之方便",这是学理上的依据;另一方面则明白指向学术的政治/社会属性一面,"根据上次欧洲大战之史实,吾人深知,凡科学发达之国家,皆可于应战时召集其国内作纯粹科学研究者,临时变作为国家军事技术服务之人,本院同人准备于如此机会之下,用其技术的能力,尽其国民的责任。在准备过程中,本院之个人及集体,自当随时应政府之需求,供献其技术的能力。"②要理解这一点,必须回到当时的历史语境,时在1936年,距"九·一八事变"(1931)已五年之久,距"七·七事变"(1937)仅还有一年,在这种背景下强调学术的致用功能是理所当然之事,而以"用其技术能力,尽其国民责任"的表述来体现对政府的支持,也是一点都不难理

---

① 正如他同时亦强调:"科学研究,本不当专以应用为目的,若干具有最大应用价值之科学事实,每于作纯粹科学研究时无意得之。就中央研究院之立场言,更宜注意科学研究之自由精神,自不待言。"蔡元培(傅斯年代作)《中央研究院进行工作大纲》(1936年4月16日),《蔡元培全集》第8卷第314页,杭州:浙江教育出版社,1998年。
② 蔡元培(傅斯年代作)《中央研究院进行工作大纲》(1936年4月16日),《蔡元培全集》第8卷第315页,杭州:浙江教育出版社,1998年。

解的。对非本身职责的教研事业的自觉辅助意识,更表现出傅斯年以国为家的通博之识,绝非那种仅顾眼下利益和部门利益的"官僚"可比。

如此"风骨高标",中研院的声望显然远远超出单纯的最高学术机关之外,而在更广阔的整体社会场域里产生了别具一格的标志意义;当然,无论怎样影响广播,作为一个学术机构,其立身之基仍在学术本身。

二、社会历史潮流中的学术命脉:傅斯年对史语所学术旨趣阐发的德国背景

说实话,若论人数规模,中研院再大,也不过区区一家机构而已,无法与为数众多的大学相提并论。可若论科学原则的确立、学术研究的精深,作为中国最高学术机构的中研院,却确实具有标志与旗帜的作用。必须承认的是,即便在那个年代,相对自然科学而言,人文社科方面仍规模较窄,仅有"历史语言研究所"与"社会科学研究所"两个独立机构。对这一点,蔡元培自己解释原因说:"因实科的研究所比较的容易开办,只要研究员几人,仪器若干,即可从事研究。"①

此处仅举历史语言研究所为例,来考察中研院的创设对于中国现代学术建立之意义。正如任何事业的发生一样,史语所的发展在很大程度上取决于若干中坚人物的努力,而其主导性人物则是傅斯年。蔡元培与傅斯年虽然份当师生,但却情当父子,曾经为傅氏撰写对联谓:

山平水远苍茫外;
地辟天开指顾中。

落款为"孟真学兄"。② 言词之间,对傅斯年的期许相当之高。事实上,早年在北大,他们就颇有交往,而关心的共同话题则是"学术分科与建制"

---

① 蔡元培《在中央研究院招待二届全教会会员宴会上的致词》(1930年4月17日),《蔡元培全集》第6卷第481页,杭州:浙江教育出版社,1998年。
② 蔡元培《为傅斯年书写对联》,《蔡元培全集》第8卷第601页,杭州:浙江教育出版社,1998年。

问题;①日后在德国,更因了地利之便,得与蔡氏亲密接触;②事实上,当年在广州筹办历史语言研究所,就是"大学院院长蔡先生委托"的;③当然,彼此密切合作,颇有了解共事者,当属中央研究院时代。

傅斯年与蔡元培虽都在大学与中研院任过职,但有一个明显的不同,即蔡元培都是专职,而傅斯年则往往是兼职。1926年初到中山大学,任文科学长(后改为文学院长),④同时创设语言历史研究所(后在此基础上筹办历史语言研究所);⑤1929年,傅斯年随史语所迁往北平,同时即开始在北大任兼课。这就使得他一身二任,既为独立学术研究所的领导(所长),又为北京大学的教授(兼职)。所以他对这两者之间的关系认识得更细致入微:

> 大学本身之研究所,与大学外之研究院,也不应是没有分别的。今之研究院,有中央北平二机关,近年皆能努力,若凭理想论去,研究院与大学中之研究所应有下列之分别。凡集众工作(collective work),需要大宗设备,多人作工,多时成就,与施教之职务,在工夫及时季上冲突者,应在研究院,例

---

① 1918年,时为北大哲学门学生的傅斯年致函校长蔡元培,主题是"论哲学门隶属文科之流弊",他认为,哲学最好归入理科;次者与文、理两科并立;再次者将文预科分两类,使哲学门的课程与方法都和文学、史学门异趣。蔡元培案语认为:"傅君以哲学门隶属文科为不当,诚然。"但他似乎并不赞同傅氏提出的方案,认为它们"皆不如破除文、理两科之界限,而合组为大学本科之为适当也。"蔡元培《对傅斯年来函的案语》,《蔡元培全集》第3卷第392页,杭州:浙江教育出版社,1998年。傅斯年致蔡元培函亦见上揭书第392—396页。
② 1924年蔡元培访德,当时留德学人如罗家伦、傅斯年等都曾陪游。罗家伦曾如此回忆说:"……行经佛雷德烈大王招待伏台尔住的房间,房中有一个大理石雕刻的伏尔泰像,非常精美。孟真颇为欣赏流连,因此落后了。我回身去找他,同他回群以后,蔡先生问我孟真在看什么。我以顽皮带笑的态度,当面编了一个故事,说:孟真在对伏台尔深深一鞠躬,口中念念有词,我听他念的是什么,原来是李义山'词客有灵应识我,霸才无主实怜君'那两句诗。孟真气得要上前来打我。我大笑向蔡先生侧边一闪,蔡先生也不禁失笑,于是孟真的幽默跟着就恢复了。"罗家伦《元气淋漓的傅孟真》,载王为松编:《傅斯年印象》第10页,上海:学林出版社,1997年。佛雷德烈大王即普鲁士国王弗里德里希二世(Friedrich II von Preußen, der Große, 1712-1786)、伏台尔即伏尔泰(Voltaire,原名 François-Marie Arouet, 1694-1778)。
③ 《历史语言研究所工作之旨趣》,载傅斯年:《出入史门》第80页,杭州:浙江人民出版社,1998年。历史语言研究所在广州筹办时,共三名常务筹备委员,是:傅斯年、顾颉刚、杨振声。
④ 陈槃《记傅孟真师在中山大学(答傅乐成教授问)》,载王为松编:《傅斯年印象》第87页,上海:学林出版社,1997年。
⑤ 朱家骅《纪念史语所傅故所长孟真五十六岁诞辰特刊序》,载王为松编:《傅斯年印象》第92页,上海:学林出版社,1997年。

如大规模之考古发掘,大组织之自然采集等。凡一种国家的职任,须作为专业,不能以有教书责任之人同时行之者,应在研究院,例如电磁测量,材料试验等。至于一切不需要大规模便可研究的工作,大学中尽可优为之,研究院不必与之重复,且有若干研究,在大学中有学生为助手更便者,在研究院反有形势之不便。如此说来,研究院之研究,与大学中之研究,本非两截,不过因人因事之分工而已。①

虽然蔡元培也专论过这个问题,但两者的立场不会太一致。因为蔡氏一直居于学术/教育场域的最高位置,高屋建瓴地宏观考察不成问题;但作为傅斯年则不一样,虽然也属学术领导者,但毕竟属于中层人物,更关心的恐怕还是具体研究所的生存与位置。这段对于科学院研究所与大学研究所的功能利弊考察,实际上要追问的问题则在于,科学院研究所的独立功能和意义何在?② 如果说在总干事的职任上,傅斯年更多地考虑作为最高学术机关的中研院的领导功能,那么具体到研究所长的层次,他就不能不首先思考研究所的发展与定位问题。

当时的中国大学,远没有当代如此的蓬勃兴盛,校多势众。但尽管如此,现代大学所具备的天然优势,已然使傅斯年这样的人物未雨绸缪,反省自身。他的立场是站在中研院这边的,也就是我所谓的"科学院思维"。傅斯年属于那种才大气高的人,而他的才又是通才,不仅通文史,而且通事学(治事与治学),即治学他能打通文史之疆,在处理学术和事务之间他也能从容应付,应该说他是一个非常出色的学术组织和管理人才,他被称为"中国的蟋蟀"真是当之无愧。他在中央研究院中是非常重要的角色,在某种意义上是可谓为"中研院之魂"。抗战结束后,胡适出任北大校长,傅斯年暂代。蒋梦麟与傅斯年曾开过玩笑,说蔡元培、胡适是北大之功臣,而他们两人只能算是北大的功狗而已。此话说得很形象,仁厚君子如蔡、胡号召则可,具体治事则不敢恭维,学术界多需要的还是蒋、傅这样的干才。1928年5月,傅斯年撰《历史语言研究所工作之旨趣》一文,以研究所筹备处名义刊登于10月出版的《历史语言研究所

---

① 傅斯年《改革高等教育中几个问题》(1932),载傅斯年:《傅斯年全集》第6册第26页,台北:联经出版事业公司,1980年。关于傅斯年对科学院与大学系统的研究所关系的探讨,亦可参见马亮宽:《傅斯年教育思想研究》第190—194页,沈阳:辽宁教育出版社,1997年。

② 可参见傅斯年《大学研究院设置之讨论》(1934),载傅斯年:《傅斯年全集》第6册第38—43页,台北:联经出版事业公司,1980年。

集刊》第一本第一分册上,称:

> 历史学和语言学在欧洲都是很近才发达的。历史学不是著史;著史每多多少少带点古世中世的意味,且每取伦理家的手段,作文章家的本事。近代的历史学只是史料学,利用自然科学供给我们的一切工具,整理一切可逢着的史料,所以近代史学所达到的范域,自地质学以至目下新闻纸,而史学外的达尔文论,正是历史方法的大成。①

此时的傅斯年,年不过而立初度(32岁),留德归来不久(1926年),意气风发,所论所言不乏高标意气之处。但我们可以清楚地看出此中所蕴藏的德国学术烙印。如同为留德学人的朱家骅就明确指出:"名称上把历史两字,改列语言之先,历史语言同列称,是他根据德国洪保尔德一派学者的理论,经过详细的考虑而决定的。"②洪堡不但以其在柏林大学改革而一举奠立下现代大学/学术的基础,而且也是一位著名的语言学者,在他看来:"只有一件东西具有完全不同的本质,就是呼吸,民族本身的灵

---

① 《历史语言研究所工作之旨趣》,载傅斯年:《出入史门》第70页,杭州:浙江人民出版社,1998年。从整体上看,傅斯年对德国学术的了解是相当全面的,且能辨识其流品:"欧洲近代的语言学,在梵文的发见影响了两种古典语学以后才降生,正当十八十九世纪之交。经几个大家之手,印度日耳曼系的语言学已经成了近代学问最光荣的成就之一,别个如赛米的系,芬匈系,也都有相当的成就,即在印度支那语系也有有意味的揣测。19世纪下半的人们又注意到些个和欧洲语言全不相同的语言,如黑人的话等等,'审音之功'更大进步,成就了甚细密的实验语音学。而一语里面方言研究之发达,更使学者知道语言流变的因缘,所以以前比较言语学尚不过是和动物植物分类学或比较解剖学在一列的,最近一世语言学所达到的地步,已经是生物发生学、环境学、生理学了。无论综比的系族语学,如印度日耳曼族语学等等,或各种的专语学,如日耳曼语学、芬兰语学、伊斯兰语学等等,在现在都成大国。"上揭书第70—71页。但应注意的是,傅斯年这里所使用的概念不是很准确,如"语学"很可能指"语文学";另外,他对所谓欧洲近代语言学的叙述,其实主要是德国学术的情况。这一点印之以德国学术的理念,可谓"符合若节"。当时的德国学者总结自己的语言学研究,谓:"语文学,文化科学也(Philologie ist Kulturwissenschaft);因此,语文学所包容的不但是某一个语言或某一系语言之纯粹语言学研究(reine Linguisktik)以及这研究所牵涉到的较广泛的语言学问题(allgemeinere sprachwissenschaftliche Probleme)之探讨,而且也包容所谓'实在事物'(Realien)的一切部门之研究,不研究实在事物而欲透解某一个民族或某民族系的文字产品,事不可能。"安诺·黎蒂曼(Enno Littmann)《闪系语文学》,江绍原译,载中德学会编译:《五十年来的德国学术》第2册第643页,上海:商务印书馆,1937年。所以,傅斯年此处所用"语言学",应当不是纯粹的"语言学"(reine Linguisktik),而是"语文学"(Philologie)。

② 朱家骅《纪念史语所傅故所长孟真五十六岁诞辰特刊序》,载王为松编:《傅斯年印象》第92页,上海:学林出版社,1997年。洪保尔德即德国著名学者、教育改革家威廉·洪堡(Wilhelm von Humboldt, 1767-1835)。国内语言学界一般将其中译名作洪堡特。

魂,它到处以相同的步伐带着这样的本质出现,它可以看作是作用者或被作用者,并导致考察的进行只能在一个固定的范围内——语言。"而"不把它作为辅助工具,任何对民族特性的探寻都是徒劳的"。① 但洪堡对语言的重视,始终是放置在人类普遍历史的维度中(这也是德国古典时代的特征),所以他发展出"比较语言研究"(das vergleichende Sprachstudium 或 die vergleichende Sprachforschung)的路径,后来更提出要建立一门"普通历史语言学"(allgemeine historische Sprachkunde),其目的则在从"世界历史"的角度来考察人类语言。②

虽然傅氏的基本思路,仍在回到传统资源,但他对西方学术提纲挈领的引子,却可以让有心人不难辨认出其学理来源。有几条值得特别指出,一是历史科学的强调,实际上主要受到兰克学派的影响。③ 兰克史学的国际影响,乃是20世纪世界学术/思想史进程中的一个重要话题,并非仅局限于中国而已。由此,我们将德、美、中的三国历史进程纳入视野,则会显出一番相当不同的场景。正如有论者所指出的,德(母语国)、美(弟子国)的兰克形象近乎南辕北辙,其原因则在于:"美国历史学家因为不能够理解兰克的历史思想的哲学意义,就把兰克对文献的分析批判(这是他们所理解的,也是适合于他们赋予历史以科学尊严所需要的)和兰克的唯心主义

---

① 《论语言的一般本质》,载[德]威廉·冯·洪堡特:《语言与人类精神》第3页,钱敏汝译,北京:北京师范大学出版社,1997年。
② 姚小平:《洪堡特——人文研究和语言研究》第75页,北京:外语教学与研究出版社,1995年。关于洪堡语言哲学与语言的历史性的论述,参见 Schlerath, Bernfried: "Die Geschichtlichkeit der Sprache und Wilhelm von Humboldts Sprachphilosophie"(语言的历史性与洪堡的语言哲学). in Schlerath, Bernfried(hg.): *Wilhelm von Humboldt — Vortragszyklus zum 150. Todestag*(威廉·冯·洪堡——逝世150周年研讨会文集). Berlin & New York: Walter de Gruyter, 1986. S. 212 – 238.
③ 兰克学派本身与洪堡关系甚为密切。陈寅恪在留德期间,接受影响最深的就是兰克学派的方法论。而傅斯年又与陈寅恪关系交好,学术联系甚为密切,其留德的诱因中很重要的一条就是陈寅恪的召唤。从傅斯年留德期间选修课程来看,语言学方面的课程是主要的,包括理论和具体语言的学习两方面。傅斯年留德伊始,还是继续了对心理学的兴趣,尤其是对马赫(E. Mach)的学说颇为入迷,购得《感觉的分析》一册并埋头苦读,甚至专门做了一张该书重要词汇的英文、德文对照表,书中还有些零星的英文眉批。这种对心理学的兴趣不是突然生发的,早在英国伦敦的时候,他就曾十分醉心于弗洛伊德的心理学。这一点从他在柏林大学注册的登记也可看出,他所填写的主修专业是"心理学"。刘桂生《陈寅恪、傅斯年留德学籍材料之劫余残件》,载《北大史学》第4期第311页,北京:北京大学出版社,1997年。但傅斯年在柏林大学研究院主要选修的是人类学、梵文入门、普通语音学等课程。上揭书第314页。

哲学(这是他们所不熟悉的)分裂开来了。然后他们把这种批判的方法和研究班的组织移植到 19 世纪末美国的思想园地。这样一来,兰克就被几乎所有的美国历史学家(包括'科学派'历史学家、'新史学家'以及相对主义者)尊为'科学派'历史学之父,被认作是只注意于确认事实、特别是在政治和制度领域中的事实的一位非哲学的历史学家。"① 事实上,在任何情况下将一个完整的人分裂开来,都是危险的。兰克思想的诞生,与他所生存的德国历史语境密切相关。

而这样一种美国的兰克接受,恰恰在某种意义上也反映出日后中国学界对兰克接受的误差可能。美国人捷足先登,在 19 世纪就以逾万人的留德规模,开辟了日后"彼可取而代也"的奠基工作。② 而中国人则无疑是这场现代世界智力交流史中的后来者,即便如此,20 世纪早期的中国留德教育实际上规模也相当有限。③ 按理来说,后来者应有"更上层楼"的理论空间,但考诸事实,则未必尽然,尽管从陈寅恪、傅斯年这代人的学术通识考量,应该说相当不错,但既未对学术史的轨迹细加盘索(此指世界范围的学术互动史经验),也似乎仍缺乏对留学国精神/文化的整体把握,再加上赢得中国现代学术之独立品格,乃至家国存亡的学术致用意识,这些都决定了他们在择取异国资源时难以避免的匆促和功利情结。不过值得指出的是,对兰克思想的深度认知问题,德国学者从 19 世纪后期即已开始审视之。就德国现代学术场域而言,有两名重要学者不应在留德学人的视阈之外,一是狄尔泰(Dilthey, Wilhelm, 1833 - 1911),一是兰普莱希特(Lamprecht, Karl, 1856 - 1915)。前者强调了兰克的"沉思式"的史学路径(而非"概念式"),并将其与歌德相提并论;④

---

① 伊格尔斯《美国与德国历史思想中的兰克形象》,载[美]伊格尔斯:《二十世纪的历史学——从科学的客观性到后现代的挑战》第 240 页,何兆武译,沈阳:辽宁教育出版社,2003 年。
② 美国长期受到德国的影响,其大学教育之崛起更是德国影响的标志性产物。[美]伯顿·克拉克:《探究的场所——现代大学的科研和研究生教育》第 3 页,王承绪译,杭州:浙江教育出版社,2001 年。
③ 参见叶隽:《另一种西学——中国现代留德学人及其对德国文化的接受》,北京:北京大学出版社,2005 年。
④ Dilthey, Wilhelm: "Der Aufbau der Geschichteswelt in den Geisteswissenschaften"(精神科学中历史世界的建构). In Dilthey, Wilhelm: *Gesammelten Schriften*(全集). Band VII. Leipzig, 1927. S. 101 - 103. 关于狄尔泰,可参见 Bulhof, Ilsen: *Wilhelm Dilthey — A hermeneutic approach to the study of history and culture*(狄尔泰——历史和文化研究的阐释学考察). The Hague, Boston & London: Martinus Nijhoff Publishers, 1980.

后者则批评兰克借实证主义(Positivismus)之名而行唯心主义(Idealismus)之实,相当准确地把握了兰克思想的实质。① 事实上,兰普莱希特的评论可谓"一针见血"且"见血封喉",就是兰克的嫡传后人兼卫道士梅纳克(Meinecke, Friedrich, 1863－1954)也完全同意。正如有论者所指出的:"因为德国历史学家和他们的美国同行不同,是了解兰克思想的唯心主义根源的;对于德国历史学家来说,兰克变成了非哲学的经验主义的反面。他们深深知道兰克通过对于独特的和个别的东西的静观(Anschauung)极力要直觉地掌握历史中的'一般的'观念、'趋势',即'客观的'观念。"②

同洪堡一样,兰克(Ranke, Leopold von, 1795－1886)也深受那个时代普遍主义历史思路的影响,构成其思想焦点的是"同一性哲学(Identitätsphilosophie)那种意义上的唯心主义世界观,以及本质上是我们古典文学中世界主义那种意义上的普遍主义的历史观"。③ 所以,兰克史学的目的"既不是历史事实,也不是总结一般的规律,而是要认识观念"。④ 这一点,兰普莱希特论述得很清楚,尽管兰克初时力求获得对"(1)对个别时刻、(2)对个人动机、(3)对他们相互作用这三者的确切知识",但历史研究的终极结果却在于"对宇宙全体的同情体验与同情理解(Mitgefühl und Mitwissenschaft des Alls)。⑤

---

① 伊格尔斯《美国与德国历史思想中的兰克形象》,载[美]伊格尔斯:《二十世纪的历史学——从科学的客观性到后现代的挑战》第240页,何兆武译,沈阳:辽宁教育出版社,2003年。关于兰普莱希特其人,可参见 Hoffmeister, Kay: *Karl Lamprecht — Seine Geschichtstheorie als Ideologie und seine Stellung zum Imperialismus*(兰普莱希特——作为意识形态的史学理论及其对资本主义的立场). Diss., Universität Göttingen, 1956.
② 伊格尔斯《美国与德国历史思想中的兰克形象》,载[美]伊格尔斯:《二十世纪的历史学——从科学的客观性到后现代的挑战》第240—241页,何兆武译,沈阳:辽宁教育出版社,2003年。
③ Lamprecht, Karl: *Alte und neue Richtungen in der Geschichtswissenschaft*(历史科学中的老方向和新方向). Berlin, 1896. S.31. 中译文引自伊格尔斯《美国与德国历史思想中的兰克形象》,载[美]伊格尔斯:《二十世纪的历史学——从科学的客观性到后现代的挑战》第263—264页,何兆武译,沈阳:辽宁教育出版社,2003年。
④ 伊格尔斯《美国与德国历史思想中的兰克形象》,载[美]伊格尔斯:《二十世纪的历史学——从科学的客观性到后现代的挑战》第264页,何兆武译,沈阳:辽宁教育出版社,2003年。
⑤ Lamprecht, Karl: *Alte und neue Richtungen in der Geschichtswissenschaft*(历史科学中的老方向和新方向). Berlin, 1896. S.48. 中译文引自伊格尔斯《美国与德国历史思想中的兰克形象》,载[美]伊格尔斯:《二十世纪的历史学——从科学的客观性到后现代的挑战》第264页,何兆武译,沈阳:辽宁教育出版社,2003年。我怀疑陈寅恪那句广为征引的名言"同情之理解"、"温情之敬意"即可溯源于此,或至少受到启发的。

如果说，狄尔泰因去世较早可能会被遗漏，那么，兰普莱希特则是蔡元培在莱比锡求学时最重要的老师，①怎么可能不被注意？但无论如何，傅斯年特别强调的是"史学即是史料学"，其来源当在兰克那句名言"重建过去如当时发生一样"（Wie es eigentlich gewesen）。这里存在两种可能：一是陈、傅等人只大致览过兰克著述，或间接听闻，而没有深刻认知兰克思想的整体背景；还有一种，就是理解了兰克思想的整体背景，而曲用之。

1920年代的德国学术场域，乃是爱因斯坦（Einstein, Albert, 1879 - 1955）、普朗克（Planck, Max, 1858 - 1947）等物理学家大展身手的时代。②1905年，爱因斯坦发表了狭义相对论后，得到普朗克、劳厄（Laue, Max

---

① 关于蔡元培选修兰普莱希特课程情况，参见叶隽：《现代学术视野中的留德学人》第62—63页，上海：同济大学出版社，2004年。事实上，如果还原历史语境，兰普莱希特可谓是德国史学学科的离经叛道者。在19世纪，兰克学派不但确立了"科学的"历史学的中心地位，而且使实证主义的史学思潮成为19世纪西方史学的主流。但到了1890年代，以兰普莱希特为代表的新史学派，发起了对兰克学派的挑战。1891年，以《德意志史》第1卷的出版为标志，引起了德国史学界的激烈争论。这场"二兰之争"，主要表现在兰普莱希特两方面的创新尝试，一是研究内容的拓展，即突破兰克的政治史模式，而将范围拓展，既关注物质生活方式（尤其是经济因素）对历史发展的意义，也重视群体史（针对"政治史其核心就是个人史"的理念）的意义，并形成了自家的文化史观；二是在方法论上的突破，即既借鉴传统史学的叙述的、编年的方法，更强调它们与新史学的归纳的、概括的方法结合起来。但兰普莱希特并没有在本质上撼动兰克学派根深蒂固的地位。参见张广智、张广勇：《现代西方史学》第113—116页，上海：复旦大学出版社，1996年。

② 正是爱因斯坦、普朗克与玻尔（Bohr, Niels, 1885 - 1962）被一起誉为"更新物理学观念的三个先驱"。关于物理学的发展简史，可参见［德］M. v. 劳厄：《物理学史》，范岱年等译，北京：商务印书馆，1978年。而普朗克则是德国学术场域中重要人物，他在柏林大学、柏林科学院、德国物理学会（原柏林物理学会，世界上最重要的物理学专业团体）、《物理学杂志》（会刊，世界上最重要的物理学期刊）中均扮演重要角色。他曾与哈纳克（Hanarck, Adolf von）是近邻，而后者不但是神学家与史学家，还是重要的教育学术行政官员，所以两者在科学的组织工作上有密切的合作。［德］J. L. 海耳布朗：《正直者的困境——作为德国科学发言人的马克斯·普朗克》第29—30页，刘兵译，上海：东方出版中心，1998年。而《五十年来的德国学术》这部重要著作的"前言"就是由这位"全德科学界"的代表——哈纳克所作，哈那克（Adolf von Hanarck）《前言》，马德润、郑寿麟合译，载中德学会编译：《五十年来的德国学术》第1册第4页，北平：中德学会，无印刷时间。而爱因斯坦则更是具有道德关怀的科学家类型代表，所谓"爱因斯坦不属于那种不关心周围的世界，一心只做自己的研究工作，生活在'象牙塔'里面的人。恰恰相反，他作为一个敏锐的、持批评态度的观察者，关注着他的时代的趋势和需求。事实上，他常常通过写作和口头呼吁来进行干预。而且必须强调的是，他这样做总是出于人道主义的理由。"《出版者前言》，载［美］阿尔伯特·爱因斯坦：《爱因斯坦晚年文集》第3页，方在庆等译，海口：海南出版社，2000年。

von，1879－1960)的热烈支持，当然这并不意味着他们毫无保留；①1913年，在普朗克、能斯特(Nernst, Walther Hermann，1864－1941)等的大力引介之下，爱因斯坦移帐柏林。这一举动，有所谓"把活跃且不循常规的爱因斯坦带入稳重的柏林物理学界"之称，②事实上，普朗克日后接受了广义相对论，并与爱因斯坦"作为物理学家团结一致起来"，甚至彼此的关系"能够承受他们尖锐敌对的政治立场的分化力量"，③直到第三帝国时最终分道扬镳。无论如何，爱因斯坦在柏林大学的教学时代，是至关重要的一件大事。即以对中国现代留德学人而论，就不乏慕名而来者，其中既有夏元瑮(1884—1944)这样的专业弟子，④也有像傅斯年这样的旁听学生。后者本非专业人士，但这并不妨碍他到爱因斯坦的相对论课上"一饱耳福"，见识"大师风采"，甚至还修习过有关的数学课程。从1925到1926年他在柏林大学所做的数学笔记来看，很多是有关统计学和或然率方面的知识。他对这两门学问颇感兴趣，说是"统计的观点，尤可节约我的文人习气，少排荡于两极端"。又说，或然率的概念"在近代物理学尤表现威力，几将决定论取而代之。这个观念，在一般思想上有

---

① 1933年时，普朗克和其他德国的物理学领军理论家抵制扩大相对论的应用范围，爱因斯坦曾这样批评他们："劳厄不能以[普朗克的得意门生]根本性的考虑来领悟，普朗克也是一样……一种自由的、不受约束的观点不是一位[成年]德国人的标志[盲人！]"转引自[德]J. L.海耳布朗：《正直者的困境——作为德国科学发言人的马克斯·普朗克》第27页，刘兵译，上海：东方出版中心，1998年。
② 当时柏林方面提供给爱因斯坦的条件是：柏林科学院普通院士(高薪)、大学教授(无授课责任)、威廉皇家物理研究所所长(Kaiser-Wilhelm-Institut für Physik)。[德]J. L.海耳布朗：《正直者的困境——作为德国科学发言人的马克斯·普朗克》第27页，刘兵译，上海：东方出版中心，1998年。
③ [德]J. L.海耳布朗：《正直者的困境——作为德国科学发言人的马克斯·普朗克》第27页，刘兵译，上海：东方出版中心，1998年。
④ 1921年3月16日蔡元培日记记载了与爱因斯坦的会面："午前，夏君浮筠、林君拳平来，同访安斯坦(Einstein)，知彼将往美国，为犹太大学筹款。归途到英、荷为短期演讲，即回德。彼现任物理研究所所长，言德人不愿彼久离德。询以是否能往中国，答甚愿，但须稍迟。彼询如往中国演讲，应用何种语言，答可用德语，由他人翻译，夏君即能译者之一。夏君云，用英语亦可，安斯坦自言操英语甚劣。夏君询相对律既出，以太无存在之必要，光行状态如何？彼答：旧说以太是固体，不能存在；若改定义，认为空间状态之名词，亦可存在。夏君询：闻法国新出 Théorie Einstein 一书，为 Fable 所著，有大作序言，确否？彼答：我并不与闻此事，亦未曾作序。"《蔡元培全集》第16卷第117页。夏元瑮就是夏浮筠，夏曾佑之子，为知名物理学家，相对论学者。夏出身学术世家，又先后留学美、德，国学功底与自然科学俱佳。1905—1909年间先后留学于加州大学伯克利分校、耶鲁大学；1909—1913年间求学于柏林大学，师从普朗克与鲁本斯。1913年归国任北大理科学长、物理学教授。（转下页）

极重要的应用"。①

其实,兰克强调实证主义的方法,正是受到自然科学发展的启迪,乃是针对其时占据统治地位的哲学思潮。1824 年,兰克因《拉丁和条顿民族史》(Geschichte der romanischen und germanischen Völker von 1494 bis 1514)出版而博得声名,并获得在柏林大学任教的邀请。彼时的柏林大学正处于其极盛时代,不但是德国学术场域中的核心,而且正逐渐享有世界声誉。当时黑格尔的声望正如日中天,他也执鞭于柏林大学,不过他对编外讲师兰克似乎并未有过多关注,兰克好像也同样没有对大师产生兴趣,②这样的"擦肩而过",无论从哪种意义来说都未免有些可惜。面对听课学生孤零零的身影,兰克很难完全摒弃功利层面的考量,而不去思考夺取学术场域主导权的策略选择。这一点,我们印之以他背后深藏、念念不忘的唯心主义哲学理念就可以看得一清二楚。③ 那

(接上页注④)1919—1921 年间再度赴德研修,经普朗克而得识爱因斯坦,并曾听课。他自己曾记述说爱因斯坦"常为予释疑,娓娓不倦"。《爱因斯坦小传》,载[德]爱因斯坦:《相对论浅释》,夏元瑮译,上海:商务印书馆,1922 年。转引自《由爱因斯坦学生译出的〈相对论浅释〉》,载邹振环:《影响中国近代社会的一百种译作》第 304 页,北京:中国对外翻译出版公司,1996 年。1918 年时,《北京大学日刊》上就刊布《图书馆布告》,称:"本馆最近收到下列之德文书籍(由夏学长交来)"。分两类,一为"德文文学小说类",一为"德文歌诗及戏剧类",前者颇多,后者较少,但也包括苏德曼(Hermann Sudermann)的《蝶战》(Die Schmetterlingsschlacht)、格里尔帕策(Grillparzer)的《金羊毛》(Das Goldene Vliess)。《本校布告二》,载《北京大学日刊》1918 年 2 月 21 日,第 5 版。原文作 Das Galdene Vliess,径改之。这是根据古希腊神话传说写成的悲剧三部曲。这里的夏学长,很可能就是夏元瑮。

① 王汎森、杜正胜编《傅斯年文物资料选辑》,傅斯年先生百龄纪念筹备会印行,台北:1995 年。转引自李泉:《傅斯年学术思想评传》第 31 页,北京:北京图书馆出版社,2000 年。
② [英]乔治·皮博迪·古奇:《十九世纪历史学与历史学家》上册第 180—181 页,耿淡如译,北京:商务印书馆,1989 年。
③ 古奇将兰克的史学贡献总结为三大方面:第一,他尽最大可能把研究过去同当时的感情分别开来,并描写事情的实际情况;第二,他建立了论述历史事件必须严格依据同时代的资料的原则;第三,他按照权威资料的作者的品质、交往和获得知识的机会,通过以他们来同其他作家的证据对比,来分析权威性资料,从而创立了考证的科学。归总言之:"兰克是近代时期最伟大的历史家,不仅因为他创立了研究资料的科学方法,因为他具有无与伦比的公平品质,而且因为他的才能和长寿使他能够比所有其他历史家生产更多的第一流著作。正是这位史学家中的歌德,使德国在欧洲赢得了学术上的至高无上的地位,直到今天他仍是我们所有人的师表。"[英]乔治·皮博迪·古奇:《十九世纪历史学与历史学家》上册第 214—215 页,耿淡如译,北京:商务印书馆,1989 年。但这段论述并没有揭出兰克作为"学者主体"的部分,即隐藏极深,以貌似客观、科学方式的实证主义而达致"主体诠释"功用。

么,作为学术场域的新进与后来者,兰克可以依仗的是什么呢?有两个方面的因素需要考察,一是对档案馆的发现和充分利用;二是对自然科学方法论的借鉴。前者是材料的可能,所谓"巧妇难为无米之炊",再聪明的学者,尤其是史学研究者,没有"新材料"的发明是不行的;但仅有"新材料"也是不够的,没有"攻玉之石",那也是"徒劳而无功"。

兰克在少年时代,除了喜爱希腊文学、历史之外,对民族文化的东西,则深受康德、费希特影响。① 康德对自然科学的发展是很关注的,其哲学体系建构亦与此密切相关,并在1755年发表了《自然通史和天体论》(Allgemeine Naturgeschichte und Theorie des Himmels)。② 应该说,这样一种大视阈的获得,在德国思想史上是有其传统的。如果说前者更多属于方法的选择,那么兰克则是不得不选择一种策略的思维。更重要的是,在兰克时代,自然科学的发展已经渐成气候,现代科学方法已经由法国进入德国并被逐渐接受,③这显然为其提供了良好的场域背景和思想资源。

这正是我们要揭出的第二点,即傅斯年对人文学科与自然科学关联的强调。无论是历史学派(Historismus),还是近代物理学(Physik),这两种学术思潮,都是当时德国学术场域的"显学",且都集中在柏林大学,彼此之间并非道如鸿沟,不相往来。事实上,这种精神科学与自然科学的互动功能,在德国学术传统里是由来有自的。在傅斯年,只不过是将其取来为用罢了,但必须指出的是,在中国现代学术传统里,对这个问题重视远远不够。人文学者拒称自家是"科学的",自然科学家也少有对人文学科的参与和互动。这其实在很大程度上限制和影响了我们全面、客观、理性地认知与理解世界与生物的整体性。

由此,我们可以推出第三条,就是潜在的科学话语的权力意识。实际上,傅斯年这种宣告还有一层未曾明揭的含义,就是确立自家作为"科学话语共同体"中来者的位势与话语权力。当1920年代,傅斯年归国之

---

① [英]乔治·皮博迪·古奇:《十九世纪历史学与历史学家》上册第176页,耿淡如译,北京:商务印书馆,1989年。
② 中译名一般作《宇宙发展史概论》,参见[英]亚·沃尔夫:《十八世纪科学、技术和哲学史》上册第93页,周昌忠等译,北京:商务印书馆,1991年。
③ 参见[英]梅尔茨:《十九世纪欧洲思想史》第1卷第221页,周昌忠译,北京:商务印书馆,1999年。

际,中国学术场域已不复是当年胡适等人在1910年代一旦留洋归来,即可暴登高台,一举摘获名利光环的语境了;仅就史学领域而论,虽然"史观派"远不能进入主流,①但顾颉刚的"疑古学派"已然博得大名。② 虽然"疑古学派"与"史料学派"在对待史观派上立场相对一致,都注重史料的考订,但两者理论资源却不太一样。顾颉刚强调的是:"我心目中没有一个偶像,由得我用活泼的理性作公平的裁断。"③如果说,顾颉刚所依仗的还不过是自家的理性和观念,那么,留德归来的傅斯年以兰克史学为理论资源,其来势无疑更为凌厉而绝对。因为,正如王国维所指出的那样:

> ……而疑古之过,乃并尧、舜、禹之人物而亦疑之。其于怀疑之态度及批评之精神,不无可取,然惜于古史材料未尝为充分之处理也。吾辈生于今日,幸于纸上之材料外更得地下之新材料,由此种材料,我辈固得据以补正纸上之材料,亦得证明古书之某部分全为实录,即百家不雅驯之言,亦不无表示一面之事实,此二重证据法惟在今日始得为之,虽古书之未得证明者,不能加以否定,而其已得证明者,不能不加以肯定,可断言也。④

应该说,王国维不但见识高明,而且气象宏大,二重证据法固是他的看家本领,对顾颉刚怀疑态度与批评精神的肯定,尤能见出其博大能容。但

---

① 有论者认为:"各派的宗主虽各有所偏,或重方法,或贵材料,或尊理论,但彼此对立之情况,实与其历史形象相去甚远。如经济史观派与史料学派,从表面看貌似南北两极,实则均因国人的科学迷恋而兴,并齐以'科学的史学'相标榜。"《自序》,载许冠三:《新史学九十年》第3页,长沙:岳麓书社,2003年。具体论述,请参见王学典:《20世纪中国史学评论》第4—5页,济南:山东人民出版社,2002年。
② 1923年2月,顾颉刚作《与钱玄同先生论古史书》引发古史论战,强调:"我们要辨明古史,看史迹的整理还轻,而看传说的经历还重。"提出"层累造成说",强调"时代愈后,传说的古史期愈长"、"时代愈后,传说中的中心人物愈放大"、"我们在这上,即不能知道某一件事的真确的状况,但可以知道某一件事在传说中的最早的状况"。他不断提到"造史"者或"伪史家",把层累而成的古史谱系当作这些人伪造的结果。这就是"疑古学派"的基本立场,当时学界中如张荫麟、傅斯年等多人虽曾提出商榷,但其影响仍极大,而且并未出现有力的反驳。而王国维、陈寅恪等人虽未直接参与论战,但在自家的学术研究中其实颇一针见血地回应了顾颉刚的理论基础。参见罗志田主编:《20世纪的中国:学术与社会》史学卷上册第56—68页,济南:山东人民出版社,2001年。
③ 顾颉刚《自序》(1926年6月),载顾颉刚等:《古史辨》第1册第81页,上海:上海古籍出版社,1981年。
④ 王国维:《古史新证》(节选),载干春松、孟彦宏编:《王国维学术经典集》下册第126页,南昌:江西人民出版社,1997年。

同样,他点出的问题所在也正是疑古学派的"死穴"。所谓"惜于古史材料未尝为充分之处理",讲得客气,实际上就是说你没有扎实的史料处理功夫。而这一点,正是傅斯年借来德国资源,挥舞兰克大旗的优长所在。早在史语所成立之前,傅斯年就与顾颉刚一起创办中山大学语言历史研究所,不妨在某种意义上看作"史料派"收编"疑古派"的象征。当然,从另一个角度来说,傅斯年的理念也可看作以疑古派为基础,但在方法论上大大加强其实力的路径。傅斯年曾有这方面的论述:

> 现在中央研究院有历史语言研究所之设置,非取抱残守缺、发挥其所谓国学,实欲以手足之力,取得日新月异之材料,借自然科学付与之工具而从事之,以期新知识之获得。材料不限国别,方术不择地域,既以追前贤成学之盛,亦以分异国造诣之隆。①

由此,我们可以见出,傅斯年强调的对材料的重视,对自然科学方法的借鉴,正是对顾颉刚的极大补充。而从顾颉刚的论述来看,他显然也是受到傅斯年思想的影响,所以他会说:"以前人看图书是载圣人之道的,读书是要学做圣人,至下也是文人,所以藏书的目的是要劝人取它作道德和文章的。现在我们的目的是在增进知识了,我们要把记载自然界和社会的材料一齐收来……使得普通人可以得到常识,专门家也可致力研究。"②对材料的重视程度已豁然而出,不同学术背景的傅、顾二人,其互补性是显然的。而从另一方面来看,与擅长"怀疑之态度与批评之精神"的顾颉刚的合作,则意味着另一条隐线的揭出,即傅斯年一再强调的"史学就是史料学"的说法,很可能也是一种策略的需要。因为事实上,史家不可能没有自家的判断和立场,也不可能不重视史料问题。问题的关键在于,究竟是"论从史出",还是"史从论出"。傅斯年无疑倾向于前者,即以科学的态度,由史料的充分收集和辨识而推出论点,但这也绝不是说没有史家的观点和立场,毕竟,史料的收集、辨识和运用,都离不开史家自身的学养和取向。所以,在我看来,傅斯年"史学就是史料学"的主张,与其说是一种方法革新,不如说是一场话语权争夺战。但正如无法将史观派与史料学派盖棺论定一样,在我看来,无论是有意识还是潜

---

① 《史语所公文档案》,转引自罗志田主编:《20世纪的中国:学术与社会》史学卷上册第69页,济南:山东人民出版社,2001年。
② 顾潮:《顾颉刚年谱》第140—141页,北京:中国社会科学出版社,1993年。

意识,这种背景下的策略考虑或许会多于真理追求本身的学术立场。傅斯年无疑是成功的,自他归国到1949年之前,主要是史语所派"笼罩了全中国的历史界"。① 从某种意义上来说,傅斯年与他的隔代德国导师兰克,倒不乏共通之处——话语权力意识。而"疑古"与"趋新"潮流的结合,在学术上表现为"好翻案"的路径;②在学术社会场域中,则以傅斯年为代表的史语所学派的势力大张为结果。应该说傅斯年事实上也是达到了他的初衷(或隐或显),这种话语权力在两个方面都显现出来,一是中国学术场域内部,史语所成为领袖机构;二是在世界学术空间里,史语所终究成为学术重镇。③

事实上,对德国现代学术的建立而言,语文学(Philologie)的发展,关系极大。其中"东方学(die Wissenschaft vom Morgenlande)所须负担者是尤其困难而繁重",具体言之,"同自然科学一样,语文学也已经因为认识范围之大形进展和研究资料之不断的积累膨胀,以至于不得不分化为许多单独的科目了。'东方语文学'(Orientalische Philologie)先是摆脱了它那'神学侍婢'(ancilla theologiae)的旧身份。闪文学(Semitistik)也久已夫有别于东文学(Orientalistik)那个混称。"④所以,我们可以看出,东方学是西方(首先是欧洲)学术语境中的特殊产物,而其发展是不断裂变扩大的一个过程。在这一过程中,自然科学的发展对其是有很大的背景因素和工具借鉴意义的。而汉学则是其中的一支分流。⑤ 傅斯

---

① 王学典:《20世纪中国史学评论》第3页,济南:山东人民出版社,2002年。
② "好翻案"之评语出于柳诒徵。参见柳诒徵:《劬堂题跋》第282页,台北:华世出版社,1996年。典型的代表,如傅斯年作《夷夏东西说》挑战王国维的《殷周制度论》。参见罗志田主编:《20世纪的中国:学术与社会》史学卷上册第88—89页,济南:山东人民出版社,2001年。
③ 傅斯年曾在致陈垣函中如此表述其愤懑之情:"斯年留旅欧洲之时,睹异国之典型,惭中土之摇落,并汉地之历史言语材料亦为西方旅行者窃之夺之,而汉学正统有在巴黎之势,是若可忍,孰不可忍。"《史语所公文档案》元109,转引自罗志田主编:《20世纪的中国:学术与社会》史学卷上册第98页,济南:山东人民出版社,2001年。关于史语所的成就,可参见李济《傅孟真先生领导的历史语言研究所——几个基本观念及几件重要工作的回顾》,载王为松编:《傅斯年印象》第100—111页,上海:学林出版社,1997年。
④ 安诺·黎蒂曼(Enno Littmann)《闪系语文学》,江绍原译,载中德学会编译:《五十年来的德国学术》第2册第643—644页,上海:商务印书馆,1937年。
⑤ 1930年代时,德国学界对自己的汉学研究有如此总结:"'汉学'(Sinologie)为'中国学'(Chinakunde)之一部分,系以中国典籍为其研究源泉。斯学之兴,实以第十八世纪天主教牧师之工作为始。其后继以第十九世纪下半期之科学预备工夫,如约里(Julien)勒改(Legge)雪提(Schott)诸氏,对于中国古籍之翻译,及其所撰各种重要论文,以使　(转下页)

年一再强调"科学的东方学"、"汉学的正统"等学术理念也是遵循着这个思路而来的。语文学最重要的一个特点就是强调从语言文字入手的重要性,但又能钩玄探虚,伸展到广阔的思想领域。雅·格林被尊为德国语文学学科之祖,所被推重者正是这一理论思维的进路。所谓"在他以前的一切都不能算是正式的历史",[1]为什么这么说呢?后世学术史家对作为民间童话收集整理者的格林如此推崇,主要还是看重其跨学科、多视阈的文化场域意义:

> 他(指雅·格林,笔者注)一开头,就把我们这门学科同"比较语言学(Vergleichende Sprachforschung)"密切结合了起来,没有这宗结合,德意志文法底完成是不可能的,他是法律史家和宗教研究家,他的根基茁在了极狭隘的故乡之中,然而他却精通许多种语言和日尔曼民族领域内的国情与国粹——他和他的弟弟维廉·格里母(Wilhelm Grimm)都与葛德(Goethe)接近,并同后期浪漫派(Romantik)底领袖都立至密切的友谊地位。在他们二人是还不能会有"古日尔曼国粹学"(Altgermanistik)与"新日尔曼国粹学

(接上页注⑤)吾辈今日,得以继续研究,是也。在德国方面,则有法伯(Faber)氏以及后来卫礼贤氏(Wilhelm)之翻译中国各种经书子书,史托斯(V. v. Strauss)之翻《诗经》及《道德经》,咯伯冷词(Gabelentz)所著之《中国文法》,格鲁白(Grube)所编之《中国文学史》,佛尔克(Forke)所撰之《中国哲学史》。此项'概论工作'现在似已告一结束。无论如何,吾人此际固已早入第三期之'专门工作'范围。"海尼士(Haenisch)《汉学》,王光祈译,载中德学会编译:《五十年来的德国学术》第2册第671页,上海:商务印书馆,1937年。约里即儒莲(Stanislas Julien, 1797–1873)、勒改即理雅各(Legge, James, 1815–1897),雪提即硕特(Wilhelm Schott, 1802–1889)、法伯即花之安(Ernst Faber, 1839–1899)、卫礼贤(Richard Wilhelm, 1873–1930),史托斯即史陶斯(Viktor von Strauss, 1809–1899),咯伯冷词即零柏莲(Georg von der Gabelentz, 1840–1893),格鲁白即顾路柏(Wilhelm Grube, 1855–1908),佛尔克(Alfred Forke, 1867–1944)。海尼士(Erich Haenisch, 1880–1966)自己是学有成就的汉学家,他来梳理学科史,就能有一种相当开阔通达的学术眼光,首先他追述了本学科的世界范围渊源,列举法、英、德三国汉学之起源人物,即儒莲、理雅各与硕特;然后肯定了传教士汉学的翻译实绩,即由花之安到卫礼贤的传统;肯定了贾柏莲、顾路柏、佛尔克三人分别在语言学、文学、哲学方面的通论性撰史工作。最后梳理出当下的学术进路,即由"概论工作"转向"专门工作",以下分述各领域的工作实绩,能将其放在世界汉学语境进行比较已属不易,更能总结工作方法、手续、问题等,很有学术史的通识。有著作将贾柏莲德文名作为 Hans Conon Georg von der Gabelentz, 疑误。[德]马汉茂等主编:《德国汉学:历史、发展、人物与视角》第672页,郑州:大象出版社,2005年。贾柏莲中文名又作嘎伯冷兹,家学渊源,其父(Hans Conon von der Gabelentz, 1807–1874)与硕特大致为同代人,为德国满文研究的奠基者之一。参见黄淑娟《德国的满学研究》,载《国际汉学》第4辑第522页,郑州:大象出版社,1999年。

[1] 爱德华·施乐德(Edward Schröder)《德国语文学》,杨丙辰译,载中德学会编译:《五十年来的德国学术》第2册第502页,上海:商务印书馆,1937年。

(Neugermanistik)"的区别的,这是新近的人们勉强分了出来的一种区别。①

本身是学有所长的法律与宗教专家,这说明作为学者的格林有自家的立足基地;同时他又擅长多种语言,所以从具体的语言学角度入手,尤其是比较语言学的方法,就使得这种研究有了坚实的基础与合适的工具;再者,更重要的,格林兄弟与当日德国思想文化界第一流精英人物的交谊,为他们超越于单纯的语言学研究、提升自家的思想境界提供了最重要的背景因素。没有相互之间的"撞击敲打",是很难由语言学提升到思想史层次的。② 这一点,威廉·洪堡也已表述得非常清楚;应该说,格林兄弟对洪堡的语言学思想是有其一脉相承之方面的。

所以,傅斯年会明白宣布:"本来语言即是思想,一个民族的语言即是这一民族精神上的富有,所以语言学总是一个大题目,而直到现在的

---

① 爱德华·施乐德(Edward Schröder)《德国语文学》,杨丙辰译,载中德学会编译:《五十年来的德国学术》第 2 册第 502 页,上海:商务印书馆,1937 年。维廉·格里母即威廉·格林(Wilhelm Grimm, 1786–1859)。

② 德国人是如何界定其语文学概念的呢?最正宗的,当然还是自家的"德国语文学"。1930 年代时,施乐德总结五十年来的德国语文学如此定义道:"对于我们这门全部事业,我采取了'德意志语文学(deutsche Philologie)'底名称,这个名称底意义是与雅各·格里母(Jakob Grimm)所给与他著的那部囊括一切方言土语的伟大的'德意志文法(Deutsche Grammatik)'的广阔意义同其广阔的。而所谓'日尔曼语文学(Germanische Philologie)',在这个名词范围以内,就要令人们觉得大作家史滔穆(Storm)和克勒(Keller)有些异样而难以合适了,可是我们的工作必须要顾及这两个人,亦一如必须要顾及瓦尔德·封·福格尔伟德(Walter v. d. Vogelweide)及俄尔夫拉穆·封·艾伸拔哈(Wolfram v. Eschenbach)一般,并且最后所谓'日尔曼国粹学(Germanistik)'的字样,这个并不见得怎样优美的商业语,人们只可限定它,用于故书店里的破旧书目上头去吧,我们是用不着它的了。然而在 Philologie(语言学,文献学)一名词之下,则不仅新近所标榜的'唯心派语言学或文献学(idealistische Philologie)',甚至极严重和极严格的精神史上的任何方式都能找到它们的归宿,并且都可为文化进展的证物的一切材料都要是这门科学讨论的范围的。这新起'德意志国学(Deutschkunde)'是把它的边界划得很广远的,是要贡献给更广阔的读者范围的。"爱德华·施乐德(Edward Schröder)《德国语文学》,杨丙辰译,载中德学会编译:《五十年来的德国学术》第 2 册第 501—502 页,上海:商务印书馆,1937 年。这里实际上对这门学科的概念做了梳理和界定,其中"日尔曼语文学(Germanische Philologie)"与"日尔曼国粹学(Germanistik)"这两个概念涵盖相对狭窄,故使用"德意志语文学(deutsche Philologie)"的概念,这个概念又相对属于一个更大的概念"德意志国学(Deutschkunde)"。雅各·格里母即雅各布·格林(Jakob Grimm, 1785–1863),史滔穆即施托姆(Theodor Storm, 1817–1888),克勒即凯勒(Gottfried Keller, 1819–1890),瓦尔德·封·福格尔伟德即福格威德(Walther von der Vogelweide, 约 1170–1230),俄尔夫拉穆·封·艾伸拔哈即埃申巴赫(Wolfram von Eschenbach, 约 1170–1220)。

语言学的成就也很能副这一个大题目。"① 这段话虽然简短,但蕴涵甚丰。在傅氏这里,语言即是思想,再推一步,则语言研究就是思想史研究,这恐怕才是傅斯年的本意所在,正如他自己所说的:"……思想不能离开语言,故思想必为语言所支配,一思想之来源与演变,固受甚多人文事件之影响,亦甚受语法之影响。思想愈抽象者,此情形愈明显。……"②所以从这个意义上来考察,则史语所亦未必不可称之为"历史与思想研究所"。而将语言与思想,更与民族精神相关联起来,这又是德国史家的重大特征,其实无论是兰克还是格尔维努斯,学术立场可能对峙,但指向德语语言、文学、历史与德国精神的建构关联却并无重大区别。

所以,我们可以看到,对德国学术资源的借鉴和使用是非常复杂的一个过程。它牵涉到主体的学养生成、发言的时代语境、宏观的历史背景乃至资源本身的特殊功能等等因素的制约。从傅斯年的个案研究来看,其对兰克史学观念的借用虽然相对成功,但也有其根本性的问题,就是对指导思想的采择与辨析上,精度、深度与创造性都有所欠缺。而对兰克史学本身也确乎很难说就有非常深刻的认知,至少从目前的材料来看,我们得不出这样的结论。③ 当然,文化资源的异域接受往往恰恰是"有心栽花花不开,无心插柳柳成荫"。作为开拓新局的学术领袖式人物,傅斯年有时必须考虑到更多的社会场域的因素,这也是可以理解的。事实上,从1928年的"九组计划"到1929年实施的"三组建制",④可以见

---

① 《历史语言研究所工作之旨趣》,载傅斯年:《出入史门》第71页,杭州:浙江人民出版社,1998年。
② 傅斯年:《性命古训辩证》上卷第3页,转引自李济《傅孟真先生领导的历史语言研究所——几个基本观念及几件重要工作的回顾》,载王为松编:《傅斯年印象》第109页,上海:学林出版社,1997年。
③ 我们现在很难确证傅斯年一定接受了兰克学派的重大影响,但彼此之间的关联却是有蛛丝马迹可寻的。如傅斯年的藏书中有一册1920年出版的伯伦汉(Ernst Bernheim)的《历史方法与历史哲学教本》(Lehrbuch der historischen Methode und Geschichtsphilosophie),这本书很可能购于其留德期间,而此书被认为是介绍兰克学派的代表作。但就在德国留学期间而言,傅斯年表现出浓厚兴趣的是对各类语言学的学习,如"修习梵文、藏文、缅甸文和语言学、语音学等方面的课程,大量阅读这方面的书籍"等,史学似乎并未正式进入其选学的视野。李泉:《傅斯年学术思想评传》第32页、第79页。
④ 所谓"九组计划"是史语所筹备期间第一次所拟的工作计划,包括:一、文籍考订;二、史料征集;三、考古;四、人类及民物;五、比较艺术;六、汉语;七、西南语;八、中央亚细亚语;九、语言学。所谓"三组建制"是1929年6月由史语所所务会议所确定的全所工作范围:一、历史;二、语言;三、考古。李济《傅孟真先生领导的历史语言研究所——几个基本观念及几件重要工作的回顾》,载王为松编:《傅斯年印象》第103页,上海:学林出版社,1997年。

出傅斯年不但是学术思想的灵童,而且是行政方面的干才。这诸种因素的交融,才会使得史语所在很短的时间里迅速崛起,事业发达,并知名于国际学界。

譬如,德国汉学界的反应就不迟钝,海尼士总结19世纪80至20世纪30年代的学科史就强调:"中国方面,现在对于学术一事,亦复利用西法,以为基础。汉学研究所、科学杂志、图书馆、博物馆等等,现均次第成立。古物学及人种学之工作,亦依照欧法进行。吾辈汉学家,对于中国此种科学运动及成绩,不应加以忽视。此外,尚有一事,应当补述者:即中国因为建筑铁路之故,发现许多故物。在二十世纪初叶,河南境内发现龟骨文字,其来源可以溯至商代。于是中国古字学之研究,一时大兴。其后政府不顾中国历来相戒勿伤地层之旧习,派员为有系统的发掘,曾得许多意外效果。……吐鲁番之掘发,系从新疆沙漠之中,发现许多完好古物与墨迹,以及其他小物。其结果大规模之吐鲁番研究,亦从此开始。而西历纪元后一千年之东西文化关系,亦复为之了然。按吐鲁番研究往往必须中国典籍之助。于是'汉学'与'东方学术'(Orientalistik)遂联成一气,而'汉学'亦在德国方面由此被人承认为一种科学。"① 这段论述,非常清楚地揭示了傅斯年所主导的史语所在考古挖掘资料方面所作的重要贡献,及其对学术发展的重大意义。② 这已毋庸赘言,值得特别提及的倒是史语所另外一位隐在暗处,但却以其学行精神潜在发挥作用的人物,他就是陈寅恪。这一点我们要在下一节中详细论述。

三、中国现代学术史上的留德一代:科学原则与学术精神之确立③

必须略作阐发的是,中国现代学术史上留德一代,值得关注。这不仅因为德国是现代世界学术的中心地所在,也还因为作为现代中国知识

---

① 海尼士(Haenisch)《汉学》,王光祈译,载中德学会编译:《五十年来的德国学术》第2册第685—686页,上海:商务印书馆,1937年。
② 不仅是中国学术自身地位的提升,也还有对世界学术作为一种有机整体发展的促进意义,如汉学在外国学术场域的机构建制、汉学与东方学的相互关联的生成等。
③ 当然强调留德一代的贡献,并非忽略其他学者的功绩,只是存而不论。如曾任总干事的丁文江等人,同样对中央研究院贡献甚大,参见蔡元培《丁文江对于中央研究院的贡献》(1936年2月7日),《蔡元培全集》第6卷第265—267页,杭州:浙江教育出版社,1998年。

精英的佼佼者,他们不仅在选择留学国度时毅然以"世界学术德最尊"为价值取向,①而且在学成之后也确实履践了他们的最初抱负——"寻出新文化建设的真道路"。② 成效或许不高,但意义绝对重大。这点表现在中研院的学人群体上,亦相对显得突出。且不说两任总干事曾由留德学人(朱家骅与傅斯年)出任,蔡元培任院长直到辞世,就是在院士群体中为数不多的留德学人的作用,亦值得刮目相看。

表:1948年中央研究院院士中的留德学人简表③

姓名	留学经历	专业	单位
陈省身	德国汉堡大学科学博士	微分几何、积分几何	中研院数学所
朱家骅	德国柏林大学地质学博士	德国侏罗纪石炭岩	中研院(代理院长)
杨钟健	德国慕尼黑大学哲学博士	禄丰恐龙等古脊椎动物	经济部地质调查所
贝时璋	德国图宾根大学博士	细胞学与实验形态学	浙江大学理学院(院长)
李宗恩	德国汉堡大学热带病学研究院研究员	裂体虫病	协和医院(院长)
陈寅恪	德国柏林大学、美国哈佛大学留学	六朝隋唐史、文学史等	中研院历史语言所
傅斯年	德国柏林大学、英国伦敦大学留学	中、上古史,古代制度、文籍体制等	中研院历史语言所(所长)

那一代留德学人,作为民族的知识精英,其人品道德、学问能力,都堪称一流。对于那代人,有学者这样评论:

> 民初中国知识分子,亲眼目睹了欧洲在一次大战过后的满目疮痍,以及

---

① 黄炎培《吾师蔡孑民先生哀悼辞》,梁柱:《蔡元培与北京大学》第12页,北京:北京大学出版社,1996年。
② 《自德见寄书》,林同华主编:《宗白华全集》第1卷第335—336页,合肥:安徽教育出版社,1994年。
③ 1946年,中央研究院决定设立院士,其人选从全国学术界成绩卓著的人士中推荐。资格条件有两条:一为"对于所专习之学术,有特殊著作、发明或贡献者";二为"对于所专习学术之机关,领导或主持在5年以上,成绩卓著者"。根据这两条标准,1948年从402名候选人中选出81名院士,代表了当时中国学术界的最高水平。这81位院士中绝大多数都是留学归国的留学生。本表据丁晓禾主编:《中国百年留学全纪录》第1325—1331页,珠海:珠海出版社,1998年。

战后各国的整建与复员所做的努力,再想起远在万里以外的苦难祖国,正遭逢国内外变局的摧残!因此而激起了一股豪气干云的情操,要"究天人之际"、要"通古今之变"、要"成一家之言"的呐喊响彻云霄。当时,在欧陆时常往来的一批浮云游子,包括了傅斯年、陈寅恪、俞大维、罗家伦、毛子水、赵元任……等,这些人日后学成归来,大多数都成了中国现代史里具有举足轻重力量的"优异分子"。①

这里所列举的名字,除了赵元任只是短期在德国居留过以外,其他无不具备留学德国的经历,而这些人后来确实也成为了中国现代文化史上的各界精英。当然,可以开列的名单,远不止上述诸人,如:宗白华、冯至、陈铨、王光祈、魏时珍、何思源……而这些留德学人的基本思路,则不妨以宗白华"文化批评家"的思路来概括,即"寻出新文化建设的真道路来"。进一步落实,则必然复归到基本命题——学术上来。中国现代学术之建立,与这留德一代关系密切,不可不察。具体表现,可从以下四个方面来归纳:一是在具体学科领域内开辟范式,引领风气。有几位是在自然科学方面成绩卓著者,如陈省身、杨钟健、贝时璋、李宗恩,其学科领域涉及数学、地学、生物学与医学。作为古生物学家的杨钟健,不但其《禄丰晰龙动物群》专著引起国际生物界的广泛关注,而且致力于学术组织和领导事业,②是中国古脊椎动物学的奠基人。其他几位在人文学科领域开辟风气者,如院长蔡元培在伦理学方面、傅斯年在史学研究领域均有所建树,但这两位在学术行政工作方面投入精力相当之大,真正在学术研究本身上起到范式意义的,自然还当推陈寅恪。后者在隋唐史研究领域的成就,尤其是"诗史互证"的理论与实践的妙手融合,确实具有"启来者以轨则"的重大意义。二是创立学派、举目世界。如傅斯年的史语所创建工作、陈省身对南开数学研究所的开拓性工作,均具有发凡起例、筚路蓝缕的先驱者功用。相对而言,这两者都是从小处着眼;后两点则是从大处立论,关系到中国现代学术整体建构的根本性问题,值得略为详尽论述:

---

① 《中国的蟋蟀傅斯年》,载《傅孟真传记资料》(一)第50页,台湾:台湾天一出版社,1979年。
② 杨钟健于1923年以品学兼优在北京大学地质系毕业后,即在李四光和家人赞助下,前往德国慕尼黑大学求学。由于是自费留学,杨钟健在留学时期经济极为拮据,生活俭朴,甚至节衣缩食。最后一年还是在李四光和翁文灏两先生赞助下坚持下来的。参见魏佐国《杨钟健——中国古脊椎动物学奠基人》,载姚公骞等主编:《中国百年留学精英传》第3册第153—164页,南昌:百花洲文艺出版社,1997年。

一是在学术建制上的确立规训,营造氛围,其核心则指向——科学原则的确立。现代大学与科学院传统的建立,对于中国现代学术之建立与发展而言,至关重要。而作为中国现代学术与教育之第一人的蔡元培,对科学院传统(这里泛指设立研究所、以学术研究为中心的举措)则有明确的体认。早在改革北大之际,就十分强调研究所建立的重要性;到创办中研院,更充分意识到其乃为中国学术奠立规则、引领风气的中心任务。诚如李济对这一重大学术史贡献的揭示那样:

> 元培先生一生提倡学术研究,……擘画创建中央研究院,更花了他无数的心血,一直到去世为止,他从未与中央研究院脱离过关系。
> ……
> 在民国十八年,中央研究院已有物理、化学、工程、地质、天文、历史语言、心理、社会科学等研究所,在学术领域中,分别居于领导的地位,这些成绩,都是元培先生创造出来的。①

将中研院的所有功绩都归于蔡元培,无非是"锦上添花",当然不完全符合实际。但这段话里揭示的几个事实却值得关注:一是蔡元培生命最后12年的心血确实都与中研院发展密切相关;二是中研院的学术地位确实在中国语境里起到了引领风气的作用,这不仅表现在居有名义上的最高学术机关的事实,更表现为各研究所在本专业领域的学术声望;三是中国学术传统的科学院传统的确立。虽然早年在北大改革,已初步涉及学术研究制度的建设问题,但北大研究所也只有国学门稍具规模,整体的研究所制度并未能建成,所以蔡氏在北大的工作,应定位为大学制度的改革/学术制度的初创(而且也只是大学之学术制度)。但在中研院的工作,则明确表现为科学原则的确立,对此,蔡氏有这样一段开宗明义之论:

> 我族哲学思想,良不后人,而对于科学,则不能不自认为落伍者。虽曾自夸为罗盘、火药、印刷术等之创造者,然而今日西洋人所用之罗盘,其复杂为何如?彼等所用之弹药,其猛烈为何如?彼等所流行之印刷术,其敏捷为何如?其他可由此类推。且不但物质科学而已,即精神科学,如心理学、美学等,社会科学,如社会学、经济学等,在西人已全用科学的方法,而我族则

---

① 李济口述、陈德仁记《融会中西的学术大师——李济博士谈蔡元培的学术贡献》,载陈平原、郑勇编:《追忆蔡元培》第406页,北京:中国广播电视出版社,1997年。

囿于内省及悬想之旧习,科学幼稚,无可讳言。近虽专研科学者与日俱增,而科学的方法,尚未为多数人所采用,科学研究机关,更绝无仅有。盖科学方法,非仅仅应用于所研究之学科而已,乃至一切事物,苟非凭借科学,明辨慎思,实地研究,详考博证,即有所得,亦为偶中;其失者无论矣。本院为实行科学的研究与普及科学的方法起见,故设立中央研究院,以为全国学术之中坚;并设科学教育委员会,以筹画全国科学教育之促进与广被。①

在这里,科学成为"西方"的一种符号代码。这当然反映出那代人对于科学的整体认知,"科学"概念源于日人西周对 science 一词的翻译,主要指的还是自然科学;②有论者提出"科学话语共同体"的概念,③试图拓展单

---

① 《〈大学院公报〉发刊词》(1928 年 1 月),载蔡元培:《蔡元培全集》第 6 卷第 159—160 页,杭州:浙江教育出版社,1998 年。
② 汪晖:《现代中国思想的兴起》下卷·第二部《科学话语共同体》第 1112 页,北京:生活·读书·新知三联书店,2004 年。关于科学概念在中国的起源与应用,汪晖曾在早年的文章中做过追根溯源的考索,他得出的结论是:"中国思想家几乎是在对西方科学本身缺少系统学习和训练的情境下讨论'科学'问题,他们的'科学'概念是由孔德、赫胥黎、罗素、杜威等人对科学的哲学解释与中国传统的知识论、道德论、宇宙论共同构成的。中国的固有概念提供了他们了解西方近代科学的前提,而他们所接触到的西方科学思想实际上加强而不是削弱了传统思想方式的固有逻辑。当胡适等人自觉地寻找中国学术传统与西方近代科学的本质一致性时,他们是想以此证明'科学'的法则无论对于西方还是东方都是普遍适用的。这种论证方式不仅限制了他对科学本身的认识,而且把他们理解牢固地置于传统的认识方式之中——对于以'反传统'相标榜的他们来说,这是令人深思的。"汪晖:《赛先生在中国的命运:中国近现代思想中的科学概念及其使用》,载《学人》第 1 辑第 112—113 页,南京:江苏文艺出版社,1991 年。但他虽然考索了 science 的拉丁文词源 scientia 即"知识",但对西方科学概念的路径没有足够的区分。所提到的科学来源中主要是英、美、法之哲人阐释,而未涉及到德国。在我看来,英语世界中的 science(法语世界的 Science 基本路径接近于英美系)与德语世界中的 Wissenschaft 代表了两种不同的路径。不过,汪晖的立意主要还是强调中国学术语境中的"科学"概念。那就最好明确指出,此处的"科学"乃是汉语世界中的"科学"概念,既不同于 science,也不同于 Wissenschaft。关于科学概念中英、法、德传统的差异性,参见[英]梅尔茨:《十九世纪欧洲思想史》第 1 卷第 79—80 页,周昌忠译,北京:商务印书馆,1999 年。
③ 汪晖指出:"所谓'科学话语共同体'指的是这样一个社会群体,他们使用与人们的日常语言不同的科学语言,并相互交流,进而形成了一种话语共同体。这个话语共同体起初以科学社团和科学刊物为中心,而其外延却不断扩大,最终通过印刷文化、教育体制和其他传播网络,把自己的影响伸展至全社会,以至科学话语与日常话语的边界重新变得模糊。这是一个双向的过程:一方面科学家群体的科学思想包含着重要的社会文化内含,他们对一系列问题——如科学与道德、科学与社会政治、科学与人生观、科学思想中的进化论,以及科学的知识分类等——的阐释是对当时的文化论战的直接参与;另一方面,越来越多的不属于这个共同体的人也开始使用科学家的语言,并将这些语言用于描述与科学无关的社会、政治和文化问题,产生了极为深远的历史后果。这两个方面的有效互动造成了一种新的局面:科学话语共同体的话语实践和社会实践逐渐地用完整的科学知识谱系取代了(转下页)

纯的科学概念至影响社会的整体性概念,确实在某种程度上反映出那代人大多数的共性:"科学话语共同体普遍相信科学能够解决人生问题"。①通人博识如蔡元培,其思路、主张也都印证了这一点。但这段话中仍有几个维度应当特别重视:一是"功利心态"的正常性,即从"竞争强弱"角度而言,蔡元培仍难免于流俗,即希望中国由科技进步而达致国家富强,所依赖的法宝,仍是借西激中,无论是对西方技术的发达,还是"科学"概念的借用,都是出于这个基本思路;二是本质目的还是要建立其具备中国主体性的学术与知识体系,这就决定了源自西方的"科学"概念,必然要经受中国本土语境的实践改造;②三则是学术领袖机构的自期与呼之欲出。所谓"科学研究机关,更绝无仅有",此言出自蔡元培之口,颇为触目惊心。当时距北大改革已十年有余,研究所之建立几乎同步,而且此时的清华国学研究院亦同样运作有日。但在蔡元培心目中,这些都还不能算是严格意义上的"科学研究机关"。那么,何谓"科学研究机关"?就是这里的"最高科学研究机构"③——中央研究院。这样的说法,恐怕也

(接上页注③)天理宇宙观,从而为反传统的文化实践提供了自然观的前提。严复、梁启超所倡导的那些观念在这里转化为一种社会体制性的运动。"汪晖:《现代中国思想的兴起》下卷·第二部《科学话语共同体》第1123页,北京:生活·读书·新知三联书店,2004年。但值得指出的是,其间可能暗含的一个悖论是,一方面作者特别强调与"社会文化"相区分的"科学文化"的概念,由此而崛起的科学家群体(显然主要是指自然科学家,社会科学家不知如何处理?人文学者似乎不包括在内),以他们的知识建构确立了一种崭新的观念秩序,彻底打破了原有的观念秩序结构;但似乎作者也意识到,不涉及人文学者会有问题,便由此扩大成一个"科学话语共同体"的概念,希望兼及其能够包容的范围。参见上揭书第1108—1123页。

① 当然紧接着就加上"但也并非毫无疑虑",举例则为人生观问题的提出。汪晖:《现代中国思想的兴起》下卷·第二部《科学话语共同体》第1182—1183页,北京:生活·读书·新知三联书店,2004年。
② 蔡元培自己对科学的概念也不甚清晰,譬如他曾说:"至科学与人生有绝大关系,人由初生至于死,不能离开科学。科学之产生不过三四百年。人常以为理化方称为科学,实则举凡生物学、社会学及一切商业之管理法等,无不在科学范围之内。即如哲学、美术等学科,亦可用科学方法解释,仍得谓之科学。他如释迦牟尼之思想,非天生而来,实由其家庭环境与社会各方面所产生,亦可谓之科学。故无论何种学问,俱可以科学方法究其源,探其极,科学范围之大,可以想见。"蔡元培《中国科学社第十二次年会答谢词》(1927年9月6日),《蔡元培全集》第6卷第67页,杭州:浙江教育出版社,1998年。这段论述,提出了一个无所不包的大科学概念,倒有些符合德国人Wissenschaft的理想。但将哲学纳入科学之内,已属牵强;将宗教也包括进来,更是让人颇难接受。
③ 蔡元培《国立中央研究院工作报告》(1929年3月15日),《蔡元培全集》第6卷第367页,杭州:浙江教育出版社,1998年。

是社会场域的功用考虑超过本身的言说可信度。但无论如何,中研院的建立,确实如同蔡元培所标榜的,是以前中国历史上"绝无仅有"的科学研究机关,那自然也就意味着其基本原则的确立——科学原则。这一点放在今天或许会引来许多争论,但如果还原历史场景,科学原则的进步功能是绝对重要的。

二是学人精神的完整确立,其核心指向——"独立之精神,自由之思想"。对这个问题,蔡元培与陈寅恪都有相对明确的认识,尤其是后者。1929年6月2日,陈寅恪为"海宁王静安先生纪念碑"撰碑文,称:"士之读书治学,盖将以脱心志于俗谛之桎梏,真理因得以发扬。思想而不自由,毋宁死耳。斯古今仁圣所同殉之精义,夫岂庸鄙之敢望。先生以一死见其独立自由之意志,非所论于一人之恩怨,一姓之兴亡。呜呼!树兹石于讲舍,系哀思而不忘。表哲人之奇节,诉真宰之茫茫。来世不可知者也。先生之著述,或有时而不章。先生之学说,或有时而可商。惟此独立之精神,自由之思想,历千万祀,与天壤而同久,共三光而永光。"①将王国维之死上升到如许高度,固然是为了表彰学人本身(兼师友)的文化史意义,更是要为正处于建构时期的中国现代学术确立其魂魄所在——学人精神的完整确立。当然,这一点的揭出,主要是强调学术有其独立于政治之外的尊严,学人有其传承文化血脉的"为此文化所化"的崇高品格。

然而还不仅于此,1931年陈寅恪撰文《吾国学术之现状及清华之职责》,开篇即说:"吾国大学之职责,在求本国学术之独立,此今日之公论也。"②并一一拈出吾国学术之弊病:

——本国史学文学思想艺术史等,疑若可以几于独立者,实际具有统系与不涉傅会之整理,犹待今后之努力。

——国文则全国大学所研究者,皆不求通解及剖析吾国民族所承受文化之内容,为一种人文主义之教育。

——今日国中几无论为何种专门研究,皆苦图书馆所藏之材料不足;盖

---

① 陈寅恪《清华大学王观堂先生纪念碑铭》,载陈寅恪:《金明馆丛稿二编》第246页,北京:生活·读书·新知三联书店,2001年。
② 陈寅恪《吾国学术之现状及清华之职责》,载刘桂生、张步洲编:《陈寅恪学术文化随笔》第47页,北京:中国青年出版社,1996年。

> 今世治学以世界为范围,重在知彼,绝非闭户造车之比。①

其核心则在于强调:求中国学术之独立,实系吾民族精神上生死一大事。② 这里揭示的是学人精神的第二层含义,作为民族国家学人之独立,必须以本民族国家学术的独立为追求标的。也就是说,这里独立与自由的抗争对象乃是异民族国家之学术。没有学术的原则与标准(或者可以用"科学的原则"概念),仅是空谈相对政治的独立也是没有意义的。

还有第三层意义,就是应当上升到学术伦理学的层面来认知,即真正确立作为一个学人的学术理念和学术行为伦理。这一点,蔡元培表述得很清楚:"大学者,研究高深学问者也",要求学生不可"有做官发财思想";③1918年又发表开学演说,强调大学为培养学者的场所,"学者当有研究学问之兴趣,尤当养成学问家之人格"。④ 蔡元培这里一再要求的,就是让学者尽可能摆脱功利思路的制约,而纯粹以学术为标准,其悬的甚高,但为之不易。作为学生辈的傅斯年,可以说是他的后继者,他的这个观点,或能对那代留德学人的基本思路较有代表性:

> 孟师在史语所时,派人往国外进修,常劝其不要念博士,而应以求得真知实学为首要。我记得第一次上课他的自我介绍,说他在英国德国留学七八年,进过三个大学,研究几门学科,但并没有读过博士云云。今日大家一窝蜂的念博士,尤其一般要人,差不多每个人都到外国去接受赠送的博士而自以为荣,这种时下风气,傅先生九泉之下有知,诚不知作何感想。⑤

这段话或与作者当时的时代语境关联颇密,但傅斯年关于"学位与真知"关系的认知,确实是一个相当具有普遍性的,也是留学史中值得认真探讨的问题。事实上,就留德一代人来看,从蔡元培到陈寅恪、傅斯年这代人,都是非常明确的不以学位为标的,而着重游学历程。但进入1930年

---

① 陈寅恪《吾国学术之现状及清华之职责》,载刘桂生、张步洲编:《陈寅恪学术文化随笔》第47页。
② 同上。
③ 蔡元培《就任北京大学校长之演说》(1917年1月9日),载《蔡元培全集》第3卷第8页,杭州:浙江教育出版社,1998年。
④ 蔡元培《北大一九一八年开学式演说词》(1918年9月20日),载《蔡元培全集》第3卷第382页,杭州:浙江教育出版社,1998年。
⑤ 钟贡勋《孟真先生在中山大学时期的一点补充》,载王为松编:《傅斯年印象》第91页,上海:学林出版社,1997年。

代以后,冯至、陈铨、季羡林等则多以攻读学位为取向。① 这与中国现代学术建立与发展过程中"由通人向专家"转变的轨迹暗合,有其历史语境的限制,非一概可以绝对标准判断之。但就高层次的"求真知实学"而言,善于游学者成就大家的可能性或许更大。而从培养常规人才来说,毕竟读博士可有导师指点,有现成的一套范式规则可以遵循模仿,只要是常人都可以循序渐进,窥得门径;但若是游学,那必须既有非常强的自制能力(不至于沦为纨绔子弟),又有高明的学术眼光与见地,知道如何择取,并建构起自己的思想与学术根基。所以这两种求学方式各有所长,大致说来,读博士属于"规则之内",可以制造出"标准学者";而游学则属于"超越规则",既可能"漫无依傍",同时也有可能"造就大家"。这一点貌似与"独立之精神,自由之思想"相距甚远,其实若仔细推敲,则大有关联。我们比较一下日后获得博士学位者的这些学人,虽然在具体研究领域的深入方面,都不乏贡献,但若论及对中国现代学术的整体推进拓展之功,恐怕很难与蔡、陈、傅这些人相比。不仅是说学术事功的机遇也表现在学人本身的学养积淀与胸怀气度方面,而后者则与其求学路径很有关系。所以,对于后来者来说,这些貌似细节、无足轻重的方面很可能非常重要,只是当时未必能察,需要在一个相当长时段的学术史语境中才能很清晰地显现出来。所以,作为一个真正具有"独立之精神,自由之思想"的学人个体,不仅意味着独立于政治的洁身自好、竞争于异族的民族自信,也还意味着"不能盲目跟风,不能随风漂浮,不能不察大势"的

---

① 作为留德学人的季羡林是这样解释自己为何要攻读博士学位的:"我为什么非要取得一个博士学位不行呢? 其中原因有的同一般人一样,有的则可能迥乎不同。中国近代许多大学者,比如王国维、梁启超、陈寅恪、郭沫若、鲁迅等等,都没有什么博士头衔,但都会在学术史上有地位的。这一点我是知道的。可这些人都是不平凡的天才,博士头衔对他们毫无用处。但我扪心自问,自己并不是这种人,我从不把自己估计过高,我甘愿当一个平凡的人,而一个平凡的人,如果没有金光闪闪的博士头衔,则在抢夺饭碗的搏斗中必然是个失败者。这可以说是动机之一,但是还有之二。我在国内时对某一些趾高气扬不可一世的留学生看不顺眼,窃以为他们也不过在外国炖了几年牛肉,一旦回国,在非留学生面前就摆起谱来了。但自己如果不也是留学生,则一表示不平,就会有人把自己看成一个吃不到葡萄说葡萄酸的狐狸。我为了不当狐狸,必须出国,而且必须取得博士学位。这个动机,说起来十分可笑,然而却是真实的。多少年来,博士头衔就像一个幻影,飞翔在我的眼前,或近或远,或隐或显。有时候近在眼前,似乎一伸手就可以抓到。有时候又远在天边,可望而不可即。有时候熠熠生光,有时候又晦暗不明。这使得我时而兴会淋漓,时而又垂头丧气。一个平凡人的心情,就是如此。"季羡林:《留德十年》第71—72页,北京:东方出版社,1992年。

立定自家学术根基,后者尤其是一切的基础。

中研院对中国现代学术史的意义是不言而喻的,而其与时为世界学术中心的德国学术的关联更是"剪不断,理还乱"。就人员看,中研院的德国色彩亦颇浓厚,留德学人数量不多,但多居要职;而各所名誉研究员乃至研究员的身影中甚至也不乏德国学者的身影,如物理研究所的海森伯(Wiener Heisenberg)、社会科学所研究员的但泽等。① 不过更重要的,在我看来,不是广度,而是深度。如果从人数比,留美学人的比例更多;但就深度与作用而言,无疑留德学人的功用更大。留德时代对蔡元培、陈寅恪、傅斯年等人的学术趣味与品格养成不但大有益处,而且极为重要。这不但表现在他们本身对德国大学/学术制度与思想的直接介绍上,更体现在潜移默化之功用。当时德国学术之发达,为世界之冠,而爱因斯坦之相对论与兰克史学,可以认为是当时德国精神产品中最优秀者,留德学人都有所认知并择取之,当然是各取所需。但遗憾的是,由于现代学术建立期的草莽乱世,能像陈寅恪那样静心沉入于学术之纯知识世界者,②寥若晨星。即便是同样被称为留德学界"宁国府门前的一对石狮子"的傅斯年,③其致用考量仍占了主要位置。这就导致了他们对德国学术的认知度仍缺乏德人的"彻底性"与"精确性",无论是对德国学术与"德意志精神"的关联性,还是对德国学术本身的内在构造复杂性认知,都是如此;更不用说以一种批判的眼光去审视之,拷问之,辨析之而融会之了。不过这是题外话了,就中研院活动而言,留德学人数量虽少,但均占据要津,且具有独立之学人风骨与远见之领袖气度,是成就中国之科学院传统的重要推动力。没有蔡元培在现代中国文化/教育场域里雄厚的文化资本,不可能想象中研院能一举获得如此崇高的地位声势;没有傅斯年的长袖善舞、气魄宏大的事功能力,中研院(尤其是以史语所为标志)不可能在具体的学科领域内有如许的推进和迅速的成就;而如果没有陈寅恪,中国现代学术很可能就会缺了些看似无关紧要、实则关系根

---

① 周天度:《蔡元培传》第289、290页,北京:人民出版社,1984年。但泽的德文或为Danzer,德文名尚未能核出。
② 这样说当然不是说陈寅恪两耳不闻窗外事,但他的社会关怀不是直接通过纸面文章表现出来的。
③ 赵元任、杨步伟《忆寅恪》,载《谈陈寅恪》,第24页,转引自钱文忠编:《陈寅恪印象》第18页。

本的"精神气儿"。"独立之精神,自由之思想"虽只是一句话,但却是中国现代学术可以立足于世界学术之林的根基所在。当然对于后人来说,如何在更高的学术伦理层次与高度上去思考和总结前人留下的遗产,从科学院的视角来进入学术史的层面,继往开来,力拓新局,可能是摆在又一代学人面前的重要使命。就大陆主体来看,中国的科学院传统经历了三个阶段,即中央研究院、中国科学院以及三分鼎立阶段(中国科学院、中国社会科学院、中国工程院)。1977年哲学社会科学部从中国科学院中分离出来,建立中国社会科学院,这意味着人文社会科学的重要性得到更多的重视;1994年,工程科学部从中国科学院分离,建立中国工程院,也同样体现出实用性的工程科学的重要性。机构的建制是很重要的一个方面,但仅有机构建制显然是不完全的,就中研院的民国时代发展史来看,领袖型的人物是关键,他们是否具有学术经验的积累、学术胸怀的锤炼乃至学术行政的能力,更是非常重要的因素。至于具体到科学原则与学人精神的确立,则是一个学术最高机构不可或缺的"双翼并振",这比具体的策略、机构、经费等因子更具备长远性的深刻影响。

第六章

学科建设的推进——以德语文学学科杨丙辰、冯至等的师生关系为例

一、先生一代的起点意义：以杨丙辰的学术认知为中心

1920年代时，张威廉、商承祖、冯至等还是北大学子，在经历过五四文化的洗礼之后，在蔡元培长校的时代里亲身感受了什么叫做"但开风气不为师"的启蒙年代；到了1940年代，他们已经成为中国现代学术动荡年代里的中坚人物，冯至在留德归来之后先是出任中德学会干事，后终于受聘于战火纷飞的西南联大，任德文教授；张威廉也在饱经现实生活的坎坷波折之后，最后经由老同学商承祖的邀约，入中央大学任教。这一代人，毫无疑问成为日后中国德语文学学科的中坚人物，从1930年代至1990年代，他们巨大的身影蔓延过现代中国的整体大幕。而作为这代人师长辈以及中国德语文学学科开山祖的杨丙辰，其学术水准究竟如何，无疑是一个非常有趣的话题。对杨氏其人，议论诸多，但若论及学术，终不可随便指手画脚，盖棺论定的还是要依靠他自家的"硬通货"。这里

仅就接触到他的若干篇文章，略做阐发。他对维兰德、歌德、豪普特曼等多名德国作家都有涉猎。对于前者的探究，显然出于对德国古典文学的关注，而对豪普特曼的移译，当属当代德国文学批评（兼翻译）范畴。

那代人，因其筚路蓝缕，故不可以过苛之标准要求之。此处仅就杨丙辰对德语文学的整体通识为标准，考察其学术水准，这包括涉猎范围、见地高低、学术眼光与学养积累等等，而非仅以著作的数量为唯一尺度。在清华弟子李长之看来，杨丙辰的学问显然是很好的，不但"有丰富的德国文学史的智识"，而且还具备"深入而透切的文学见解"；①另一位学生季羡林则认为："杨先生是十足的好人，但说他有思想则我不敢相信。"② 当然，虽然同时受教于杨，但李、季二人之立场颇有差异，李氏更亲近，而季氏则保持距离。但这里涉及到的是问题的两个方面，一是知识，二是思想。杨丙辰当初留德，在柏林大学所治专业并非文学，而是法律。虽说在中国现代学术的初创期，往往不拘一格，如梁漱溟仅凭一篇论文就可登上北大讲堂，这说的是不以资历局限求才标准，但德国文学要"术业有专攻"，毕竟是"没有这个金刚钻就别揽这瓷器活"。杨丙辰如果没有过硬的专业底气，即便能入得此门，也不可能长久坚持。更何况，杨丙辰在这段时间里，一直扮演着本学科中心人物的角色，不但长期执掌北大德文系，而且也兼任教于清华、辅仁等校。论及他对本学科的意义，大致可概括为三端：其一，教育建制的创立功勋。他参与了中国现代学术两大传统——北大、清华的德国文学专业的建构过程，尤其是对中国德语文学学科的源头——北大德文系的创建功劳尤大。日后本专业领域的学术领军人物多与其有"师生之份"；其二，学术／文学翻译的筚路蓝缕③。

---

① 李长之《杨丙辰先生论》，载郜元宝、李书编：《李长之批评文集》第239页，珠海：珠海出版社，1998年。

② 1932年8月24日日记，载季羡林：《清华园日记》第3页，沈阳：辽宁美术出版社，2002年。

③ Harnisch, Thomas: *Chinesische Studenten in Deutschland — Geschichte und Wirkung ihrer Studienaufenthalte in den Jahren von 1860 bis 1945*（中国留德学生——1860至1945年间留学的历史和影响）. Hamburg: Mitteilungen des Instituts für Asienkunde, 1999, S.174. 材料据 Bauer, Wolfgang & Hwang, Shen-Chang (ed.): *Deutschlands Einfluß auf die moderne chinesische Geistesgeschichte — Eine Bibliographie chinesischsprachige Werke*（德国对中国现代精神史的影响——中文出版物目录）. Wiesbaden: Franz Steiner Verlag, 1982. S.212-213. 其中《火焰》一书该书称其为"万有文库第一集，1932（112+14页）"，但查［德］豪布陀曼：《火焰》，杨丙辰译述，上海：商务印书馆，1926年。应为132+14页，属"世界丛书"之一。

他的翻译不但包括德国古典文学的经典作品,如莱辛、歌德、席勒等,也关注当代德国文学的重要代表,如豪普特曼,更涉猎到德国古典哲学的代表人物如康德、费希特等。在那个时代外来文化资源引进奇缺(尤其是像德国这样的特殊国别)的背景下,是难能可贵的;其三,学术评论/研究的初步展开。虽然在那个时代,学术研究还很难说就已在严格意义上开展了,但毕竟以胡适之、陈寅恪等人相继归国为标志,中国现代学术进入了轰轰烈烈的创建时代,杨丙辰对德国文学/学术的整体修养并不算差,但似乎并未意识到学术研究和规制建设的重要性,其撰文多以学术评论为主,鲜有学术研究规范化的自觉意识。这当然与其早期接受的学术训练背景有关,但这样的思维方式,使得他即便具备良好的学术视阈和眼光,也仍不能对本学科的范式建立起到良好的推动作用,在某种意义上,甚至可以说严重制约和影响了本学科的起点与发展进程。

前两者此处略过,最后一个问题我们分两方面来仔细探讨:一个方面,就是杨丙辰的学术认知水准;另一个方面,则是杨丙辰的学术范式意义。从杨丙辰的整体学术修养来看,还是相当不错的。这不仅表现在学生辈对他的服膺,也表现在他自己文章中表现出的对德国文学/学术的整体认知上。具体言之,从这三个方面来看,杨氏的表现都有可圈可点之处。

一、对德国学术与文化的整体认知涉猎较宽。学生认为"他教人总是从根本上来",所开出的药方,竟都是德国资源,"比方对现在文坛的左翼右翼的问题吧,他就劝人读马克思和尼采,对于美学吧,就劝人读康德,对于批评呢,就劝人从莱辛,海德尔,歌德,一直读到迷尔泰。对于体系的认识,则劝人读冯德。"[①]从这里我们正可看出,杨丙辰的学养不凡,凡文学、哲学到社会学、心理学,皆有涉猎,且能贯通,他没留下什么研究真是可惜了。

二、对德国文学的古典时代有较为全面与宏阔的把握。譬如他对维兰德的认知就相当不错,在他看来:"魏兰固然不能像葛德那样有整个人类,整个世界的价值,然而他亦有他独到的精神,优美的作品、优美的

---

① 李长之《杨丙辰先生论》,载郜元宝、李书编:《李长之批评文集》第250页,珠海:珠海出版社,1998年。海德尔当为赫尔德,迷尔泰当为狄尔泰。

文笔,都是曾经与葛德以极宏深的影响的。他和葛德,释勒(Schiller),赫德尔(Herder),雷兴(Lessing),克罗普斯岛克(Klopstock)都同为建立德国古典文艺(Klassizismus)的最重要份子;他能于克罗普斯岛克所开创的崇高庄严一派刚性文字之外,独辟一派轻妙优美的柔性文字,以与之对抗,因而便完成了德国一国文字上所能有的整个精彩,而使之无美不备。他这一派在德国文艺界里的确亦曾引起许多人们,许多作家底景仰欣慕,流风所被,极其壮阔久远,而受了这潮流最良好影响熏陶的,便是葛德。"①这段关于维兰德的论述,之所以能让后来者引起共鸣,就在于其一方面能表述自己的阅读感受,是"有我"之文;另一方面则兼备文学史的眼光,有"史家意识",能将其放置在德国古典文学的整体背景中,并由此而得出较为公正客观的评断。而这两者均是治学境界达致的必备之功,所谓"欲穷千里目,更上一层楼",文学研究的累积之木就是史家的博览通识,在博览的基础上方能有所比较、评判高下;但仅有博览又是不行的,还必须对研治的对象有切身的阅读感受与"如切如磋"的感觉,这样才能既具史家之"老吏断狱"的判断力,又证之以批评家的"慧眼识英"的辨别力,两相交融,层次境界就不一样了。

譬如他接着将维兰德的作品与人格一分为二,说:"在字句方面,魏兰确系有些地方失检,写得过于香艳,甚至秽亵,但其行为却一生高洁,而毫无可议处。他是德国近代伟大小说家的开始者,他是近代首先又把浪漫主义(Romantik)底宝藏给德意志民族打开的人。他的著作里所表现的那愤世嫉俗,鞭笞社会上伪善,伪君子,狗苟蝇营,眼光如豆的卑劣分子的态度,那滑稽的,讽刺的,嘲谑的,清晰流利的笔调,在在都是他的真精神底透露,而亦是增长他的价值,他的光荣,而真正值得介绍的事物。"②这段话则有些问题,什么叫做"行为却一生高洁,而毫无可议处",将作家生平与作品联系起来,本无不可,但过于将其混为一谈,可能也有问题。

---

① 杨丙辰《魏兰(Chr. M. Wieland)之生平及其著作》,载中德文化协会编:《魏兰之介绍》第3—4页,上海:商务印书馆,1934年。另见杨丙辰《威兰之生平及其著作》,载《大公报·文学副刊》306、311期,1933年11月13日、1933年12月11日。葛德、释勒、赫德尔、雷兴、克罗普斯岛克今译分别为歌德、席勒、赫尔德、莱辛、克罗卜施托克。

② 杨丙辰《魏兰(Chr. M. Wieland)之生平及其著作》,载中德文化协会编:《魏兰之介绍》第4页,上海:商务印书馆,1934年。

更有意味的是,他对个案作家的研究往往能导出更加阔大的命题来。譬如他将维兰德与德国古典时代的另几位大诗人,乃至欧洲其他各国、中国大诗人比较后,会得出这样的对"文艺"的解释:"'文艺是表现人生及导率人生。'一个大诗人,一时一代,一国一邦文艺底圆满程度如何,价值高低底标准,俱是要看它们在这两方面所做到的程度如何的。如果我们现在要再从这两方面来一观察'德国的古典文艺',籍以彻底明了魏兰在德国古典文艺发展上所占的位置怎样,那我们就要觉得德国古典文艺所表现的这两方面的程度至圆满至周备的,所表现的价值是至高无上的,因此我们简直可以直接断定德国古典文艺是世界各国文艺之冠,放射着奇异伟大,掩遮了一切的光明。"①不仅如此,杨丙辰还在这短短的文字之中充分表现出其对于德国文学史的整体把握和世界文学维度的盖棺论定:

  与壮年的魏兰处于相反的地位,前边文中屡屡提及的德国近代文艺发展一开头的第一位大诗人克罗普斯岛克便也是首先发挥了人类壮美的一方面,给与了近代德国文艺那高尚庄严的内容,奠定了德国文艺后此发展上的巩固伟大,宏深雄健的基础,而与他相反适以相成的魏兰却给他所培养的这蓬勃郁茂,根深蒂固的花朵添上了美艳鲜明的颜色和浓郁芬芳的气味,他畀与德国文艺以轻盈美妙的形式,温馨艳丽的词藻,他所发挥的,是人类优美的一方面,所描写表现的,是人生天然具有的乐趣,所指导给我们的人生道路是入世与出世底调和,他不主张完全铲除人欲,但亦不主张纵欲,因为完全铲除人欲,人类就要灭绝,完全任纵人欲,人类更是不会存在的。德国的文艺发展到这个地步,已经是把人类精神与肉体,惟心与惟物两方面,换句话来说,就是把整个的一个人整个地表现了出来,这已经很有可观,很够周备圆满的了,但是到了雷兴与赫德尔竟能又精进一步。雷兴在文艺方面发挥表现了为一切批评,一切真,美,善底大权衡的理性,所主张的人生最合于自然,合于中和之道,赫德尔又掘示发挥为一切艺术家最后条件的天才,而

---

① 杨丙辰《魏兰(Chr. M. Wieland)之生平及其著作》,载中德文化协会编:《魏兰之介绍》第25页,上海:商务印书馆,1934年。这是一个非常有趣的现象,对德国文学的推崇,仿佛只是极少数专家和精英的事。譬如刘大杰就敢这样盖棺论定说:"综观各国的文学,最伟大最有特殊个性的,要算德国与俄国的作品。在他两国的文学里面,能深深地看出他们的民族性,体验当时的时代精神……德国的文学,与俄国的作品有同样的伟大,兼有比俄国悠远的历史与富有理想的民族精神为背景,我敢说德国文学,在世界文学中,为最优美的一部分。"刘大杰:《德国文学概论》第1页,上海:北新书局,1928年。

主张情感的人生。德国的古典文艺到这个地步,从内容上说,情感理性,批评创作,唯心唯物,优美壮美,面面俱到,真可谓"富丽宏深,无美不备了",然而仍尚有极出人意料之外的,就是到释勒与葛德竟能把上面所说散见于四人的种种优点,种种潮流,俱能完全具备于二人之身,俱能把这种种优点潮流发挥光大到了无可发挥,无可光大的集大成的极峰极顶,因以造成德国文艺上那空前绝后,超越一切,一个民族里仅能一现的伟大隆盛时期。写到这儿,我们可以完全明了魏兰在德国文艺光明发展上所占位置底重要和他对于人类贡献底伟大,因而自可晓然我们这次纪念他的专刊是一种需要,而不是一种无意识的举动了。①

杨丙辰的文字过于华丽,不太像学术文章的谨严与德国学者的彻底,但这样的文字却能痛快地表达思想,也不乏获得潜在读者的效应。读到这样的文字,一定会让人对德国文学情不自禁地生出景仰、钦慕之情。更重要的是,由这样的文章,杨丙辰甚是痛快淋漓地表露出其作为潜在文学史家的高明见地,应该说,他对维兰德的认知和把握,就整体而言是相当到位的。而更令人汗颜的是,中国学界至今尚未有对这个德国文学史上的重要人物有较为详尽的译介和深入的研究。杨氏通过维兰德一人,将德国古典文学的断代史相当清晰地叙述出来,每个主角都用语简明、特点清楚,而且又反之能将维兰德的文学史意义烘云托月地衬托出来。应该说,这样的一种把握显示出了作者良好的德国文学学养与文字表述功力,是值得肯定的。

事实上,杨丙辰对莱辛、歌德等也均有相当深的涉猎,所以难怪学生们颇为景慕他们的"导师",因为他"能够拣大处,统摄了他那丰富的德国文学的智识,给我们以简而扼要的途径。在这种时候,我们每每觉得是得了无穷的原动力,我们往往觉得好像入了一个宝库一样,满载而归"。②印之杨氏的文章,这段判断当非"空穴来风"。

---

① 杨丙辰《魏兰(Chr. M. Wieland)之生平及其著作》,载中德文化协会编:《魏兰之介绍》第25—26 页,上海:商务印书馆,1934 年。还可参见杨丙辰《歌德与德国文学》,载周冰若、宗白华编:《歌德之认识》第 217—225 页,南京:钟山书局,1933 年。在后一篇文章中,杨丙辰也基本是在德国文学史的整体维度中来谈论和理解歌德,与此篇可相互印证,可见出作者对德国文学史,尤其是德国古典文学的认知程度。
② 李长之《杨丙辰先生论》,载郜元宝、李书编:《李长之批评文集》第 243 页,珠海:珠海出版社,1998 年。

如果说《歌德何以伟大》一文更多立足于宏通的比较视野,[①]那么《歌德与德国文学》则必须有对德国文学史的基本认知,[②]虽然以现在的眼光看去,很难说这是严谨的学术研究,但至少他不乏自己的见解,对资料也算比较熟悉。应该说此文对歌德与德国文学主要作家的关系,都作了梳理,包括前古典派的三大家克罗卜施托克、莱辛、赫尔德。而且他能不囿于常见,如对赫尔德就给予很公允的评价,认为:"近世的德国文学批评家因为赫尔德的创作天才稍逊,所以多有损及他的文学地位的言论,但是只他玉成歌德的这一番的举动已足可使他不朽于人间的了。"[③]确实,作为歌德青年时代导师的赫尔德的意义,怎么高估也不过分。[④] 而即便就文学史角度而言,艺术性是一个标准,但不可仅惟艺术而论。洪堡文学创作的数量其实也相当可观,艺术性确实不能与歌德、席勒相提并论,但他的思想史意义却一点不可低估。应该说,杨丙辰对德国古典文学的认知,论学术研究的严谨性与彻底性自无法与后人相比,但若论通识与眼光,确实达到了相当层次。

三、对德国当代文学有较为关注的视野。早在1920年代初期,杨丙辰就译介豪普特曼,在《獭皮》一书的《译者序》中对作者做了颇为详细且精当的介绍:

格尔哈得豪布陀曼(Gerhart Hauptmann)是德国现代最大的自然派文学家(Naturalist)。他的声望的隆盛和他的著作在社会中所收的效果,都是

---

① 杨武能曾谈论过杨丙辰这篇文章,不过他否定杨丙辰关于歌德"宁静和谐"与"中和中庸"的阐释,似乎值得商榷。参见《永远的歌德,永远的伟大——代结束语》,载杨武能:《走近歌德》第334页,石家庄:河北教育出版社,1999年。
② 杨丙辰《歌德与德国文学》,载周冰若、宗白华编:《歌德之认识》第217—225页,南京:钟山书局,1933年。
③ 杨丙辰《歌德与德国文学》,载周冰若、宗白华编:《歌德之认识》第223页,南京:钟山书局,1933年。
④ 诚如歌德自己所言:"他(指赫尔德,笔者注)的谈话无论何时对我都很有意义,他能够用提问、回答或者其他别的方式随便说明他的意图。所以,他每天,甚至每时每刻都能启发我获得新的见解。以前在莱比锡的时候,我已经习惯了用一种狭隘的、拘谨的思路去考虑问题,我对德国文学的一般知识也没有因为在法兰克福的生活而得到扩展,那些神秘的、宗教式的炼金术甚至将我导入一种幽暗的境地。对近几年来在广阔的文学界所发生的事情,我几乎茫无头绪。可现在,通过赫尔德的介绍,我忽然就了解文坛的一切活动及其路向了。当时他已十分有名,尤其是通过《断片》、《批评之林》等著作,他可以说已经名列当代国人所仰望的杰出人物之林。"《歌德文集》第4卷《诗与真》上册第416页,刘思慕译,北京:人民文学出版社,1999年。

令人至可骇异的。他的十四部戏剧先后仅在德都柏林雷兴剧馆及德意志剧馆(Das Deutsche und Das Lessing-Theater in Berlin)十年间竟演至一千一百六十九晚,(每年折合一百一十七次);而在欧战前三年间他所获的报酬竟达七百万马克(折合我国银币的三百五十万元)。金钱上的效果,虽未足为文学的价值的佐证,并且在德国虽很有一派批驳自然派文学(Naturalismus)的议论,但是豪氏却是个有真正文学的精神和不朽的价值的文学家。因此德国来布其大学(Die Leipziger Universität)及英国牛津大学(The University of Oxford)都授他荣誉博士的学位,并且一千九百一十二年他还得到了瑞典的诺贝尔奖金(Nobelpreis)。①

豪普特曼的声名在当时如日中天,将其纳入职业日耳曼学者的视野,本不足奇。但如果我们考虑到现代中国学术场域建设的特殊性,就仍会为杨丙辰的工作而感到高兴。实际上,对当代德国文学的相对忽视,乃是中国现代学术场域建设的一大问题,这既与学术主流的话语兴趣有关,也和本专业学者的自觉引进和当下意识相连。以德语文学(包括外国文学)为研治范围,肯定处于中国学术场域的相对边缘地位,但这决不意味着本研究领域的可有可无,其实,正如我一再指出的,中国学术的发展,其世界胸怀的有无非常重要。而世界胸怀的有无则首先取决于世界知识在汉语语境中完整构建,后者则端赖于各学科的协力共进。因为,没有一个一个具体的国别/地区研究的坚实基础,奢谈世界知识无疑是可笑的。这既包括已成传统的外国经典译介,也包括与当下密切相连的外国当代创造。请注意,恰恰是在后一个层面,我们往往认知不够,更不用谈译介了。所以,杨丙辰作为现代中国学术场域最重要的德国文学研究者兼中德文化交流参与者,他重视当代德国文学,这一点同样是难能可贵,值得肯定的。

以上论列杨氏学术认知诸端,基本属于肯定。但第二个方面,即学术范式意义方面,却不得不立足于"近乎苛求"的批判立场。一个学者,从学术史的眼光来考察,就不能仅说他学术认知如何、见地怎样高明、眼光如何通拓,而还应该考虑其撰作本身的学术范式意义。杨丙辰的撰作,多半以学术评论为主。这种行文方式,在那个时代也不足为奇。其实,我们看胡适的《中国哲学史大纲》(上册),他所采用的行文方式,也不

---

① 杨丙辰《译者序》,载[德]豪布陀曼:《獭皮》第1页,杨丙辰译述,上海:商务印书馆,1926年。

能就说是很严格意义上的学术研究。这一整套的现代学术规范,在现代中国的学术场域中似还远无20世纪90年代以后这样的"走上正轨"。

事实上,杨丙辰不应该缺少这种学术范式意识。就学术训练来看,他虽非德文专业科班出身,但毕竟曾在柏林大学求学,后者是当时世界上的学术中心,基本的学术规范常识应不成问题;而再进一层,即便就学术史角度而言,他曾翻译过德国学者施乐德的论文《五十年来的德国学术·德国语文学》篇,①应该说对本学科的现状是有相当了解的。可是,他显然不是按照我们今天所理解的学术规范行文和运思的。这导致了双重后果:一则杨氏自己的论述,见地则不乏高明,可不能以学术之严谨衡量之;二则很可能是对日后张威廉、商承祖、冯至这代人学术写作方式的一个间接影响。老师如此,学生亦然。②

---

① 爱德华·施乐德(Edward Schröder):《德国语文学》,杨丙辰译,载中德学会编译:《五十年来的德国学术》第2册第499—568页,上海:商务印书馆,1937年。

② 当然杨丙辰对学生一代在学术方面影响的程度,乃是一个值得继续探讨的复杂问题。商承祖、冯至都在德国获得博士学位,并非不懂得现代学术规范。而作为北大德文系学生的张威廉、冯至等均对欧尔克教授印象深刻,但主动提及杨丙辰的似乎不多。如张威廉这样回忆道:"每天上午都是听欧尔克教授讲课。他从德国带来一些作家文集、参考书和他自著的《德国文学史》、《莱辛评传》等,由学生选购。有些文集即用作教材。我们除读文学作品外,有语言史、文学史等等,也都是抄展板。讲语言史时,结合选读一些哥特文、古高地德语的《希尔德布兰特歌》,中古高地德语的《尼白龙根歌》等,则都发铅印讲义。有些要求背诵。我对此很有反感。认为背诵这些已死的语言,无补于德语学习。欧尔克教授还要求我们熟读三五十首自己爱好的18世纪以来德语诗歌,要能背诵。因为诗歌有其自然的抑扬顿挫的节奏,能有助于说话流利。……欧尔克是个莱辛研究者,他在讲文学史时对莱辛的生平、作品和对当时的文坛的影响讲得特别详尽。我对莱辛的散文和三部名剧也特别爱好。……欧尔克对文学作品的教法是:先由学生自己在课外阅读,一次约二三十页,第二天在堂上口述其内容。四年中阅读的作品以戏剧为多。除莱辛、歌德、席勒外,他似乎很重视克莱斯特和黑贝尔。"《我学德语的经过和对德语教学的点滴看法》,载张威廉:《德语教学随笔》第156—157页,南京:南京大学出版社,2000年。冯至则这样回忆:"北大校当局有远见,不仅买书,还请来一位颇有声望的教授。这位教授著有德国文学史,出版过研究莱辛的专著,编过浪漫派女作家贝蒂娜·封·阿尔尼姆的全集,他的姓,译为中文为欧尔克。那些书主要是在他的建议下选购的。他热心指导编目,把图书安排得井井有条,从古德语文献到当代文学,各家的作品应有尽有,也有少量历史、哲学书籍以及德语翻译的其他国家的文学名著。"冯至《怀念北大图书馆》,载《冯至全集》第5卷第78—79页,石家庄:河北教育出版社,1999年。但尽管如此,冯至还是在口头为我们留下了回忆,说杨丙辰是其在北大学德国文学时的"恩师"。[日]秋吉久纪夫《诗人冯至访问记》,载《中外诗歌交流与研究》1992年第1期。秋吉久纪夫原名秋吉胜广,是日本诗人与研究中国文学的学者,他曾将《冯至诗选》译为日文在日本出版。与冯至有通信往来。可参见冯至:《冯至全集》第12卷第461—466页,石家庄:河北教育出版社,1999年。

如果说作为先生一代的蔡元培、卫礼贤、杨丙辰等起到的是发凡起例之功,那么作为学生一代的张威廉、商承祖、冯至等人,则应该达到"春华秋实"之效。遗憾的是,由于战争的缘故,北大、清华原有的德文专业都被取消,西南联大的外文系只有英文专业与德文公共课,而在中央大学,德文同样是作为公共外语。尽管如此,德文专业的重振,在20世纪40年代后期仍初步显露出端倪。其领军机构和人物,则体现为中国现代学术传统的另类呈现——北京大学与中央大学。请注意,南北大学的格局此时初步显现出替代"北大—清华"模式的可能。而到1952年院系调整之后,这一格局最终定型。这不但表现在清华的文科尽数裁撤,终于变成一个"畸形"发展的工科型大学,北京大学与南京大学则调整成以文理为主的综合大学;同样也表现在具体的学科领域,德文专业也几乎成为全国范围内硕果仅存的寥寥数家。

二、留德背景、南北大学与学术承传:20世纪50年代作为创业者的学生一代

德文专业的发展,在20世纪50年代曾经有过一个不应错失的良好机遇。因为1952年的院系调整,既是新的政治背景下的意识形态整合的部分内容,同样也不妨理解为学术/教育力量集结的一次难得机遇。从德文学科的发展来看,事实上也确实可看作是经过20世纪40年代的"战国争雄"阶段后,终于进入了明显体现出由国家指定的特色发展道路的20世纪50年代。

应该说,任何一门学科,在其发展过程中,都很难避免"艰难起步"、"坎坷发展"、"扩张竞争"、"常态进行"的诸种程序,有时候其发展状态近乎"无序竞争"。事实上,就现代中国学术语境里的德文专业而言,从早期的"万流归一"(北大)到稍后的"双峰并峙"(20世纪20年代北大、清华),再到之后的"诸雄竞争"(20世纪40年代有北大、清华、中央、复旦、同济等大学等),而经过20世纪50年代由政府绝对权威主导的院系调

整和建设,则毫无疑义地将这种"学术圈地"发展到了极致。① 从文化地理的角度来看,倒也算得平衡——南北对峙。当然,对一门学科而言,其发展进程不仅应用这种单纯的机构设置和教育承传而衡量,更要考察其学术成果的获得及其显示出的范式意义。

"南北对峙"经由国家意志的指定,方才显得如此一清二楚。南方以南京大学为基地集中了各校精华,尤其以复旦、同济的全部尽集金陵为标志;北方则由北京大学做东道,清华的师资尽数归之北大。而有趣的是,这南北大学的德文学科主事者也都占据了外文系(或西语系)的领袖位置,商承祖出任南大外文系主任,德语教研室主任为张威廉,德语文学教研室主任为陈铨,人才何止是极一时之盛呢?北大西语系主任由冯至担任,德文师资中包括杨业治、田德望等人。北冯南商之说,当由此时始。他们都不是北大德文系的首届学生,商承祖虽然跳级,但仍是第二届学生(1920年入校),冯至则是第五届学生(1923年读本科)。然而南北大学的传统,其源头都毫无疑义是北大德文系。冯至算是承接正宗学统,而商承祖面临的任务,则是开辟南宗一脉。

在具体的学术研究方面,早在20世纪30年代归国的陈铨、冯至,就已经超越了师辈,无论是其时未译成汉语的《自然与精神的类比——诺瓦里斯的气质、禀赋和性格》,②还是译入汉语学界的《中德文学研究》,③都明显"崔颢题诗在上头",标志着无论从学术规范而言,还是就问题意识来说,均非先生一代如杨丙辰可比拟。20世纪40年代,陈铨的《文学

---

① 北京外国语学院是由1941年成立的抗大三分校俄文大队发展而来,1954年改为北京外国语学院,设有德语专业;上海外国语学院(简称上外)前身为1949年12月成立的华东革大上海俄专,1956年改为上海外国语学院,设有德语专业。付克:《中国外语教育史》第117页,上海:上海外语教育出版社,1986年。这两所具有苏联特色的专门性外国语学院的建立,其德语专业主要分别从北大、南大就近抽调专业师资与人手。

② 冯至《自然与精神的类比——诺瓦里斯的气质、禀赋和性格》,载《外国文学评论》1993年第1期。德文本 Feng Tscheng-Dsche: *Die Analogie von Natur und Geist als Stilprinzip in Novalis Dichtung*. Heidelberg: Buchdruckerei August Lippl,1935. 全译本见冯至:《冯至全集》第7卷第1—141页,石家庄:河北教育出版社,1999年。

③ Chen, Chuan: *Die chinesische schöne Literatur im deutschen Schrifttum*(德国文学中的中国纯文学)Inaugural-Dissertation zur Erlangung der Doktorwürde der Hohen Philosophischen Fakultät der Christian-Albrecht- Universität zu Kiel. vorgelegt von Chuan Chen aus Fu Schün in China. 1933. 陈铨:《中德文学研究》,沈阳:辽宁教育出版社,1997年。

批评的新动向》《从叔本华到尼采》以一股凌厉之气破空而出;①而冯至的《歌德论述》则更是中国日耳曼学者第一次对歌德进行的具有学术立场的系统考察。②但因20世纪30年代至40年代基本处于战乱之间,始终不可能有充分的制度性建设空间,所以学科建设不太可能提上议事日程。1934至1937年间陈铨虽然任教清华,但毕竟时间过于短暂;西南联大又将德文专业裁撤,更使得冯至、陈铨等难有用武之地;1946年后,北大、清华虽相继复原,但德文专业始终没有复兴的迹象;1947年,尽管中央大学新建德文专业,可其所拥有的空间和余地其实也很小。所以,无论从哪个方面来看,1952年由南京大学来整合南方的德文专业学术力量,应该说是一个很好的机会。

那么我们要问,在经历过漫长的战争和新时代的政治磨砺之后,20世纪50年代的中国学术场域究竟留下了多少空间,给予德文学科以自我建设的发展可能? 20世纪50年代的中国,是一种"敢叫日月换新天"的时代氛围。③ 可以这样来理解这个时代的转折性意义:"毋庸置疑的一点是,40—50年代的转折既是一种社会、政治层面的转折,也是思想、文化、文学上的转折。而主导这一转折的因素,则是左翼力量的壮大和全面获胜。一方面是中国共产党在军事、政治上取得的相对于国民党的绝对胜利,从而完成政权的更替;另一方面是以延安文学为核心,确立了新的文学规范,并逐步建立一套从表现内容,表达方式到生产、传播体制的高度规范化的话语形态。"④不仅文学规范如此,学术规范亦同样如此。在那样一种特殊时代里,不可能过分强调学术的特殊性。像陈寅恪那样,即便于文革时代也能"在漫天狂潮中孤寂地枯守一隅",以一代学人

---

① 陈铨:《文学批评的新动向》,重庆:正中书局,1943年。陈铨:《从叔本华到尼采》,重庆:在创出版社,1944年。
② 冯至:《歌德论述》,南京:正中书局,1948年。冯至在《歌德论述》出版之后,又陆续写过一些关于歌德的文章,最后合成一本《论歌德》(1985),这些文章已经有意识地修正和调整他过去的某些看法。参见冯至:《冯至全集》第8卷,石家庄:河北教育出版社,1999年。
③ 1950年代中国的大学场域的整体变迁,是本学科的重要背景。这个方面的内容,可参见胡建华:《现代中国大学制度的原点:50年代初期的大学改革》,南京:南京师范大学出版社,2001年。
④ 贺桂梅:《转折的时代——40—50年代作家研究》第18页,济南:山东教育出版社,2003年。

的大气磅礴和耿介自持而坚守着一生戮力的"精神之学问"的学者,①实在是"凤毛麟角"。而绝大多数人,还是像冯至那样以相当真诚的方式要承担起对"新社会"的责任感。②

这一代学者的主流,仍是中国日耳曼学者的第二代人。当众多大学的德文专业被取消或合并,只留下硕果仅存的南北大学的时候,剩下的学者也确实是屈指可数了。诚如我们在上面所提到的,南大学者包括商承祖、张威廉、陈铨、廖尚果等,北大学者则有冯至、杨业治、田德望、严宝瑜等。尽管在如此"压抑"的背景下,作为学者,他们除了有自觉自愿"靠拢"的一面,③也有不知不觉中"坚守"的一面。这些,重复表现在他们留下的"学术痕迹"上面,虽然不多,但毕竟"青史留痕",有白纸黑字为证。

20世纪50年代的商承祖、冯至等人,年纪在知命左右,正是人文学者的黄金时代。这十余年的时间,他们一方面培养了不少学生,④另一方面做了一些翻译工作。而学术研究则基本"淡出视野之外",不但极少有专著留下,能有数篇专业性强的学术论文就是很不错了。尽管如此,仍为我们管窥那代人在那种特殊时代中的学术轨迹留下了"飞雪鸿泥"的

---

① 所谓"一生负气成今日,四海无人对夕阳",最准确而深刻地把握住了陈寅恪的思想世界。钱文忠编:《陈寅恪印象》护封,上海:学林出版社,1997年。1967年4月2日陈氏的一纸"声明",当最能显示其"心态与风骨":一、我生平没有办过不利于人民的事情。我教书四十年,只是专心教书和著作,从未实际办过事。二、陈序经和我的关系,只是一个校长对一个老病教授的关系。并无密切的往来。我双目失明已二十余年,断腿已六年,我从来不去探望人。三、我自己的一切社会关系早已向中大的组织交代。蒋天枢:《陈寅恪编年事辑增订本》第180页,上海:上海古籍出版社,1997年。

② 冯至会如此真诚地公开表态:"此后写出来的每一个字都要对整个的新社会负责,正如每一块砖瓦都要对整个建筑负责。这时我理会到一种从来没有这样明显的严肃性:在人民的面前要洗刷掉一切知识分子狭窄的习性。这时我听到一个从来没有这样响亮的呼换:'人民的需要!'如果需要的是更多的火,就把自己当做一片木屑,投入火里;如果需要的是更多的水,就把自己当做极小的一滴,投入水里。"《写于文代会开会前》,原载《人民日报》1949年7月2日特刊,见冯至:《冯至全集》第5卷第342页,石家庄:河北教育出版社,1999年。也还不仅如此,他的《从右派分子窃取的一种"武器"谈起》(1957)、《论艾青的诗》(1958)都是相当有分量的、学术性的"论战"与"揭批"文章,是非常值得回味的。参见龚翰熊:《西方文学研究》第355—356页,福州:福建人民出版社,2005年。

③ 关于这个问题,可参见 Ye Jun: "Der Wandel der fremden Größe im zeitlichen Kontext — Die Schillerrezeption von Feng Zhi in den 1950er Jahren"(时代语境中的异国伟人镜像变迁——以1950年代冯至的"席勒诠释"为中心)。2005年8月26日—9月3日第11届国际日耳曼学会议论文,巴黎索邦第四大学。

④ 中国德文学科的第三代人,大多数是1930年代生人,并在这个时段接受了大学本科教育。所以他们不是出自北京大学冯至门下,就是南京大学的校友。

可能。

商承祖的学术兴趣,①好像关注莱辛比较多,这很可能是接受了北大导师欧尔克的影响。② 但他的研究路径,显然受到当时意识形态的很大制约,譬如对马克思主义立场的自觉靠拢以及尝试运用。在《〈爱美丽雅·迦洛蒂〉后记》中,他大量引用了恩格斯的论述,来阐释 18 世纪德国社会的全面状况,来理解启蒙运动的整体背景;在具体评价莱辛作品方面,则主要引用了车尔尼雪夫斯基、梅林的论述。由此,而得出对莱辛的整体评价:

> 莱辛把这种批判的独立思考方法,反对传统的思考方法,反对宗教迷信的思考方法——提高作为政治性的任务,而替德国未来的资产阶级革命准备下了条件,并且也给他指出了一个方向。他一生事业上的成就是辉煌的,例如:通过他的批评,使当时所谓德国文坛的权威偶像郭柴德倒了下来,清除了法国宫廷文学对德国文学的毒害;通过他的批评,他向德国作家指出应该向莎士比亚的现实主义学习;通过他的批评,他替德国文坛建立起一套现实主义的美学体系("汉堡剧评"、"拉沃铿");通过他的批评,他大胆揭发当时德国封建专制政权的荒淫无耻("爱美丽雅·迦洛蒂"悲剧);通过他的批评,他号召教派不应该互相仇视,应该彼此宽容,从实践工作中来证明宗教的精神实质,向人类宣扬博爱的人道主义("智者纳旦"剧本)——莱辛一系列的成就,是远远地超过了文学范围的,他毕生的事业是要同时从政治的和社会的角度来估计,才可以获得一个明确的全面的认识。③

实事求是地说,商承祖的德国文学修养不错,无论是对赫尔德还是歌德的引述,还是从美学角度来分析剧本的技巧艺术,都能展现出他的学术功底。但这里面有一个问题很重要,就是受到意识形态的过分制约,其实引述恩格斯与马克思主义文艺理论家的论述很正常,但关键

---

① 关于商承祖其人,可参见叶隽《出入高下穷烟霏——追念商承祖先生》,载《中华读书报》2005 年 8 月 17 日。他因其父商衍鎏的关系,而得与德国建立起密切的文化关联。参见叶隽《有时空望孤云高——念商衍鎏先生》,载《中华读书报》2005 年 7 月 20 日。
② 商章孙(商承祖)《后记》,载[德]莱辛:《爱美丽雅·迦洛蒂》第 96—102 页,商章孙译,上海:新文艺出版社,1956 年。
③ 商章孙(商承祖)《后记》,载[德]莱辛:《爱美丽雅·迦洛蒂》第 97—98 页,商章孙译,上海:新文艺出版社,1956 年。郭柴德当为戈特舍德(Johann Christoph Gottsched, 1700 - 1766),"拉沃铿"当为《拉奥孔》(Laokoon oder über die Grenzen der Malerei und Poesie, 1766)。

是"契合有度"。而在那个时代,是很难有学者恰如其分地把握了这点的,所以对商氏也不必过于苛求。但他过分批评戈特舍德,则还是表现出其文学史眼光欠佳。他说:"在莱辛时代,德国文坛为郭柴德等人闹得乌烟瘴气,莱辛的'爱美丽雅·迦洛蒂'在这黑漆漆的气氛中突然地涌现出来,好比黎明前的一线曙光,预示德国文艺临近了未来的光明。"①

事实上,莱辛虽然很关注民族戏剧的建设问题,但并未决然地走向政治性的立场。始终固守文化创造的位置,才是莱辛的可贵之处。而莱辛的崛起,虽是对戈特舍德等人的挑战与超越,但正如"没有晚清,何来五四?"戈特舍德所倡导的崇尚法国戏剧的新古典主义,就德国戏剧的早期发展来说是有很大贡献的,所谓从"草莽乱世"到"规则奠立",无论如何,这表现出那代人建设性的思路。可当新兴的市民阶级越来越凸显其更积极的文化诉求时,对原有文化生产体制的冲破,就显得不但必要而且迫切。而莱辛的应时崛起,正体现了这种趋势。以宫廷为主要生长土壤的法国新古典主义原则,不但没有能够真的去理解形势、转化姿态,来适应这种民众诉求,反而凭借自身所处的压倒性文化优势地位,来遏止与打压正在成长中的市民文化意识与新要求。这才是莱辛挑战戈特舍德的关键所在。对这一点,商承祖显然以阶级斗争的理论为依据,将其过分简单化,而没有能更深层地进入乃至还原莱辛所处的德国文化场域。

不过,这些都属那个时代的"特殊背景"与"正常现象",无足深责。商氏的路径其实也表现了某种共通性。如谓不信,再来看看别人。陈铨似乎在这个时段里根本就没有什么研究。② 而张威廉在这段时间里,最

---

① 商章孙(商承祖)《后记》,载[德]莱辛:《爱美丽雅·迦洛蒂》第102页,商章孙译,上海:新文艺出版社,1956年。
② 据说陈铨在1954年曾完成两篇手稿,一是《舞台与戏剧的问题》,一是《科利奥兰纳斯的改编问题——从普鲁塔克、莎士比亚到布莱希特》,但均是未刊稿。季进等:《陈铨:异邦的借镜》第192页,北京:北京出版社出版集团/文津出版社,2005年。事实上,陈铨在1950年代后的生存状况可以通过这样一种描写显现出来:"1949以后,陈铨一方面将精力全部投入教育活动,另一方面竭尽全力,全面适应新社会新时代。尽管如此,陈铨并没有得到新政权的真正认同,对于新社会新政权来说,鼓吹过'强力意志'、'英雄崇拜'、'民族文学运动'的陈铨永远只能是'异类'。"上揭书第172页。

大的贡献是对布莱德尔的译介与研究。① 研究对象的选择，就表明了他的基本立场。布莱德尔(Bredel，Willi，1901-1964)是东德社会主义现实文学的代表人物之一，其主要表现内容是工人运动及工人阶级在斗争中的成长与觉醒，代表作为《亲戚与朋友们》三部曲(Verwandte und Bekannte)。② 张威廉如此总结布莱德尔的创作成绩：

> 毛主席说，文艺把日常现象加以组织、集中、典型化，使人民群众惊醒起来，振奋起来，提高他们的斗争热情与胜利的信心。布莱德尔在他的许多作品里把德国近百年来的社会现象，这里的资本主义和社会主义两条道路的斗争，通过典型环境中的典型人物，再在我们眼前展示一次，使我们认识一下在时代的巨轮带来的新与旧的矛盾中的那些不能和过去时代分开的人物，对新事物没有信心、没有决心的人物，意志薄弱、愚昧无知、不能突破他们的环境的人物，以及由这些人物给予人民群众以至于全人类带来的后果；使我们不由自主地对他们发生憎恨、厌恶，觉得应该对他们进行坚决的斗争或提高警惕；同时，他塑造出一系列德国劳动人民里面最优秀的儿子们的形象，他们体现给我们新的、共产主义的道德标准，使我们不由自主地对他们发生热爱，受到感动，觉得应该向他们学习，他们的行动提高了我们对社会主义的热情，使我们深信，德国在这些人的努力之下是必然会在不久的将来走上和平统一的道路的。③

引用毛泽东论述乃是时代现象，不足为奇；将阶级斗争作为理论依据，同

---

① 《威利·布莱德尔作品的风格、特征和社会意义》，原载《南京大学学报》1958年第1期，此处见张威廉：《德语教学随笔》第104—121页，南京：南京大学出版社，2000年。另张威廉还有一篇文章介绍《布莱德尔〈新的一章〉及其写作经过》，上揭书第122—124页。张威廉对布莱德尔作品用力甚勤，不仅是最重要的汉译者，而且其翻译的布莱德尔著作在他整个译著占的分量也是很大的，包括：《一个德国兵的遗嘱》、《五十天》、《沉默的村庄》、《布莱德尔小说选》、《父亲们》、《儿子们》、《孙子们》、《新的一章》等。《张威廉先生的主要译著》，载孔德明、华宗德主编：《日尔曼学研究——贺张威廉先生百岁华诞论文集》第xii—xiii页，上海：上海外语教育出版社，2002年。关于张威廉和布莱德尔的交往，参见《缅怀威利·布莱德尔》，载张威廉：《德语教学随笔》第125—128页，南京：南京大学出版社，2000年。

② 关于布莱德尔的介绍，参见余匡复：《当代德国文学史纲》第52—54页，沈阳：辽宁教育出版社，1994年。Salzer, Anselm & Tunk, Eduard von (Hrsg.): *Illustrierte Geschichte der deutschen Literatur*（插图本德语文学史）. Band 6. Köln: Naumann & Göbel, 无出版年份, 363-364. Emmerich, Wolfgang: *Kleine Literaturgeschichte der DDR*（民主德国简明文学史）. Leipzig: Gustav Kiepenheuer Verlag, 1996. S.78-86. 也不断提及布莱德尔。

③ 《威利·布莱德尔作品的风格、特征和社会意义》，载张威廉：《德语教学随笔》第119页，南京：南京大学出版社，2000年。

样是那个时代的特征。但总体来说,此文虽也引用了温克尔曼、莱辛、歌德,可一点见不出"水乳交融"的感觉,而显得生硬。作者的整体认知显然也未能在政治意识形态支配之外,努力上升到艺术性的自家体验,而只是泛泛将作品与人类的共产主义道路联系在一起,所谓"布莱德尔是负着用共产主义精神教育和改造人类的伟大和高贵使命而写作的",①当然也不错,但究竟是如何显示出这样一种"伟大和高贵",其论述却很难让读者产生认同。并非苛责前辈,一方面研究对象本身的高度限制了研究者可能达到的高度,但另一方面研究者的气象也并非没有可能提升研究本身的层次。毕竟,学者是在与对象的拷问之中,是在与前人的积累和传承基础上推进学术本身的发展轨迹的。从这个意义上来说,我们固然要理解研究者特殊的时代背景,但也不能不以较高的学术标准去衡定学术史演进的过程。

相比之下,我倒是觉得张威廉在 1960 年代早期发表的另一篇论文《H. v. 克莱斯特散文的风格和语言特征》要略胜一筹。② 实事求是地说,张氏的见地确实不算高明,譬如他在结论中如此评价克莱斯特:"从他一生的言行看,从他的主要作品的主题思想看,应该肯定他是一个有进步意义的,反对封建压迫的爱国诗人。他的语言,尤其是他的散文语言,充满着真诚和热烈、快速和力量,是他把封建统治者骄横无道的满腔憎恨、对被欺凌压迫的市民的满腔同情倾泻出来的有力工具。"③应该说,从前面对克莱斯特散文语言周密细致的文本分析而言,得出较为高屋建瓴、淋漓有力的结论当属水到渠成。但文气到此却嘎然变换成时代语境中的阶级斗争模式,实在是非常可惜。让我欣赏的,倒还是论述中有自家阅读体验的文本分析:

> 从克莱斯特的所有散文创作里,似乎都流露出作者对真实感的强烈追求,这就是说,作者似乎要尽一切力量来使读者相信他所写的确是客观世界的真实反映。所以他采用的表现手法是:用讲故事的方式,把所选的新奇惊

---

① 《威利·布莱德尔作品的风格、特征和社会意义》,载张威廉:《德语教学随笔》第 120 页,南京:南京大学出版社,2000 年。
② 《H. v. 克莱斯特散文的风格和语言特征》,原载《南京大学学报》(人文科学)第 8 卷第 2 期,1964 年 6 月,此处见张威廉:《德语教学随笔》第 46—65 页,南京:南京大学出版社,2000 年。
③ 《H. v. 克莱斯特散文的风格和语言特征》,载张威廉:《德语教学随笔》第 61 页,南京:南京大学出版社,2000 年。

险、曲折突兀的题材,从头讲起,极冷静而客观地娓娓道来,使它逐渐展开在读者眼前,故事讲毕,便嘎然而止。讲的时候,他本人完全退到后方,极力避免个人的感情和判断掺杂进去。他要让故事和故事中的人物自己来描绘自己,把自己极复杂的情节和心情状态塑造出来,同时却还要把作者本人的爱憎和立场极清楚地烘托出来,使读者好像有一股热情在鼓荡着,不由自主地同情他。①

应该说,张威廉切入的这个视角是颇富新意的,而且克莱斯特的散文语言确实独具特色,这从他对德语原文的大量例证解读中也可以得到印证。所以,就德语语言的感觉而言,张氏颇能通过具体的文本细读,捉到闪光点,可一旦上升到理论层面,就显然没有寻到可以契合的"准星"。无论是对时代语境下的理论使用,还是对德国文学的传统资源利用,都显得有割裂的感觉,不但寻不到在冯至身上体现出的自然流淌的"史家意识"(要知道张氏乃现代中国编撰"德国文学史"类著作的第一人,文学史知识应不是问题),甚至也不如商承祖能将文本和作家纳入传统脉络、生成较为妥帖的"客观理解"。这其中既有时代语境的特殊条件制约,也有研究者本身学养、视阈和眼光的主体性限制。

这个问题,我们比较一下冯至的德国文学研究,就可以看得更清楚。冯至的左倾,是从 20 世纪 40 年代就开始的,所以其政治思想发展自有其内在的轨迹可循,不必过于苛责。虽然由于政治背景的限制以及兴趣的转移,冯至在 20 世纪 50 年代的德国文学研究上并未有明显的突破性成就,②但也是由大背景导致迅速生产的《德国文学简史》(上册),却值得提及。即便不论整体撰作中表现出挥洒自如的史家本色,就是从其《德国文学简史》所撰前言来看,他言简意赅地提出了五条德国文学史撰作的原则,反映了他的德国文学史观,值得我们认真对待。我将其再进一

---

① 《H. v. 克莱斯特散文的风格和语言特征》,载张威廉:《德语教学随笔》第47页,南京:南京大学出版社,2000年。
② 这个阶段类似的文章还有冯至、陈祚敏、罗业森:《"五四"时期俄罗斯文学和其他欧洲国家文学的翻译和介绍》,载《北京大学学报》(社会科学版)1959年第2期,见冯至:《冯至全集》第11卷第295—330页,石家庄:河北教育出版社,1999年。不过后面的一个附注说明了其时代背景与写作缘由:"在去年8月北京大学党委领导的科学研究大跃进运动中,北京大学西方语言文学系法语专业二年级一部分同学组织了一个'翻译史小组',编写外国文学翻译史,并已完成初稿。这篇论文是在初稿中'五四运动时期'一章的基础上写成的。"上揭书第330页。

步浓缩归类,可以强调为三点,以下略加申述:

一是关注"民间文学"的发展轨迹。虽然表面上强调的是"阶级斗争",这是当时历史语境的大背景使然,但究其实质,关注的主要还是"民间文学"的进路,而"民间文学"在此处是有特殊意味的,即与"统治者文学"的相对立。在中国的学术传统里,有所谓"学在有司者,无不蒸腐殠败;而矫健者常在民间"之说。① 文学传统亦然,民间文学的重要性及其相对处于学界"下里巴人"的地位,其实是深值反思的。由此可见,冯至先生的这一思路无疑是非常敏锐的。但落实到中国德语文学学科的学术进程中,对德国民间文学的关注是远远不够的。其实无论是歌德、席勒对民间叙事谣曲到各种传说素材的开掘与重视,还是格林兄弟以民间童话之收集完成其荦荦大观之《格林童话》,对民间创造力的珍视与发掘,怎么高估也不过分;反之,民间文学对高雅(纯)文学而言,亦是极端新鲜活泼的推动力。

二是文学的社会属性与艺术品格之间关系该当如何协调。冯先生提出的二、四两条分别是:强调文学与社会发展的关联,关注文学作为艺术形式的独立品格。前者主要是说文学的本质是社会历史的进程,它既可以拥有超越生活真实的理想一面,更反映出历史进程的本身轨迹。后者则特别突出文学作为艺术的独立品格,这一点非常之重要。在彼时一切笼罩在政治与意识形态统治之下的时候,冯至先生仍顽强地、策略地,但也是略带固执地提出这一点,是非常难能可贵的。他是这样表述的:"我们要防止一个可能的偏差。社会发展的历史对文学的演变起决定性的作用,我们根据历史和时代背景来解释、分析文学,这是正确的,但不能喧宾夺主,使文学成为历史的注解。我们同样应注意的是作者的创造性、作品的艺术性,也就是作者用怎样的艺术技巧表达了他的世界观;尤其是关于进步作家,他用什么样的感人的语言和生动的形象使他的创作对于人类的进步起了促进作用,同时也推动了文学的发展。"②我们如果仔细推敲的话,会发觉这段话有些自相矛盾:一方面承认社会史对文学有决定性意义,即所谓经济基础决定上层建筑;另一方面又特别强调文

---

① 章太炎:《代议然否论》,载《章太炎全集》第4卷第308页。
② 冯至:《德国文学简史》上册,载冯至:《冯至全集》第11卷第181—182页,石家庄:河北教育出版社,1999年。

学的独立性,文学作为艺术作品的独立品格。显然其目的是为了"扬后者"。其实将此条与第二条参照观之,就会发觉在注重提升文学研究的艺术性品质的同时,有其内在的悖论。这一点只要结合当时的历史语境,就不难理解。从20世纪50年代至70年代间,由于连续不断的政治运动,过分强调了作为政治延伸的文学,无异于在事实上抹灭了文学作为艺术的独立品格,而只能沦为政治的附庸甚至工具;如此,作为具有独立学术品格的文学研究者当然要强调不能让"文学成为历史的注解"。但事实上,文学作为社会历史的艺术反映,不可避免地与政治、经济等上层建筑发生千丝万缕的关联,人为割裂,既不科学,也不现实。在这个问题上,冯至显然是有很深切的意识的,但似乎没有能将彼此的关系谈得更深更透更明晰。

三是研究者的民族主体立场如何处理。冯先生提出的三、五两条分别是:注意德国与他国文学关系的互动,强调中国学者研究的主体立场。中国学者一般会特别着眼于"中外文学关系",但我们一般只会强调"中国",而往往忽略以"研究对象"为主体来作为核心因素。事实上,从研究德国民族主体性的角度出发,那"德外文学关系"才是题中应有之义。所谓文化交流是人类各民族进步的力量之源,没有文化交流,各民族的发展进步几乎不太可能。而这种交流与影响的关系又是至为复杂的,不是简单地"向先进者学习"就能解决的。民族文学与外国文学的关系必然就反映这样一个问题。所以,作为中国学者,当然应具备非常明确的本土意识与民族关怀,但这与研究对象未必就可以完全一致。如以外国文学为治学对象,那么就不能一味强调"中国因素",而应在更为宏阔的视野中客观审视与考察对象国的文学历程,如对德国文学,就应在"德外文学关系"的视野中来评价"德中关联"的功用。而自身的主体立场,则主要应表现在研究者本身的学养积累与观察、切入问题的视角上,这里应包括中国文化塑型下对问题的认知方式(我以为综合性、整体性、系统性应是重要特点)、特殊思想资源(如儒家、道家的思维方式)、问题追索过程(问题来源于本土实践,方法期待于外国资源)等等。也就是说,民族主体立场主要表现在研究过程中的发自本土关怀的"土产问题"提出、研究对象与研究主体间明确的"主客区分"、对研究对象全面之"同情理解"、在客观评断基础上的"扬长避短"等等。近年来,在我们与国际学界的所谓"接轨"过程中,我们更多地了解到国际上的研究对象、范式、标准等,这就使得相当部分学者出于客观与自知的策略考虑,而非常强调"中国因素",这种思路固然不错,但怎么去做,是否一切以中国对象为出发点,还是值得认真思考和推敲的。

应该说,以上几点都是冯至先生很有见地的"卓识",而且都涉及到最为根本性的问题所在,不仅是对德国文学史撰作甚有启发,对本学科乃至外国文学这一大学科群都非常有意义。关键在于,后来者是否有暇有心去认真体会。"述而不作"有时近乎一个"美丽的传说",而且往往得到后来者的过度推崇。但看来著作有时也是要"逼出来的",我有时在想,如果不是因为大跃进的政治背景,冯至这一生是否会给我们留下他关于德国文学史的整体认知,可能真的要打上一个大大的问号。所以,无论政治背景如何艰难,①但对于学者来说,如何赢得并建构自家的"有效空间"并致力于学科本身的有力度推进,仍是非常重要的。当然,用严格的学术标准本身来衡量,即便是冯至,此段的创树也很有限,但相比较商、张等人,他的积累还是要显得更多些,也更深刻些,尽管这是他自己一再引以为愧的"成果"。

三、20世纪80年代的社科院外文所与学科建设:以作为学科领袖的冯至为例

如果说20世纪60年代至70年代之开头结尾,还略有些学术研究的可能,但由文革十年贯穿其中的这两个年代,基本可以说是学术休眠期。

---

① 当然如此说法,并非否认政治对学者的影响和制约。事实上,冯至的左倾情结,一直导致他在紧跟党的立场。所谓"冯至是自觉地、严格地按照权威话语的要求去言说中国的西方文学研究"。龚翰熊:《西方文学研究》第355—356页,福州:福建人民出版社,2005年。关于这样的文章,参见冯至《是批判地吸取呢,还是盲目地崇拜》,载《文艺报》1964年第4期。这样的判断或许过于苛厉,但也不能说毫无道理。但我认为,就内心深处而言,冯至始终试图在两者之间寻求一种可能的平衡。不过,他可能一直也没找到。可至少,作为研究者,必须区分在当时的历史语境中,何时是他不得不表明立场"政治大于学术"的情况下的文字,何时是他有可能避开政治关注的眼光,而尽可能展现些相对独立、客观、公正的学术判断的时候。这两种情况下的文字应当有所区分,如此才能尽可能反映出作为学者而非文化政治人物的冯至的真实性。

从一个历史整体性的视角来看,20世纪50年代建国初期的学术延续与重建,实际上只是一场更多立足于意识形态的整合运动;真正说得上学术承继与转型的,当属20世纪80年代。20世纪80年代的中国德语文学界,以所谓"北冯南张"的说法代替了"北冯南商"。这当然有一定的标志意义,或谓其时商承祖已然逝世;或谓其时仅有的两位获德国总统大十字勋章的前辈学者。其实,后者有很大程度的文化政治因素在内,不能以此就为学术衡量的标志。而公允的盖棺论定,仍要待到学术史研究中的"明辨位置"。谁也逃不脱千秋青史的"收位归形",无论是功还是过,也无论是成就还是遗憾。

1977年成立的中国社会科学院,虽然是在中国科学院哲学社会科学部基础上发展而来,但将人文社会科学单独设立科学院,仍具有十分特殊的学术史意义。就此而言,外国文学研究所虽然早在1964年就已成立,但真正在中国学术界发挥作用,仍要从此时开始算起。而若要取一个个案人物作为代表的话,冯至无疑是最合适的人选。这不仅因为他是科学院系统的外文所所长,担负着国家赋予的行政性质的领导职务,而且更由于作为本学科的学术领军人物,冯至也还有着其独特而宽广的学术/文化视野和追求。这两者的二合为一是重要的。1977年,冯至已逾古稀之龄,但他却大有青春似火、宝刀未老的豪情,全力推动《世界文学》的复刊,就是他复任外文所所长的最初手笔;不仅如此,他为复刊第一期撰作的长篇文章《论"洋为中用"》,很明确地就有"开宗明义"的功用,虽然还不可能完全摆脱那个时代的特殊语境,但"带着锁链跳舞",也仍能阐出新意,其重心不外乎在于过去外国文学的"研究讨论都很不够",现在更需要"站在无产阶级立场上执行'百花齐放,百家争鸣'的方针,开展深入的讨论,以提高研究介绍外国文学的水平,以利于我国社会主义文学的发展"。① 关键是做起来,恢复外国文学的学术研究事业,这其中当然也就包括了德文学科的发展。事实上,作为一名学者,冯至时刻都未忘记过作为学人的职业使命,即便是在文革那样荒唐的年代里,他也在偷偷地进行着自己的学术工作,海涅的翻译与研究实际上从1973年起

---

① 冯至:《论"洋为中用"》,原载《世界文学》(内部版)1977年第1期,见冯至:《冯至全集》第8卷第353页,石家庄:河北教育出版社,1999年。

就又恢复了。① 进入新时期后,他更有规划学科群建设发展的长远学术战略眼光。一方面,他利用自己特殊的文化资本在各种重要场合(如1978年春举行的五届人大和中国社科院、中国文联的多种会议上)为"全国的外国文学工作的全面展开"而鼓与呼;② 另一方面,他决不辜负了自己所占位势的可能功用。正是作为外文所所长的冯至,促成召开了全国性的外国文学工作规划会议(这也是中国有史以来的"第一次全国外国文学研究工作规划会议"),确定了八年内外国文学研究的奋斗目标:

一、有计划地培养一批外国文学工作人才。到1985年,在全国范围内建立起一个语种比较齐全的外国文学研究体系,形成一支专业和业余相结合的外国文学研究队伍。

二、编写、撰写一批文艺理论著作和关于外国文艺理论家及其作品的研究专著,为在马克思主义理论及其发展史的研究方面力求有所建树,打下一个坚实的基础。

三、编写一套世界许多国家的当代文学概况丛书。

四、编写一套主要地区和主要国家的中型文学史、分期文学史和文学简史,以满足文科院校的教学和普及工作之急需。

五、撰写一批重要作家和作品专题研究的著作或论文集。

六、编写一套外国文学工具书,包括大型的外国文学百科丛书;翻译出版一批文艺理论、文学名著、研究资料丛书、丛刊和普及读物;编辑出版各种外国文学翻译介绍、评论和研究的刊物。③

这虽然是《规划》的内容,但却凝结了作为外国文学学术界主持者冯至的全部心血。而他的努力工作,显然也得到了学术界的普遍认可,冯至作

---

① 冯至在《自传》中曾这样描述当时心态:"1973年,我怀着愤激的心情翻译了海涅的长诗《德国,一个冬天的童话》。在翻译时,想到我青年时期,文艺界有些人喜欢读海涅的诗,只因他早期的抒情诗音节优美,情调浪漫,可是对他到巴黎后写的政治讽刺诗却知道得很少,因而写了一首绝句:'当年海涅成风尚,罗累莱歌舟子情;重睹旧编新耳目,齐鸣万箭射毒鹰。'"冯至《自传》(1988年12月),载冯至:《冯至全集》第12卷第611页,石家庄:河北教育出版社,1999年。
② 关于这方面的论述,可参见《拨乱反正,开展外国文学工作——在中国文联第三届全国委员会第三次扩大会议上的发言》、《继续解放思想,实事求是地开展外国文学工作——在中国外国文学学会第一届年会上的报告》,载冯至:《冯至全集》第8卷第355—384页,石家庄:河北教育出版社,1999年。
③ 《外国文学研究工作八年规划》(草案),转引自周棉:《冯至传》第323—324页,南京:江苏文艺出版社,1993年。

为会议主持人当选为新成立的中国外国文学学会首任会长,故有论者誉之为"这几十年来外国文学界的领袖"。① 但必须承认的是,尽管有"领袖"之誉,此时的冯至基本已属于"壮士暮年,雄心不已"。1980年代的冯至,虽然在学术上继续有所开拓,但《论歌德》的完成已属其中巅峰之作,就其学术水平而言,思想或许更见成熟,但勇锐明辨之思未必就超过了当初薄薄一册的《歌德论述》。在我看来,他在这个时期的贡献,主要表现在学术规划的宏阔视阈、学术眼光的努力提升上。事实上,对于一个年将耄耋的老人来说,要求他在具体的学术研究领域"拓展新局"乃至在学术思想方面"更上层楼",都是过于苛求的。"长江后浪推前浪,一浪更比一浪高"。时代的演进毕竟不可能以人的意志为转移,历史巨轮的滚动更是以摧枯拉朽之势奔腾向前,"江山代有人才出,各领风骚一百年"或许都已经太慢。20世纪80年代以"文化热"闻名于世,但不妨同样看作中国现代学术的复归正轨建设的转型预备期,新一代的学者们能有"预流"之自觉者,其实已经意识到了问题的症结所在:"如果说80年代是学术史上充满激情和想象的变革时代,'跑野马'或者'学风空疏'都可以谅解;那么,90年代或许更需要自我约束的学术规范,借助于一系列没多少诗意的程序化操作,努力将前此产生的'思想火花'转化为学术成果。"②

事实上,20世纪80年代的中国学术是求知欲旺盛和学术秩序待建的时代,这既表现在野马奔腾、激情四溢的"学风空疏"上,也体现在冯至这代学者的"学术思维"上。一个比较普遍的现象是所谓"述而不作"或"研究随笔",前者姑且不论,即就后者而言,冯至的这段阐述可能相当具有典型性:"我不是学者,没有写过一定水平的学术著作。"这当然可能是冯至的谦虚,但在为自己一生学术总结的《冯至学术论著自选集·自序》中开头就说这段话,也不能说完全就是谦虚,而是带有某种判定性质。那么,我们看看,他将什么样的东西归为自己的"学术论著"范围呢?这段文字关系重要,且不太明畅,不妨全引以阐述之:

> 我写作,不过是抒发自己的思想感情,人们说这是文学创作。可是有些

---

① 周棉:《冯至传》第282页。
② 陈平原《学术史研究随想》,载《学人》第1辑第3页,南京:江苏文艺出版社,1991年。

书,我从中获益较深,想进一步了解作者的生平,并且要知道这些书是在什么情况下写成的;有时也遇到文学上的个别问题,感到兴趣,想研究研究,表示一点意见。在这些愿望的指使下,我于文学创作之外,写了少量关于作家作品以及个别文学问题的文章,我只能把这点微不足道的东西划入学术论著的范围。①

而且很有趣的是,他未将自己留德时代的博士论文《自然与精神的类比——诺瓦里斯的气质、禀赋和性格》列入自己的学术著作范畴,而主要举了《杜甫传》与《论歌德》。用今天的眼光去看,前者无疑更具严格的学术规范和学术史意义,而后者显然更多属于"研究随笔"性质。② 然而,冯至首先就不承认自己是个"学者",再次即便是研究也只是为了抒发"自己的思想"。其实,这不仅是冯至,经过严格学术训练(不少人是留学归来)的宗白华、钱钟书、王佐良等人日后均选择近乎"研究随笔"方式,而不肯按照当初在西方接受的学术写作模式"按部就班",其实是一个非常发人深省的问题。

不过,话说回来,作为一代宗师或"遍历中西"之后的学人,他们自有其生命方式和学术方式的终极思考,但对于特殊历史语境里的中国学界来说,却没有资本刚起步就要求"超越规则"。这也正是第四代学人自觉地步入20世纪90年代的学术史重建与学术规范讨论时期,③将把当代

---

① 冯至:《自序》,载冯至:《冯至全集》第8卷第211页,石家庄:河北教育出版社,1999年。
② 关于冯至歌德研究的学术史意义,我会有专文论述,此处不赘。而关于"研究随笔"的学术传统,仍不断有学者肯定其重要意义,郭宏安梳理中西随笔的概念源流,将瑞士学者斯塔罗宾斯基的专门论述取来参考,主张:"我们不妨在文学批评方面打破中国随笔的'细、清、真'(郁达夫语),加强其说理的成分,使我们的文学批评既清新可读又坚实可靠,既有个人的色彩又有论据的丰富,既表达探索的精神又张开想像力的翅膀,总之,既明晰又深刻,既有科学性又有诗意。"郭宏安《文学随笔:一种自由的批评》,载《外国文学评论》2004年第4期第108页。陈平原在其主编的《现代中国》上增设"评论专栏",其背后则隐藏着对学术体制既定模式的质疑与突围尝试:"随着专业化思想的日渐深入人心,论文写作必须严谨,已经成为毋庸置疑的常识;可这么一来,某些不乏真知灼见但又尚未真正成型的'思想火花',面临着被遗弃的命运,实在有些可惜。"《编后》,载《现代中国》第3辑第296页,武汉:湖北教育出版社,2003年。这两段话,针对的虽然同是"学术生产"造成的"思想枯乏"之窘境,目的也都在于保留真正可贵的"思想火花",甚至在具体的操作途径与策略上,亦有共同语言。但基本立场是不同的,一言以蔽之:前者主合和,后者主分道(所谓"两副笔墨")。由此可见,冯至的立场,并非个人主张而已,背后有着深刻的传统与现代、本土与西方的深层纠葛。此容日后专论。
③ 关于学术史研究的发凡起例,可参见《学人》第1辑上集中刊载的一组"学术史研究笔谈",载《学人》第1辑第1—48页,南京:江苏文艺出版社,1991年。

学术的发展引入中国现代学术开辟时代的建设之道的重要原因。其目的不外乎"辨章学统,考镜源流","前事不忘,后世之师",因为只有先在"学术规范"中带着锁链舞蹈,才有可能出现真正"超越规则"的所谓"野狐禅"。

冯至的20世纪80年代,不妨正可理解作这种"承上启下"、"薪火相传"的学术世代的接力过程见证。应该说,20世纪80年代是外文所的鼎盛期。新时期的主要成绩都是在此期完成的,冯至到1982年已不再担任所长,改任名誉所长。但他仍长期担任着中国外国文学学会会长、中国德语文学研究会会长的学术团体职务。1987年,"冯至德语文学研究奖"的设立以及《冯至学术精华录·自序》的撰写不妨看作是他总结一生学术,并终将淡出学术舞台的标志(1989年撰写遗嘱,1993年遽归道山)。事实上,他一直希望真正的"退休"(到1992年时以书面方式表示恳请免去其中国德语文学研究会会长的职务)。①

这一阶段,德语文学学科建设与主流学术进程相呼应但又略有迟缓,总体来说还是有进展的时期。大致说来,这一学科的第三代人(主要为20世纪30年代生人),多半是在此时成长起来的。第四代人(主要为20世纪50年代生人)也多半在此期出国留学,并在20世纪90年代相继归来。就第三、第四代人来看,他们表面上或许有"师生之名",但若论师生之实,主要是与第二代人之间产生的,而第四代学者的学术渊源尤其是来自域外,即多半是在德国接受了严格系统的学术训练,乃至取得博士学位之后归国的。在冯至心目中,20世纪80年代本学科的状况是:"国内德语文学研究的范围扩大了,问题也比较深入了。有理论的探讨,有关于中德文学文化的关系和比较,不仅继续研究著名诗人、作家和重要流派,而且也论及中世纪修女的作品以及当代奥地利愤世嫉俗的戏剧家贝恩哈德。"②为这种学术会议致贺信,肯定要兼顾现场效果,不太可能"直言批评",但尽管如此,以冯至的"不作伪言"的性格,还是从其字里行间可品出其对当时本学科现状的认知。所谓"范围扩大"确实见出学科

---

① 冯至:《致德语文学研究会第五次年会的信》,载冯至:《冯至全集》第5卷第137页,石家庄:河北教育出版社,1999年。
② 冯至:《致德语文学研究会第五次年会的信》,载冯至:《冯至全集》第5卷第136页,石家庄:河北教育出版社,1999年。

的进步,就是研究的范围和对象都有了拓展,这算是学术进步的一个标志,但何谓"问题也比较深入"? 换句话说就是"问题还不够深入"。冯至的好处就在于,他虽然不采取"科学的"研究方式,但绝对有自己的思想,有自己的本土情怀、宏观视野和问题意识,而这很可能正是他对当时学界不太满意的地方,包括对自己的弟子,①但往往受现实社会生活场域中的诸多规则限制,他未必能够"畅怀而言",而仅仅是"点到为止"而已。这些往往深刻反映出冯至的学术锐见的地方,是隐藏难明的,需要有心人去细心挖掘材料、沉潜省思。

正如主流学界的学术史反思,往往归结到陈寅恪处一样,本学科的学术史思考最后指向的必然是——冯至。从杨丙辰以来的中国德语文学学科,其步履阑珊之态,实在让人思之感慨。无论是日益成为本学科中坚的第四代学人,还是正在形成中的第五代人,都必须选择自己的学统渊源,选择重新出发的起点,正所谓"学术史的主要功用,还不在于对

---

① 譬如他为高中甫的《歌德接受史》写评语,主要是着重强调"接受史"研究的意义,而对具体著作的评价则为:"这本《歌德接受史》用历史唯物主义观点,对文学史上的这一重要现象进行了研究和论述,以纵向为主,以横向为参考,紧紧抓住不同时期对歌德的不同评价这条主线,充分利用了德国歌德研究的成果和有关资料,较为全面而系统地介绍了歌德在德国接受的历史,并做出科学的解释和分析,同时也论及某些著名的作家和学者的歌德观,并提出自己的见解,这是很有意义的,也达到了一定的学术水平。"冯至《代序》,载高中甫:《歌德接受史 1773—1945》第 1 页,北京:社会科学文献出版社,1993 年。他对余匡复撰《当代德国文学史纲》的基本框架有这样的意见:"《当代德国文学史纲》,我同意你把东德和西德分两部分写。这是客观事实,不能不这样写。但是也有这样一个'事实':在 1945 至 1949 之间,联邦德国和民主德国皆未成立,而在 1990 年 10 月他们又归于统一,到现在也有两年多时间了。这两个时期的文学情况是否需要在书前书后概述一下? 这样就可以把四十年的分离又用前后两个框子把它们框在一起了,也符合作为一本书的'当代德国文学史纲'这个名称,否则成为两部并行的文学史了。我想,1945 至 1949 那一阶段或许还不难写,1990 以后的一段就不太容易了,因为他们政治上统一了,而文化方面还有许多问题未能解决。不过,就是把这些问题提出来摆一摆,也未为不可。你的意见以为如何?"冯至 1992 年 9 月 23 日致余匡复函,载冯至:《冯至全集》第 12 卷第 318 页,石家庄:河北教育出版社,1999 年。余匡复似乎并未接受,他认为:"由于东、西德从战后到它们分别在 1949 年建国这一段时间的文学发展已经是两股道上跑的车,加上德国的统一还只有 2 年多的历史,因此,这部文学史纲实际上只能把东、西德国的文学合并在一起。当然,东、西德国的文学之间相互影响虽然并不明显突出,却仍然是存在的。70 年代前后东德不少作家前往西德生活与写作,也有个别西德作家从西德来到东德。凡此等等,在概况中各章作家介绍中均已提及。"《前言》,载余匡复:《当代德国文学史纲》第 1—2 页,沈阳:辽宁教育出版社,1994 年。事实上,冯至、余匡复师弟谈的并非同一个问题,东、西德是否就是南辕北辙之车,当时盖棺论定实在太早。就当代德国文学演进的事实来看,冯至的文学史洞察力和宏观驾驭视野确实让人心仪。

具体学人或著作的褒贬抑扬,而是通过分源别流,让后学了解一代学术发展的脉络和走向;通过描述学术进程的连续性,鼓励和引导后来者尽快进入某一学术传统,免去许多暗中摸索的工夫"。① 而何其幸哉,学科史为我们留下了冯至。虽然没有像已完成的大家那样留下等身的著作(这是盖棺论定的重要标准),但毕竟他给我们留下了宝贵的学术思想。其实,人的思想演进,往往正反映出成长过程中的"多姿多彩",作为德语文学研究者的冯至,他所具备的多重相面是我们至今还未能完整认识到的。作为北大学子的冯至,在某种意义上可以说是落实老校长——蔡元培遗志的最佳人选之一,既曾有过"但开风气不为师"的花样年华,也继承了蔡元培开辟的科学院传统(从中央研究院到中国社会科学院外国文学研究所),他以自己的"鞠躬尽瘁",不仅参与了中国现代学术前期的建构历程,也以自己的位势努力营建了中国现代学术转型期的预备工作。20世纪80年代的冯至,虽已是耄耋之年,但他对德文学科史的意义,却无异于蔡元培以花甲之年执掌中研院,开辟出中国学术的科学院传统;德文学科的科学院传统的建立,也是有着无言的深意的。

在我看来,蔡元培等人所标立的科学院传统,有这样几个核心内容:一是所谓"全国最高学术研究机关",②这里的最高,不仅是行政权力的最高,更是学术水平程度的最高。因为在学术场域之中,仅靠政府的行政干预,效果往往适得其反;只有学术本身的高明精进,才会为世之学者深慕崇仰。对这一点,作为本色学人的蔡元培认识得很清楚。二是引领学术风气,即陈寅恪所谓"预流"者:"一时代之学术,必有其新材料与新问题。取用此材料,以研求问题,则为此时代学术之新潮流。治学之士,得预于此潮流者,谓之预流(借用佛教初果之名)。其未得预者,谓之未入流。此古今学术史之通义,非彼闭门造车之徒,所能同喻者也。"③实际上,傅斯年、陈寅恪等人在史语所所做的工作,就是兼有预流与最高程度的意义。三是担当中国学术场域实际领袖之职责,即所谓"指导、联络、

---

① 陈平原《学术史研究随想》,载《学人》第1辑第2页,南京:江苏文艺出版社,1991年。
② 蔡元培《中央研究院过去工作之回顾与今后努力之标准》(1929年),《蔡元培全集》第6卷第462页,杭州:浙江教育出版社,1998年。
③ 《陈垣敦煌劫余录序》,载陈寅恪:《陈寅恪文集·金明馆丛稿二编》第266页,北京:生活·读书·新知三联书店,2001年。

奖励学术的研究"。① 到傅斯年那里表述得更清楚,就是要通过"奖励学术"的方法来引领学术发展。②

  这三个方面,冯至通过其实践力行,应该说是"得其真义"的。就学术研究水平看,冯至的德语文学研究仍属那个时代的最高峰。有冠重一时的学者,确实不负了"最高学术研究机关"之称;若论"预流",外文所虽创建于 1964 年,但彼时很快为文革的政治风暴所席卷,根本无法展开工作,而事实上对全国学术起到重要风向标作用的,是 1977 年之后。从冯至的整体外国文学发展规划设计来看,虽然有很大局限,但确实是站在一定高度上的,而就个体的学术见解来说,从他对具体问题的分析亦同样能见出其"洞遂深知"、"视阈通达"的学术预流能力;再论奖励,"冯至德语文学研究奖"的设立自然是最好的证明。

  当然,我们也不能忘记,冯至对自己的学者身份是质疑的,这是值得我们认真思考的学术史重要命题。可总体而言,经由冯至赓续的现代中国的科学院传统,具体表现在德文学科的科学院传统的建立。其意义主要在于:一为中国现代学术传统伏脉迁延,机构虽不断变化,而精神始终如一。在冯至,则由北大学统养成,再最终标示为科学院传统的确立,与蔡元培、杨丙辰的师生之谊代际传承始终是不能忽略的重要关联。二是由宏观学术层面到具体学科层面的具体落实。从蔡元培时代中研院机构里人文社会科学建制的凤毛麟角,到中国社会科学院外文所(同时还有众多的人文社科研究所)的设置,体现出中国现代学术不断走向成熟与圆满的体系建构过程。三是德文学科的科学院传统,不仅表现在研究对象的异域化上,更体现在学者主体的本土化。这其中牵涉到本土意识的有无(冯至还是中国文学研究者)、文学创作的兼顾(冯至本身是中国现代的杰出诗人)、学术视阈的拓出(冯至对外国文学这一大学科群的学术史意义也不容低估),对后来的研究者来说,这些方面无疑都意味深远而悠长。

---

① 蔡元培《中央研究院与中国科学研究概况》(1935 年 11 月 4 日),《蔡元培全集》第 8 卷第 173 页,杭州:浙江教育出版社,1998 年。
② 蔡元培(傅斯年代作)《中央研究院进行工作大纲》(1936 年 4 月 16 日),《蔡元培全集》第 8 卷第 316 页,杭州:浙江教育出版社,1998 年。

第七章

结　语

那么,我们要问,通过以上的研究,从德国传教士到中国现代留德学人这条学术史/思想史路径的理出,究竟有什么样的意义呢?它对于我们认知现代中国的学术建构究竟能提供什么样的启发呢?

一、学科规制生成的核心内容

在我看来,从泛泛意义上的西学东渐到具体国别的资源细划,其重要性不言而喻;但更重要的是,从泛论学术的漫无依傍到"学科规制"的实在生成,这意味着作为以学术为职业/天职的学者,有可能避免"平日袖手谈心性,临危一死报君王"的尴尬局面。

对于中国现代学术的建立而言,始终是在两个维度中展开其复杂进程及痛苦纠葛的。一则是由传统向现代的内在转型理路,二则为由西学迫来而不得不随时应变的"冲击—反应"状态。请注意,我这里强调的是,外来刺激乃是瞬间(相比历史的漫长过程)的必然反应,而传统的内在转化可能未必立竿见影,但却一直如影随形、无法摆脱。

西学东渐不是中国一个国家碰到的特殊情况,虽然中国曾是泱泱大国、文明古国。但自地理大发现以来的现代世界,就是一个西力东渐的过程,伴随着西力东渐的则是西学东渐。早在 16 世纪时,非洲、美洲、亚洲等就同样不得不面临这种由欧洲源发的强势文化力量带来的大转型时代,①即便在东亚文明内部,其他大国如印度、日本等也同样面临这样的问题,②那些小国家如印尼、马来、菲律宾、越南、泰国等就更不用说了。从文明范畴来说,更早些时候,斯拉夫(以俄罗斯为代表)、阿拉伯、非洲等文明就已接受到这种冲击;美澳文明(美国、加拿大、澳大利亚)是欧洲文明的近亲,则更不用说了。这种冲击波是世界性的,中国只不过是这漫长环节中的一环而已。不过,相对表象上的武力征服、本质性的贸易操控,在军事(背后是政治)、经济(背后依然是政治)之外的文化(背后不仅是政治)交流更具人类文明进步史的意义。而我这里更看重的则是文化交流的核心部分,即知识生产体系的确立环节,具体言之,则为现代大学/学术制度的生成。而在这一过程中,尤其看重的则是具有基础性意义、长远性功效的学科规制的生成。

　　从现代大学/学术的发端来说,以费希特知识学体系与德国柏林大学之建立为标志,德国现代学术不但因之得以成立,更为世界范围的现代大学/学术确立了起点。从建立时代开始,德国学术就形成了属于自家的不同凡俗而具有世界意义的品格,具体言之可归总为三大方面:一是普遍历史和世界主义之情怀;二是科学家、艺术家和哲学家的

---

① 这个问题可参见[美]斯塔夫里亚诺斯:《全球分裂——第三世界的历史进程》2 册,迟越等译,北京:商务印书馆,1995 年。[美]斯塔夫里亚诺斯:《全球通史——1500 年以后的世界》,吴象婴等译,上海:上海社会科学院出版社,1999 年新 1 版。
② 有论者提出所谓"季风亚洲"的概念:"世界的一半在阿富汗以东和前苏联以南的亚洲:它拥有全球人口的一半和远远超过一半的世界历史经历,因为那里现存的文明传统是世界上最古老的。印度和中国远早于欧洲就有了高度发达的文化和技术,它们在经济上、政治上、文化上和技术上,都曾经领导世界达 2000 多年之久。朝鲜、日本和东南亚在罗马帝国消亡后的几个世纪内发展了它们各自的高度文明,而当时的欧洲却仍处在异族入侵的黑暗时代和漫长的中世纪。亚洲的伟大传统和生气勃勃成长中的近代亚洲国家及其经济,给学生们提供了丰富多彩的人类经验记录,这些记录涉及文学、哲学和艺术,治国方略和君权创建,以及人们多种多样的生活,但最重要的也许是对普遍人类状况和问题所采取的态度和处理办法。印度、中国和东南亚的土地面积远远超过整个欧洲的一倍半,它们都拥有同等丰富的多样的文化。日本虽然较小,却有着另一类的经验,有另一种可以引人入胜之处,因为日本以其独特的方式成功地实现了与近代西方的接轨。"[美]罗兹·墨菲:《亚洲史》第 16 页,黄磷译,海口:海南出版社、三环出版社,2004 年。

三位一体；三是教学与科研的水乳交融。① 但所有这一切都同时建立在一个具体的制度考量上，即知识分科的展开。中世纪大学兴起后，逐渐促成了学术体系的形成。而现代大学的出现，②为学术发展提供了最好的机构阵地，一般形成"文学、神学、医学、法学"的四分天下。柏林大学的一个重要特征，就是以哲学部之取代文学部，这本身就是一个巨大进步，正是通过这一制度建设的具体举措，洪堡将其大学理念得以在实践中进行贯彻，所谓"其更深层的意义在于其职能也发生变化"，应该说是明白了要使"哲学学部不再像中世纪大学文学部那样是为专业学部实施预备教育，除了教学之外，它逐步成为大学科学研究中心"的要义。③ 事实上，我们只要看一看19世纪中期至20世纪初期柏林大学的研讨班与研究所的科目变化，④就可以见出哲学部所具有的绝对重要性。或许，这也正是席勒一再强调"哲学之士"（philosophischer Kopf）重要性的意义吧，在这里，哲学之士更多意味着以学术为纯粹追求目标的研究者。后来随着科学的发展，不断新增相关学部，如工程学部等。德国人由此发展出了"工业大学"的道路，即新建或将多科技术学院改建为具有大学地位的"工业大学"（Technische Universität），柏林工业大学就是其中的一所。⑤ 德国现代大学与学术的建立过程，既注重了分科演进的专业化路径（这是学术发展的基础），又兼备通人通识之传统（这是思想提升的关键），故此长期居于世界学术中心位置，是其来有自的。

　　应该说，无论是以上哪个方面，我们都未能得其精义。传教士之东来中土，并非为了传"德国学术之道"，其"基督福音"的传播才是最根

---

① 有论者认为："尽管科学工作所本的崇高精神可能是古典和哲学学派传给精密和经验学派的最宝贵遗产，但德国研究仍有某些较为实实在在的特征，它们从较老类型思想留传给到了现代类型思想。"并总结出了四大特征。参见[英]梅尔茨：《十九世纪欧洲思想史》第1卷第180—183页，周昌忠译，北京：商务印书馆，1999年。
② 有论者认为：16世纪以来的大学，在许多方面都是一个濒于消亡的机构，这是由于它原先与教会的联系过于紧密的结果。直到18世纪晚期、19世纪初期得到了复兴，成为创造知识的主要制度场所。华勒斯坦等：《开放社会科学》第8页，刘锋译，北京：生活·读书·新知三联书店，1997年。
③ 黄福涛主编：《外国高等教育史》第162页，上海：上海教育出版社，2003年。
④ 参见[日]潮木守一：《近代大学の形成と変容》第110页，东京：东京大学出版会，1973年。
⑤ [美]亚伯拉罕·弗莱克斯纳：《现代大学论——美英德大学研究》第289页，徐辉、陈晓菲译，杭州：浙江教育出版社，2001年。

本的使命。近代以来的传教士,虽引西学为敲门之砖,但往往本身学养有限(从高标准来衡量),若论及对本国学术的精研程度,有时未必就能达到"高等常识"之程度。但德国传教士因其特殊背景,往往具备较高深的文化素养与学术积累,故此在传播本国学术方面能够"技高一筹"(这点从花之安、卫礼贤等人的实践中均可见出端倪),更兼德国学术本身的重要地位与第二帝国的崛起态势,故此德国学术对现代中国潜移默化与示范功能不可低估。可必须指出的是,即便德国传教士具备"传播德国学术"的可能,他们的根本立足点仍在"基督福音"与"德国利益",这是本质的差别,故此他们传来的"德国学术"绝不可能自动地融入中国文化/学术传统并生成中国现代学术。具有中国本位意义的"创造性的文化宁馨儿"的产生,仍有待于黄皮肤黑头发的中国人的努力。留学生之西去德邦,本就多怀有"救国济世"之志,尤其是目标坚定、选择德国为留学地的学人,更是多少带有对"德国学术"的极大期待之情。事实上,从容闳走出国门的那刻起,有识之士就不断地意识到,不仅是走出中国就算完事了,必须走到德国,再走回中国,才有可能从更深刻的意义上来认知与理解世界与学术。这一点,无论是从留日学人与留美学人两个群体中的若干精英的转学德国,及其德国文化认知表述方面,都已得到了充分说明。建立起现代意义上的学术范式,是现代中国的首要使命,但除了现代大学制度在宏观意义上的创建之外(如蔡元培的北大改革),哪一步才是必须走的关键棋子,似乎并未被那个时代的学人集体所充分认知。在我看来,当然是具体学科的规制建立。有论者指出:

> 清季民初,是中国固有学术向西式分科转型的重要时期,众多学人对此作了不同程度的努力,其中康有为、梁启超、刘师培、章太炎、严复、宋恕、王国维等人在学术领域的影响尤为突出,而蔡元培等人则更多的是从教育的角度关注分科。他们借鉴来源不同的西学,以建立自己的体系,都希望在统一的整体框架下将各种新旧中西学术安置妥当,尤其是力图将中西新旧学术打通对接。各人的体系分别相当大,反映了各自所依据的蓝图以及对这些蓝本的认识存在很大差异。加之在中国变动的同时,欧洲各国的学科体系也正在随着社会分工的日益细化和知识分类的不断增加,随时新建、调整或重组,时间的接近加剧了空间移动的复杂性,这就进一步增加了中国人对

于学术分科的理解与把握的难度,也导致了分科界限的模糊与错乱。①

应该说,这段论述,对西学的内部分殊性、时代变异性都揭示得比较清楚,更将现代中国学术转型的传统之裂与接受困境呈现得很明确。再进一步追问下去,则"分科治学在西方也不过是 19 世纪以来,尤其是 19 世纪后半叶以来的事",而对中国人来说,"由于各国的学术文化传统不同,造成分科边际的不确定性和不稳定性,使得对西方本来就缺乏全面深入认知的中国人更加难以把握这些舶来的抽象物"。② 这里有几点值得加以引申发挥:一则分科治学作为现代学术重要标志乃是"近来之事"(19 世纪以降),而非"自古已然",更非"纶音典范";二则所谓"西学"的西方各国内部的学术传统其实不尽相同,必须细加厘清;③ 三则既然不是"古之典范",亦有"西方国别",那么实际上并不存在一个放之四海而皆准的学术范式,或谓"接轨",或谓"科学",其实都是大可商榷的。

即便以作为现代世界学术中心与典范的德国学术而论,其现代学术之建立既与民族—国家建构背景息息相关,背后又牵涉西欧文明自身之历史进程,非可一概简单拿来比用之。而现代中国因其特殊的历史语境,④ 事实上对英国学术、美国学术更具亲近感,这是与世界范围之通常

---

① 桑兵《近代中国的知识与制度转型解说》,载孙宏云:《中国现代政治学的展开:清华政治学系的早期发展》第 6 页,北京:生活·读书·新知三联书店,2005 年。
② 桑兵《近代中国的知识与制度转型解说》,载孙宏云:《中国现代政治学的展开:清华政治学系的早期发展》第 7 页,北京:生活·读书·新知三联书店,2005 年。
③ "近代中国面临的外部冲击和影响,就知识系统而言,不仅'西学',还有'东学'。而'西学'的基本凭借'西方'既然只存在于观念世界,'西学'相应地也只有抽象意义。一旦从笼统的'学'或'文化'落实到具体的学科、学说,可以发现,统一的西方或西学变得模糊不清甚至消失不见了,逐渐显现出来的是由不同民族和国家的历史文化渊源发生而来的独立系统。各系统之间或许大同,但也有不少小异,这些小异对于各种学科或学说的核心主干部分也许影响不大,但对于边缘或从属部分则相当关键,往往导致不同系统的学科分界千差万别,从而使得不同国度的不同流派关于学科的概念并不一致。来龙不一,去脉各异,不同国度的同一学科的内涵也就分别甚大。大者如'科学',英法德含义不同,小者如政治学、社会学、人类学的分科与涵盖,欧美分别不小,欧洲各国也不一致。"桑兵《近代中国的知识与制度转型解说》,载孙宏云:《中国现代政治学的展开:清华政治学系的早期发展(1926 至 1937)》第 2—3 页,北京:生活·读书·新知三联书店,2005 年。
④ 19 世纪中叶,由西方列强,首先是英国以坚船利炮洞开国门,以鸦片战争与《南京条约》签订为标志;20 世纪初期,又由美国以文化外交之亲和手段,如退还庚款建清华学堂,并资助大批学子留美。所以,中国知识精英,无论其如何强调西方,都有实际上的具体国别想象存焉。如严复(留英)之大力倡导"西学",其实主要是以英国学术为鹄的;而大批留美归来的学人,其代表如胡适,其强调"全盘西化",标立于心目中的知识模范实则是美国学术。

状态现象不太一样的地方,值得多加关注。在这种背景下,我们来追问现代中国学科规制的生成问题,就必须深刻认知到"普遍主义"的困境以及中国学术自身"主体意识"的呈现。当然,用今日之眼光去衡量前人,几近苛求;但是否能够审视拷问,仍是我们如何"站在巨人肩膀上"的关键所在。尽管在现代中国,德国学术及其影响的线索并不能成为主导性力量,但只要识者有足够的眼光与挖掘史料的能力,考察其若隐若现的蛛丝马迹,仍能够窥一斑而见全貌。

诚如我所强调的,现代留德学人虽然数量有限,①但文化史意义甚为深远。② 而这一点也同样表现在学科规制的建立上。德文学科的建设,对于现代中国对德国学术的接受来说,其实是最为重要的一个枢纽性学科。应该说,在这一点上是相当幸运的。因为留德归来的蔡元培出任北大校长,理所当然地重视德国学术,所以德国文学系的成立既有其顺理成章的一面,也离不开蔡校长兼容并包的"世界胸怀"。素来谦逊的蔡校长曾将自家在北大"兼提倡法、德、俄、意等国语"引为政绩,③这里寓指的事实,就是在1918年增设法国文学门、德国文学门。④ 但遗憾的是,德文学科的建设虽然为时不晚,但第一代学人有此学科建设的自觉意识者却寥寥乏人。

在我看来,学科规制的生成至少包含以下核心内容:一、本学科在现代大学/学术体制中得以制度性的建制生成;二、本学科的研究对象、学术伦理、范式认定都有一套比较公认的"乡规公约";三、学人精英群体的形成及其学术场域的位置获得;四、有一批得到学术界(乃至文化界、知识界)公认的学术实绩并具有与主流学术的对话意义;五、以现代

---

① 据韩尼胥统计德国各大学入学登记情况,1860—1945年间留德学人之数目为2000人左右;估计实际数目应高于此数,但出入不会很大。而从博士数目来看,1907—1961年间,留德博士共732名,高于留法(581名)、留英(346名)人数。王奇生:《中国留学生的历史轨迹》第90页。
② 参见叶隽:《另一种西学——中国现代留德学人及其对德国文化的接受》第314—318页,北京:北京大学出版社,2005年。
③ 《北大一九一八年开学式演说词》(1918年9月20日),原载《北京大学日刊》1918年9月21日,载《蔡元培全集》第3卷第382页。
④ 梁柱:《蔡元培与北京大学》第52页,北京:北京大学出版社,1996年。1919年,北京大学废门改系,乃是学术建制上的重大变化,这里包含一个重要思路:即将科、门的序列取消了,而径直设立为系。德国文学门改为"德国文学系"。上揭书第55—56页。

学术精神为底气的"学科思想"的生成并反作用于现代学术的整体建构。这五点分别指向三层基本意义：一是制度性的硬指标(也是低端指标)，应该说在中国现代大学建立期就已经获得了确立(虽然日后颇为反复)，分别以北大德国文学系、清华大学德文专业为标志；二是思想性的软指标(也是高端指标)，即"学科思想"的形成，这一点远未提上议事日程，即便是本学科最优秀的人物(如冯至)，也不能说形成了自己独到的"学科思想"，更不用说反作用于现代学术的整体建构功能了；三是介乎制度与思想之间的弹性指标(也是中端指标)，即学科规训、[①]学人精英与学术实绩，如果说建制容易生成，思想难以达致，那么这中端指标应是最适宜于衡量一个学科发展的标准了，如果用这个指标对德文学科略做评估的话，传教士意义几乎可以排除在外，而留德学人无疑是其核心、骨干与中坚力量。我们可以初步得出结论说：学科规训亟待建构、学人群体初步具备、学术实绩凤毛麟角。[②] 也就是说，现代中国的德文学科建构在相当程度上不太成功。这一点，我们比较一下傅斯年创办历史语言研究所的赫赫成绩可以看得更清楚，后者几乎在所有这五项指标中都获得了相当出色的成绩。这当中一个主要原因当然是历史学科本身就是主流学术的重要组成。但必须指出的是，正是如德文学科这样一些看似处于中国现代学术的边缘学科发展的疲软与欠缺，导致了对中国现代学术在整体上难以"百尺竿头，更进一步"的重要制约。而就对德国学术认知的欠缺来看，无论是作为群体的现代留德学人，还是德文学科发展的严重滞后，都是关键性因素。因为，任何事物的发展都是相互关联的，哪怕是貌似南辕北辙，也很难就断然否认彼此间的可能关系。现代中国的学科规制生成，一方面与中国现代学术整体进展密切相关，另一方面更在具体发展进程中受制于某个相关群体，譬如说留德学人之于德文学科。

[①] 参见沙姆韦(David R. Shumway)、梅瑟—达维多(Ellen Messer-Davidow)：《学科规训制度导论》(Disciplinarity: An Introduction)，载华勒斯坦等：《学科·知识·权力》第12—42页，刘健芝等编译，北京：生活·读书·新知三联书店，1999年。但我这里使用的学科规训主要是指学科本身发展的一些关键性因素，诸如对研究对象、学术伦理、范式认定等的"游戏规则"的确定。

[②] 关于对现代中国之德文学科的具体评价，是笔者正在进行的一项研究项目的主要内容，即"学科史构建与学术史进程——德语文学研究与现代中国"。

二、"留德学术群"研究的意义——中国现代留德学人的枢纽地位及其缺失

无论是在近代以来的中国留学史里,还是在世界范围的留德教育史中,中国现代留德学人都是一个数量有限、光环不闪的群体。但在我看来,恰恰是这个群体,赋予了现代中国极为重要的思想史和学术史意义。这一群体,与留日学人相比,没有后者那么轰轰烈烈的声势与数量;与留美学人相比,也没有那么煊赫卓著的成绩与影响;至于留俄(包括留苏)学人更因其政治功能,而曾在共和国历史上领尽风骚。留法学人中得大名者往往是勤工俭学生,其原因与留苏学人相同。留英学人则往往沾染上英伦绅士的风度,再加上博雅教育的自由风气,被贴上自由主义标签者不在少数。尽管如此,我仍要强调,就思想的穿透力以及附加的思想史意义而言,现代留德学人这一群体的功用绝对不容低估;而就思想影响的深刻度来说,这一群体中精英分子的意义几乎涵盖了现代中国思想/文化史的绝大部分。

精英分子的数量固然重要,因为这关涉到行动效果可能产生的影响范围;但精英分子的质量或许更加关键,因为这才是具有"质的意义"实质性功能。无论是中国现代学术,还是具体的各学科规制的生成,留学生的重要意义一目了然。在这一过程中,与德国传教士等群体相比,留德学人固然居于创造性的主体地位。即便与其他主要国别留学生相比,留德学人虽无人多势众的优势,但其秉承德国传统所形成的良好学风与精神底气,却足以风骨独标。故此,深掘留美、留日、留俄学人之外的留德传统,对我们认知现代中国进程中可能产生的不同路径,形成多元资源,是非常有益的。

而更重要的是,还应当进一步研究"留德学术群"的意义。即不仅是作为一个大群体的留德学人,而且是具有更扎实、更基础的小群体研究(即在个案研究基础上略加拓展,更注重人与人之间的关联性),从而拓宽对各个具体的留德学术群的认知深度,由此奠立下更稳健的学术基础,不断加深对留德学人与留德学术群的认知。这种研究,可以从学科角度具体立论,诸如政治学、经济学、法学、德文学、历史学等;也可以从专门的学术机构出发进行研究,诸如北大、清华、中研院等的留德学术群。① 如此德国学术在

---

① 也不必完全就以留学德国背景为单一依据,也可拓展范围,将德国学术背景浓厚但未曾留德的学人包括进来,诸如李长之、张威廉等本土学人固是,留日学人中如刘大杰、郭沫若等何尝不属其列?

中国现代学术里的功用和位置，尤其是潜在的缺失与发展可能，也都将更清晰地呈现出来。中国现代学术对传统的承继关系，对外国学术的国别认知程度，对世界学术的交融与择位意识，也都会更加强烈与明确。当然，将历史长焦距拉开去，则从德国传教士到德国汉学家，乃至讲学者、外交官等，都未尝不对现代中国语境里"德国学术"的扩展与影响助力颇多。从这个意义上来说，本研究只不过是"万里长征的第一步"，起了个开头，等待着续篇。

提出"留德学术群"的概念，正是为了综合考察经由留德学人为中心所产生的德国学术/思想的辐射范围究竟有多广，影响程度究竟有多深，延续效果究竟有多大。在我看来，留德学术群产生影响的途径主要有三：一是通过著译，或见诸于报章，或印之于书刊，传播宇内，泽被四方；二是通过讲堂，培育弟子，教化后代，养成人格；三是通过实践，介入与现实政治、社会有关的事业，而直接发挥功用。相比之下，社会实践的效果往往立竿见影，但过于依赖个体之力，影响辐射范围往往有限，"雪球翻滚"的效果不太明显；从事教育之方法相对折中，既能直接发挥自己的教化功能，使知识得以承传，又可收"桃李满天下"的功用，但影响范围终究不超过学校课堂；真正能对社会大众产生普遍辐射度，并进而在部分个体思想形成过程中发生重大影响的，无疑是经由媒体助力而发表的著译方式。著译之事，非人人皆能为之，可一旦真的著书立说成功，区区册页文章的功用，却难以用数量计算之。在这个方面，留德学人的功用其实尚未得到充分估量。譬如说德国文化就对青年毛泽东产生了相当深刻的影响，[①]而毛泽东思想形成的过程，对现代中国整体建构的意义是毋庸赘言的。毛泽东对德国文化的接受，主要是通过留德学人的上述两种渠道达致。在讲堂之上，对他产生重要影响的是杨昌济（后来更成了毛的岳父），后者曾留学日、德等国，深受德国思想影响；另一方面，毛对德国文化的接触主要是通过留德学人的译本所实现的。这些译本中确实对他思想的形成产生了深刻影响的至少有两部：一为蔡元培所译包尔生之

---

① 参见《青年毛泽东的德国背景》，载单世联：《反抗现代性——从德国到中国》，广州：广东教育出版社，1998年。

《伦理学体系》,二为马君武所译赫克尔之《宇宙之谜》。① 而无论包尔生,还是赫克尔,都是20世纪初期德国哲学中的重要人物;而两位译者蔡元培、马君武,则分别是中国现代留德学人最杰出的代表。这样一种思想史上的关联性,是非常有趣的。其实,又何止是毛泽东,现代中国政治史上的重要人物,从李鸿章—袁世凯—康有为—孙中山—蒋介石,都与德国关系紧密,有些人更对德国文化兴味浓厚,日后成为共产党领袖人物的朱德、周恩来等人,则均有留德经历。

如果放置在这样一个广阔的历史网络中来看,留德学人的历史意义就决不仅仅停留于我们惯常重视的学术史、教育史和文化史方面,他们对经济史、政治史乃至军事史的影响,很可能也关系重大。我们可以说,在这张历史网络中,留德学人是处于枢纽性地位的,他们的留德选择及其归国定位,貌似个体行为,实际上关涉到中国现代学术(文化、社会、政治)等的整体发展。但这种关联并非三言两语可以说清,而是内蕴于一种潜在的"静力场域"之中。我们首先应当关注的,还是留德学人对学科规制生成的作用,因为在我看来,就知识创造的结构来说——大学/学术制度的建设最为核心;而在现代学术的建构过程中,② 则以学科规制的生成最为关键。中国现代学术的建立,与世界性的现代学术发展是不太一

---

① 他在晚年会见德国总理施密特时,专门提到过德国哲学家赫克尔。施密特这样回忆道:"……毛回答道:'……不过唯心主义没有什么好东西! 我本人是马克思的学生,我从他那里学到很多东西。我对唯心主义没有好感,我对黑格尔,对费尔巴哈,对海克尔感兴趣。……'于是我们岔开正题,谈了10分钟的哲学。关于恩斯特·海克尔和他那部粗糙的唯物主义著作《宇宙之谜》我不想深入讨论,40年前我曾在父亲的书橱里找出这本书来,并阅读了它。……"Helmut Schmidt: *Menschen und Mächte*(伟人与大国). Siedler Verlag, 1987, S.359. 中译文见袁志英《毛泽东和〈宇宙之谜〉——三十年前翻译海克尔的〈宇宙之谜〉之谜》,载《德国研究》2002年第3期第56页。海克尔原译为赫克尔。
② 有论者如此描述现代学术发展过程中学科的发展:"在整个十九世纪,各门学科呈扇形扩散开来,其所秉持的认识论立场互不相同。一端首先是数学,其次是以实验为基础的自然科学(它们按照一种逐步递降的决定论排序:物理学,化学,生物学);另一端则是人文科学(或文学艺术),其中哲学的地位最高(它作为一种非经验的活动依附于数学),然后是对于形式艺术实践(包括文学、绘画和雕塑、音乐学)的研究,这种研究时常接近于史学,如艺术史。介乎人文科学和自然科学之间的是对于社会现实的研究,其中历史(研究个别事件的)接近于文学艺术,事实上,它经常都是后者的一部分,而社会科学(研究普遍规律的)则接近于自然科学。知识日益僵硬地分化成两个不同的领域,它们在认识论上的侧重点彼此不同,于是研究社会现实的学者往往不知不觉地陷于两者的中间,在这些认识论问题上歧见甚深。"华勒斯坦等:《开放社会科学》第11页,刘锋译,北京:生活·读书·新知三联书店,1997年。

样的,因了政治、经济地位的屈辱性与滞后性,文化、学术的发展也面临同样的问题。所以,在救亡与启蒙思路的强烈刺激下,我们的现代学术基本上是放弃传统学术范式,移植西方学术模式(虽然事实上并不存在一个统一的西方学术),而并未能从容地参与到世界现代学术的建设过程之中。但正如前面所提到的,西方学术本身也处于各国自身的变化、调整和运动之中。在这个过程中,中国学者所面临的问题,实际上是两层:一方面是需要按照一个想象中的西方学术模式(具体则或英,或德,或法,或美,或日)调整中国学术的基本规制,使之成其为现代世界学术中的一员——中国现代学术因之得以成立;另一方面则在改制的同时,实际上已不可避免地进入世界学术语境中去,正如陈寅恪这样的学者在留学过程中,即已发生了这样的融入过程,他所接受的学术训练、产生的学术兴趣、形成的学术思路,也就是世界学术语境的产物(具体言之主要是德国学术)。但值得指出的是,陈寅恪的多种语言文字功底在本国学界虽饱受推崇,但西方学人却并不以为意(如伯希和),因为这就是西方学术的产物。所以,陈寅恪在归国之后开设如"西人之东方学"等目录学课程,但日后治学对象明显向国学对象转向,其实已在思考中国学术如何在世界学术之林获得独立地位的问题,① 也就是由单纯的"移植西制"同时发展为"平等竞争"。

应该说,第一流的留德学人是能站在思想的制高点上看待问题的。但总体而言,现代留德学人的实际功绩要弱于其思想认知,我曾如此评论说:"就现代中国的历次重大文化论战的表现来看,留德学人不但未能形成整体的力量,而且身影寥寥、表现不佳。具体而言,他们在坚守中国本位上,思路相对清晰;但在对西学的别择上,似乎仍缺乏足够的反省与清醒的认知,与留美学生相比,留德学人对德国思想资源的引进和输入,在很大程度上仍依赖于个体的感性认识与工作努力,而很少将之上升到理性高度来阐发,尤其缺乏对中西文化融合、知识输入与创造等宏观问题的深度思考,更不用说是有策略、有规划地加以实行了。而这一点,或

---

① 参见陈寅恪《吾国学术之现状及清华之职责》,载刘桂生、张步洲编:《陈寅恪学术文化随笔》第47页。

许正是他们可以对中国现代化进程作出更大贡献处。"①如果将问题进一步追问到学术领域,这个问题或许可以呈现得更加清晰,作为中国现代学术第一流的学术精英,陈寅恪的学识不可谓不广博,见地不可谓不高明,但对中国现代学术风气之引领与范式之确立的影响史(Wirkungsgeschichte)功效方面,确实远不如留美学人如胡适那样起到重要作用(当然正负功过另论),这当然有个体生性(habitus)等诸多因素制约,但对中国现代学术的整体贡献而言是不太够的。

三、"学术互动史"命题的提出——以德国学术之世界影响为例

通过以上研究,我们可以清晰地看到,传教士的构成相当复杂,其动机与初衷也相当不一致。但无论如何,他们对现代中国建设的参与,是一件值得欢迎的事。虽然他们的重心往往是移动的,在中国与德国之间,在宗教与政治之间,在理想与功利之间……但无论如何,他们的出现本身就体现了全球化时代的一种互动趋势。而现代留德学人的登场,不但标志着主体的迁变,同时也意味着中国传统一以贯之的发展得以可能,论者或直接标示:"中国现代学术的建立,并不只是'西学东渐'的顺利展开",②或间接隐含:"西方压力之下发生的知识与制度体系转型,如果只是全盘西化式地移植,问题也就相对简单"。③ 其背后的指向都是历史久远、活力内蕴的中国传统,以及由此导致的中国现代学术自身主体性的确立问题。

其实,异质文化之间的碰撞,乃是文明提升的不二法门。诚如斯太尔夫人所指出的那样:

> 各民族之间要互相借鉴。谁要是自我剥夺本来可以互相借鉴的智慧,谁就要犯错误。一个民族同另一个民族之间的差别,其中有某些奇特的因素起作用:如气候、自然面貌、语言、政府,特别是历史事件(比任何其它因素

---

① 叶隽:《另一种西学——中国现代留德学人及其对德国文化的接受》第334—335页,北京:北京大学出版社,2005年。
② 陈平原:《中国现代学术之建立》第13页,北京:北京大学出版社,1998年。
③ 桑兵:《近代中国的知识与制度转型解说》,载孙宏云:《中国现代政治学的展开:清华政治学系的早期发展》第6页,北京:生活·读书·新知三联书店,2005年。

都更强有力),它们都有助于这些差别的形成。任何人不管多么高明,都无法猜测在另一片土地上生活、呼吸着另一方空气的人脑子里发展着什么。所以不管在任何国家,总以对外国的思想采取欢迎态度为宜;因为,在这一类事情里,好客的态度对于当地的主人是大有裨益的。①

与德国得为近邻的法国尚且如此,更不用说远在天涯,几乎处于亚欧大陆两极的中国了。外来资源之意义,怎么估计也不过分。而居于文化核心地位的知识生产机制——现代大学/学术,则更是资源借鉴的核心要义。所以研究文化交流史,尤其是现代文化交流史,应将现代学术的交流史视为枢纽所在。但交流的概念看起来相对肤浅,仿佛只是最初级层次的交互流动而已。我这里提出一个"互动"的概念,即经由交流之后而产生的接受与影响过程,最终导致了各自学术传统的主体性发展的飞跃性提升。归纳之则为:交流是入口,接受是枢纽,互动是潮流。当然,无论是接受还是影响,其本身又是非常复杂的,这牵涉到客体与主体之间的关系、时代和语境之间的关系、求是与致用之间的关系等等。但最终仍应归结为互动,即各自主体本身的自我发展问题。无论传播者与接受者的主观意图如何,任何一种发展都不可能是单向的。② 文化交流就更是如此,中国文明在吸纳着外国文明的同时,也始终在反哺外国文明,不过有时强烈,有时低调而已。③

在具体的研究策略上,其实已有论者初步意识到这个问题,总结说"将概念、学说、思想视为整体,以传播与接受并重,并且注意由西而东,从外入里地输入引进、模仿移植、取舍调整的全过程和各方面",这就上升成"通过事实影响进入平行比较,从而进行比较研究的上佳课题"。④

---

① [法]德·斯太尔夫人:《德国的文学与艺术》第325页,丁世中译,北京:人民文学出版社,1981年。
② 有论者特别强调中西文化交流史的单向道的问题,参见《双单向道:对20世纪中西文化交流的几点观察》,载赵毅衡:《伦敦浪了起来》第50页,北京:人民文学出版社,2002年。但如果我们把历史的视野扩大,就很可能看到另外一种景象。中国文化的世界意义正由此而得以体现。更重要的则是,我们当前正在经历着新一轮世界影响的过程。参见唐任伍:《中华文化中的世界精神》,北京:中国社会科学出版社,1999年。
③ 近代以来虽因内忧外患而以中国人学习西方为主流,但实际上中国文明的核心组成,如老子、孔子的学说始终是世界一流知识精英的重要精神资源,有时甚至成为主流显学,如老子在1920年代的德国。
④ 桑兵《近代中国的知识与制度转型解说》,载孙宏云:《中国现代政治学的展开:清华政治学系的早期发展》第6页,北京:生活·读书·新知三联书店,2005年。

我要补充的是,经影响研究入手(交流史)、勾通平行研究(比较文化史),上升至"互动研究"的层面,这才是比较文化史研究的"极高明而道中庸"。也就是说,学术史的追溯,最终应成为"学术互动史"的考察。我们要关注的中心,当然首先可以安排为中国现代学术(或曰知识与制度)的整体形成,但仅如此是不够的,我们应有世界性的胸怀气魄,考察世界主要文明国家的现代学术之形成可能。这样才可能有一种"会当凌绝顶,一览众山小"的学术自信与宽阔气魄。可以涉及的研究范围,则多矣,一则作为中国学者,我们当然会对中国现代学术建立过程中的"中外学术互动史"有难以舍弃的浓厚兴趣,中德学术互动史之外,中英、中美显然更具主流意义,20世纪50年代的中苏学术互动史也很值得考察。至于与其他主要文明国家的学术互动史(如中法、中日等)也不应落在视野之外。二则我们还是应以一种更加开阔的胸怀气度审视人类文明,考察主要文明国家在其形成建构过程具有重要影响的学术互动史,譬如德美学术互动史(19世纪是德国影响美国;20世纪后期就是美国学术制约德国学术)、德法学术互动史(这两个20世纪最具学术原创性的欧陆国家的学术关系史,其实极具人类文明发展的研究范式价值)、日德学术互动史(日本对德国学术的接受不但与我们很具相似与可比性,更与中国现代学术之建构有莫大关联)。此外,也不妨考察尚未引起足够重视,但对人类文明产生重要平衡功能与价值的印度与阿拉伯文明,譬如印英学术互动史、阿希学术互动史(中世纪时希腊与阿拉伯的学术互动关系对西方现代学术的整体建构关系重大)等。三则我们在具体的"小处着手,大处着眼"的基本操作思路下,还是应当以一种更加开阔的心胸,将问题引向世界文明的整体进程中去,即关注国别中心的创造性发展的同时,也应思考具有"普遍主义"的问题。作为人类整体的世界,是否具有普遍主义的真理可能? 或者这只是一种虚构的大同理想? 如果每个民族(这里主要指以国家为载体的国家民族)都拥有自己的语言、历史和传统,并且仍将在很长时期内按这样的基本轨迹发展的话,那么我们是否需要建构人类文明的基本价值与共识? 它与民族—国家本身的发展关系又是如何? 这些都是我们应当尝试去回答的问题。而选择"学术互动史"为入手处,则无疑提供了一个非常好的切入点,因为学术本身是人类知识建构的核心基地,而学术互动(兼及交流、影响与平行比较)更为学术发展的重要原动力,考察主要民族国家的学术互动史,实际上就抓住了世界学术生成史的关键环节,由此若能形成另一种认知世界文明形成的路径,则必将补益于我们的国族理解与世界认知。

当然,在具体的研究过程中,研究者必须沉入大量的、具体的乃至极细微的史实考证中去,通过对具体个案研究、群体研究(譬如这里提出的"留德学术群"概念),来建构起丰富而多元的"学术互动史"景观。而就现代中国语境来说,从德国传教士到现代留德学人的发展路径的理出,则无疑展现出"主体的迁变"的重要意义。

主要参考文献

档案文献
北京大学档案馆、清华大学档案馆等收藏档案

报刊资料
《北京大学日刊》等

中文文献

A

[英]马丁·阿尔布劳:《全球时代——超越现代性之外的国家和社会》,高湘泽等译,北京:商务印书馆,2004年。

[美]阿尔伯特·爱因斯坦:《爱因斯坦晚年文集》,方在庆等译,海口:海南出版社,2000年。

[美]本尼迪克特·安德森:《想象的共同体——民族主义的起源与散布》,吴叡人译,上海:上海人民出版社,2003年。

安宇、周棉主编:《留学生与中外文化交流》,南京:南京大学出版社,2000年。

B

[美]白璧德:《文学与美国的大学》,张沛等译,北京:

北京大学出版社,2004年。
[俄]别尔嘉耶夫:《俄罗斯思想》,雷永生等译,北京:生活·读书·新知三联书店,1996年。

C

蔡建国:《蔡元培与近代中国》,上海:上海社会科学院出版社,1997年。
蔡元培:《蔡元培全集》18卷,杭州:浙江教育出版社,1998年。
陈洪捷:《德国古典大学观及其对中国大学的影响》,北京:北京大学出版社,2002年。
陈乐民、周弘:《欧洲文明扩张史》,上海:东方出版中心,1999年。
陈乐民、周弘:《欧洲文明的进程》(修订版),北京:生活·读书·新知三联书店,2003年。
陈平原、郑勇编:《追忆蔡元培》,北京:中国广播电视出版社,1997年。
陈平原、夏晓虹编:《北大旧事》,北京:生活·读书·新知三联书店,1998年。
陈平原:《中国现代学术之建立——以章太炎、胡适之为中心》,北京:北京大学出版社,1998年。
陈平原:《文学史的形成与建构》,福州:福建教育出版社,1999年。
陈铨:《文学批评的新动向》,重庆:正中书局,1943年。
陈铨:《从叔本华到尼采》,重庆:在创出版社,1944年。
陈卫平:《第一页与胚胎——明清之际的中西文化比较》,上海:上海人民出版社,1992年。
陈学飞总主编:《高等教育研究五十年(1949—1999)》,北京:教育科学出版社,1999年。
陈寅恪:《金明馆丛稿二编》,北京:生活·读书·新知三联书店,2001年。
陈玉申:《晚清报业史》,济南:山东画报出版社,2003年。

D

丁建弘、李霞:《普鲁士的精神和文化》,杭州:浙江人民出版社,1993年。
[美]丁韪良:《花甲忆记——一位美国传教士眼中的晚清帝国》,沈弘等译,桂林:广西师范大学出版社,2004年。

E

[德]恩斯特·恩格尔贝格:《俾斯麦——地道普鲁士人和帝国缔造者》上册,陆世澄等译,北京:商务印书馆,1992年。

F

房建昌《民国时期德国在华外交机构、宗教势力及侨民情况》,载《德国研究》2001年第3期。

[法]费赖之:《在华耶稣会士列传及书目》2册,冯承钧译,北京:中华书局,1995年。

冯至:《冯至全集》12卷,石家庄:河北教育出版社,1999年。

付克:《中国外语教育史》,上海:上海外语教育出版社,1986年。

傅斯年:《出入史门》,杭州:浙江人民出版社,1998年。

傅斯年:《傅斯年全集》第6册,台北:联经出版事业公司,1980年。

G

干春松、孟彦宏编:《王国维学术经典集》下册,南昌:江西人民出版社,1997年。

郜元宝、李书编:《李长之批评文集》,珠海:珠海出版社,1998年。

[英]安迪·格林:《教育与国家形成:英、法、美教育体系起源之比较》,王春华等译,北京:教育科学出版社,2004年。

[英]乔治·皮博迪·古奇:《十九世纪历史学与历史学家》上册,耿淡如译,北京:商务印书馆,1989年。

顾颉刚等:《古史辨》第1册,上海:上海古籍出版社,1981年。

顾卫民:《基督教与近代中国社会》,上海:上海人民出版社,1996年。

郭沫若:《沫若文集》第12卷,北京:人民文学出版社,1954年。

H

[德]彼得·克劳斯·哈特曼:《神圣罗马帝国文化史——帝国法、宗教和文化》,刘新利等译,北京:东方出版社,2005年。

[英]哈耶克:《科学的反革命——理性滥用之研究》,冯克利译,南京:译林出版社,2003年。

［英］弗里德里希·奥古斯特·哈耶克:《通往奴役之路》,王明毅等译,北京:中国社会科学出版社,1997年。

［德］J.L.海耳布朗:《正直者的困境——作为德国科学发言人的马克斯·普朗克》,刘兵译,上海:东方出版中心,1998年。

［德］海涅:《卢苔齐娅——海涅散文随笔集》,张玉书译,北京:中国广播电视出版社,2000年。

［德］赫克尔:《宇宙之谜》,马君武译,北京:中华书局,1920年初版,1958年重印第一版。

贺桂梅:《转折的时代——40—50年代作家研究》,济南:山东教育出版社,2003年。

贺国庆:《德国和美国大学发达史》,北京:人民教育出版社,1998年。

［德］黑格尔:《法哲学原理》,范扬、张启泰译,北京:商务印书馆,1996年。

［德］黑格尔:《历史哲学》,王造时译,北京:商务印书馆,1999年。

［德］威廉·冯·洪堡特:《语言与人类精神》,钱敏汝译,北京:北京师范大学出版社,1997年。

洪丕熙:《巴黎理工学校》,长沙:湖南教育出版社,1986年。

胡建华:《现代中国大学制度的原点:50年代初期的大学改革》,南京:南京师范大学出版社,2001年。

胡适:《胡适的日记》上册,北京:中华书局,1985年。

［德］花之安:《路加衍义》,汉口:圣教书局,1909年。

［德］花之安:《天地人三伦》,汉口/天津:基督教协和书局,无出版年份。

［德］花之安:《自西徂东》,上海:世纪出版集团/上海书店出版社,2002年。

［美］华勒斯坦等:《开放社会科学》,刘锋译,北京:生活·读书·新知三联书店,1997年。

［美］华勒斯坦等:《学科·知识·权力》,刘健芝等编译,北京:生活·读书·新知三联书店,1999年。

黄福涛主编:《外国高等教育史》,上海:上海教育出版社,2003年。

黄兴涛:《文化怪杰辜鸿铭》,北京:中华书局,1995年。

J

季羡林:《留德十年》,北京:东方出版社,1992年。
季羡林:《清华园日记》,沈阳:辽宁美术出版社,2002年。
蒋纯焦《近代中国留美和留日教育之比较》,载《江西社会科学》2000年第1期。

K

[美]柯伟林:《蒋介石政府与纳粹德国》,陈谦平等译,北京:中国青年出版社,1994年。
[美]伯顿·克拉克:《探究的场所——现代大学的科研和研究生教育》,王承绪译,杭州:浙江教育出版社,2001年。

L

雷启立编:《丁文江印象》,上海:学林出版社,1997年。
雷雨田主编:《近代来粤传教士评传》,上海:百家出版社,2004年。
李工真:《德意志道路——现代化进程研究》,武汉:武汉大学出版社,2005年。
李乐曾《文化斗争、殖民政策与德国在华取得保教权的问题》,载《近代中国教案新探》,合肥:黄山书社,1993年。
李乐曾《近代在中国的德国基督教传教团》,载《德国研究》1997年第3期。
李泉:《傅斯年学术思想评传》,北京:北京图书馆出版社,2000年。
李兴业编著:《巴黎大学》,长沙:湖南教育出版社,1988年。
厉以宁:《资本主义的起源——比较经济史研究》,北京:商务印书馆,2003年。
梁启超:《清代学术概论》,上海:上海古籍出版社,1998年。
梁志学主编:《费希特著作选集》第2卷,北京:商务印书馆,1994年。
梁柱:《蔡元培与北京大学》,北京:北京大学出版社,1996年。
林精华:《想象俄罗斯》,北京:人民文学出版社,2000年。
林同华主编:《宗白华全集》第1卷,合肥:安徽教育出版社,1994年。
刘北成:《福柯的思想肖像》,上海:上海人民出版社,2001年。

刘桂生、张步洲编:《陈寅恪学术文化随笔》,北京:中国青年出版社,1996年。
柳诒徵:《中国文化史》,北京:中国大百科全书出版社,1988年。
鲁军《清末西学输入及其历史教训》,载丁守和、方行主编:《中国文化研究集刊》第2辑,上海:复旦大学出版社,1985年。
[美]鲁珍晞(Jessie G. Lutz)编:《所传何为?——基督教在华宣教的检讨》,王成勉译,台北县新店市:国史馆,2000年。
[德]艾米尔·路德维希:《德国人——一个具有双重历史的国家》,杨成绪、潘琪译,北京:生活·读书·新知三联书店,1991年。
[美]荣丽·A·罗宾:《现代大学的形成》,尚九玉译,贵阳:贵州教育出版社,2004年。
[英]罗素:《罗素文集》第1卷第29页,靳建国等译,呼和浩特:内蒙古人民出版社,1997年。
罗志田主编:《20世纪的中国:学术与社会》史学卷上册,济南:山东人民出版社,2001年。

M

[德]马汉茂等主编:《德国汉学:历史、发展、人物与视角》,李雪涛等译,郑州:大象出版社,2005年。
马亮宽:《傅斯年教育思想研究》,沈阳:辽宁教育出版社,1997年。
马勇:《近代中国文化诸问题》,上海:上海人民出版社,1992年。
[英]梅尔茨:《十九世纪欧洲思想史》第1卷,周昌忠译,北京:商务印书馆,1999年。
[美]沃尔特·拉塞尔·米德:《美国外交政策及其如何影响了世界》,曹化银译,北京/沈阳:中信出版社/辽宁教育出版社,2004年。
[美]罗兹·墨菲:《亚洲史》,黄磷译,海口:海南出版社、三环出版社,2004年。
莫世祥编:《马君武集(1900—1919)》,武汉:华中师范大学出版社,1991年。

O

欧阳哲生:《严复评传》,南昌:百花洲文艺出版社,1994年。

P

[英]艾伦·帕麦尔:《俾斯麦传》,高年生等译,北京:商务印书馆,1982年。

Q

戚印平:《日本早期耶稣会史研究》,北京:商务印书馆,2003年。
齐小新:《口述历史分析——中国近代史上的美国传教士》,北京:北京大学出版社,2003年。
钱乘旦主编:《欧洲文明:民族的融合与冲突》,贵阳:贵州人民出版社,1999年。
钱乘旦《论明治维新的失误》,载《新华文摘》2000年第8期。
钱文忠编:《陈寅恪印象》,上海:学林出版社,1997年。

S

单世联:《反抗现代性——从德国到中国》,广州:广东教育出版社,1998年。
桑兵《近代中国的知识与制度转型解说》,载孙宏云:《中国现代政治学的展开:清华政治学系的早期发展》,北京:生活·读书·新知三联书店,2005年。
商章孙(商承祖)《后记》,载[德]莱辛:《爱美丽雅·迦洛蒂》,商章孙译,上海:新文艺出版社,1956年。
[德]施丢克尔:《十九世纪的德国与中国》,乔松译,北京:生活·读书·新知三联书店,1963年。
时蕴《黑袍下的多样面孔》,载《中华读书报》2004年5月19日。
舒新城编:《中国近代教育史资料》上册,北京:人民教育出版社,1979年。
[美]斯塔夫里亚诺斯:《全球分裂——第三世界的历史进程》2册,迟越等译,北京:商务印书馆,1995年。
[美]斯塔夫里亚诺斯:《全球通史——1500年以后的世界》,吴象婴等译,上海:上海社会科学院出版社,1999年新1版。
[法]德·斯太尔夫人:《德国的文学与艺术》,丁世中译,北京:人民文学出版社,1981年。

苏云峰《教会与德、日两国政府在华教育事业之比较研究》,载林治平、金明玮主编:《基督教与中国现代化——国际学术研讨会论文集》,台北:宇宙光传播中心出版社,1994年。

孙邦华《晚清来华新教传教士对中国科举制度的批判——以〈万国公报〉为舆论中心》,载章开沅、马敏主编《基督教与中国文化丛刊》第5辑,武汉:湖北教育出版社,2003年。

孙立新《评德国新教传教士花之安的中国研究》,载《史学月刊》2003年第2期。

孙立新、蒋锐主编:《东西方之间——中外学者论卫礼贤》,济南:山东大学出版社,2004年。

T

[加]查尔斯·泰勒:《黑格尔》,张国清等译,南京:译林出版社,2002年。
唐任伍:《中华文化中的世界精神》,北京:中国社会科学出版社,1999年。
陶飞亚、吴梓明:《基督教大学与国学研究》,福州:福建教育出版社,1998年。
[法]爱弥尔·涂尔干:《教育思想的演进》,李康译,上海:上海人民出版社,2003年。

W

汪晖:《现代中国思想的兴起》2卷4部,北京:生活·读书·新知三联书店,2004年。
汪荣祖:《陈寅恪评传》,南昌:百花洲文艺出版社,1992年。
王东杰:《国家与学术的地方互动》,北京:生活·读书·新知三联书店,2005年。
王立新:《美国传教士与晚清中国现代化》,天津:天津人民出版社,1997年。
王林:《西学与变法——〈万国公报〉研究》,济南:齐鲁书社,2004年。
王奇生:《中国留学生的历史轨迹》,武汉:湖北教育出版社,1992年。
王启梁主编:《在牛津听讲座——精神的力量》,北京:中国民航出版社,2002年。

王守中《巨野教案与德占胶澳》,载《文史哲》1983年第5期。
王守中:《德国侵略山东史》,北京:人民出版社,1988年。
王学典:《20世纪中国史学评论》,济南:山东人民出版社,2002年。
王攸欣:《选择·接受与疏离——王国维接受叔本华、朱光潜接受克罗齐美学比较研究》,北京:生活·读书·新知三联书店,1999年。
王琢编:《中日比较文学研究资料汇编》,杭州:中国美术学院出版社,2002年。
[德]卫礼贤:《中国心灵》,王宇洁等译,北京:国际文化出版公司,1998年。
卫茂平:《德语文学汉译史考辨:晚清和民国时期》,上海:上海外语教育出版社,2004年。
[英]亚·沃尔夫:《十八世纪科学、技术和哲学史》上册,周昌忠等译,北京:商务印书馆,1991年。
吴义雄:《在宗教与世俗之间:基督教新教传教士在华南沿海的早期活动研究》,广州:广东教育出版社,2000年。

X

夏晓虹编:《梁启超文选》上册,北京:中国广播电视出版社,1992年。
相蓝欣:《义和团战争的起源:跨国研究》,上海:华东师范大学出版社,2003年。
邢来顺:《迈向强权国家——1830—1914年德国工业化与政治发展研究》,武汉:华中师范大学出版社,2002年。
熊月之:《西学东渐与晚清社会》,上海:上海人民出版社,1994年。
徐松荣:《维新派与近代报刊》,太原:山西古籍出版社,1998年。
许冠三:《新史学九十年》上册,香港:香港中文大学出版社,1986年。

Y

杨恒《安治泰与巨野教案》,载《近代史研究》1989年第1期。
杨武能《八十年前是一家》,载《读书》2005年第3期。
姚小平:《洪堡特——人文研究和语言研究》第75页,北京:外语教学与研究出版社,1995年。

叶隽:《现代学术视野中的留德学人》,上海:同济大学出版社,2004年。
叶隽:《另一种西学——中国现代留德学人及其对德国文化的接受》,北京:北京大学出版社,2005年。
叶隽《二十世纪上半期中国的"德国文学学科"历程——张威廉先生的历史记忆》,载《博览群书》2005年第4期。
[美]伊格尔斯:《二十世纪的历史学——从科学的客观性到后现代的挑战》,何兆武译,沈阳:辽宁教育出版社,2003年。
[德]余凯思:《在"模范殖民地"胶州湾的统治与抵抗——1897—1914年中国与德国的相互作用》,孙立新译,济南:山东大学出版社,2005年。

Z

章清《近代中国留学生发言位置转换的学术意义》,载《历史研究》1996年第4期。
张广智、张广勇:《现代西方史学》,上海:复旦大学出版社,1996年。
张国刚:《德国的汉学研究》,北京:中华书局,1994年。
张威廉:《德语教学随笔》,南京:南京大学出版社,2000年。
张星烺:《欧化东渐史》,北京:商务印书馆,2000年。
中德学会编译:《五十年来的德国学术》第1、2册,上海:商务印书馆,1937年。
中国蔡元培研究会编:《蔡元培研究集》,北京:北京大学出版社,1999年。
周冰若、宗白华编:《歌德之认识》,南京:钟山书局,1933年。
周棉:《冯至传》,南京:江苏文艺出版社,1993年。
周天度:《蔡元培传》,北京:人民出版社,1984年。
[美]周锡瑞:《义和团运动的起源》,张俊义等译,南京:江苏人民出版社,1998年。
邹振环:《影响中国近代社会的一百种译作》,北京:中国对外翻译出版公司,1996年。
朱玖琳《德国传教士花之安与中西文化交流》,载《近代中国》第6辑,上海:上海社会科学院出版社,1996年。
朱维铮:《走出中世纪》,上海:上海人民出版社,1987年。

宗有恒、夏林根编:《马相伯与复旦公学》,太原:山西教育出版社,1996年。

西文文献

Arnold, Hans: *Foreign Cultural Policy — A Survey from a German Point of View*. Transl. By Keith Hamnett, Erdmann, London: Wolff, 1979.

Banno, Masataka: *China and the West 1858 – 1861 — the Origins of the Tsungli Yamen*. Cambridge, Massachusetts: Harvard University Press, 1964.

Bauer, Wolfgang & Hwang, Shen-Chang (ed.): *Deutschlands Einfluß auf die moderne chinesische Geistesgeschichte — Eine Bibliographie chinesischsprachige Werke*(德国对中国现代精神史的影响——中文出版物目录). Wiesbaden: Franz Steiner Verlag, 1982.

Bode, Christian・Becker, Werner & Klofat, Rainer: *Universitäten in Deutschland*(德国的大学). München: Prestel, 1995.

Bornemann, Fritz: *Arnold Janssen — der Gründer des Steyler Missionswerkes 1837 – 1909*(扬森——1837—1909年斯泰尔教会工作的创始人). Rome, 1969.

Bulhof, Ilsen: *Wilhelm Dilthey — A hermeneutic approach to the study of history and culture*(狄尔泰——历史和文化研究的阐释学考察). The Hague, Boston & London: Martinus Nijhoff Publishers, 1980.

Callot, Jean-Pierre: *Historie de L'Ecole Polytechnique*(巴黎综合理工学校史). Paris, 1959.

Chen, Chuan: *Die chinesische schöne Literatur im deutschen Schrifttum*(德国文学中的中国纯文学)Inaugural-Dissertation zur Erlangung der Doktorwürde der Hohen Philosophischen Fakultät der Christian-Albrecht — Universität zu Kiel. vorgelegt von Chuan Chen aus Fu Schün in China.

Dilthey, Wilhelm: "Der Aufbau der Geschichteswelt in den Geisteswissenschaften"(精神科学中历史世界的建构). In Dilthey, Wilhelm: *Gesammelten Schriften*(全集). Band VII. Leipzig, 1927.

Emmerich, Wolfgang: *Kleine Literaturgeschichte der DDR*(民主德国简明文学史). Leipzig: Gustav Kiepenheuer Verlag, 1996.

Erkes, Eduard: "Georg von der Gabelentz und August Conrady"(嘎伯冷兹与孔拉迪), in *Karl Marx Universität Leipzig (1409-1959) — Beiträge zur Universitätsgeschichte*(卡尔·马克思莱比锡大学1409—1959年——大学史论文集). Band 1. Leipzig: Verlag Enzyklopaedie, 1959.

Faber, Ernst: *Eine Staatlehre auf ethischer Grundlage oder Lehrbegriff des chinesischen Philosophen Mencius*(伦理基础上的国家学说或中国哲人孟子的教学观). Elberfeld, 1877.

Feng Tscheng-Dsche: *Die Analogie von Natur und Geist als Stilprinzip in Novalis Dichtung*(自然与精神的类比——诺瓦里斯的气质、禀赋和性格). Heidelberg: Buchdruckerei August Lippl, 1935.

Fleming, Donald & Bailyn, Bernard (ed.): *The Intellectual Migration — Europe and America, 1930-1960*. Cambridge & Massachusetts: The Belknap Press of Harvard University Press, 1969.

Gründer, Horst: *Christliche Mission und deutscher Imperialismus — Eine politische Geschichte ihrer Beziehungen während der deutschen Kolonialzeit (1884-1914) unter besonderer Berücksichtigung Afrikas und Chinas*(基督教传教会与德意志帝国主义——以非洲和中国为特别视角的德国殖民时代(1884—1914)政治史). Paderborn, 1982.

Habermas, Jürgen: *Theorie des Kommunikativen Handelns*(交往行动理论) Band 1. Handlungsrationalität und gesellschaftliche Rationalisierung. Frankfurt am Main Suhrkamp Verlag, 1985.

Hammermayer, Ludwig: "Akademiebewegung und Wissenschaftsorganisation — Tendenzen und Wandel in Europa während der zweiten Hälfte des 18. Jahrhunderts"(科学院运动与学术组织——18世纪下半期欧洲的趋势与变化). In Amburger, Eric / Ciesla, Michal / Sziklay, Laszlo(hg.): *Wissenschaftspolitik in Mittel- und Osteuropa*(中欧与东欧的科学政策). Berlin, 1976.

Harnisch, Thomas: *Chinesische Studenten in Deutschland — Geschichte und Wirkung ihrer Studienaufenthalte in den Jahren von 1860 bis 1945*(中国留德学生——1860至1945年间留学的历史和影响). Hamburg: Mitteilungen des Instituts für Asienkunde, 1999.

Hegel, Georg Wilhelm Friedrich: *Grundlinien der Philosophie des Rechts*(法哲学原理). (hrsg. von Hoffmeister, Johannes) Hamburg: Felix Meiner, 1955.

Hirsh, Klaus (hrsg.): *Richard Wilhelm Botschafter zwei Welten — Sinologe und Missionar zwischen China und Europa*(卫礼贤:两个世界的使者——在中国与欧洲之间的汉学家与传教士). Frankfurt am Main & London: IKO-Verlag für Interkulturelle Kommunikation, 2003.

Hoffmeister, Kay: *Karl Lamprecht — Seine Geschichtstheorie als Ideologie und seine Stellung zum Imperialismus*(兰普莱希特——作为意识形态的史学理论及其对资本主义的立场). Diss., Universität Göttingen, 1956.

Hsia, Adrian: *Hermann Hesse und China — Darstellung, Materialien und Interpretation*(黑塞与中国). Frankfurt am Main: Suhrkamp Verlag, 1974.

Hu Chang-tze: *Deutsche Ideologie und politische Kultur Chinas — Eine Studie zum Sonderwegsgedanken der chinesischen Bildungselite 1920 - 1940*(德国思想与中国政治文化——对1920—1940年中国知识精英的另类思想研究). Bochum: Studienverlag Brockmeyer, 1983.

Huber, E. R.: *Deutsche Verfassungsgeschichte seit 1789*(1789年以来德国宪法史). Band 1. Stuttgart, 1957.

Jens, Inge & Jens, Walter: *Eine deutsche Universität — 500 Jahre Tübinger Gelehrtenrepublik*（一座德国大学——图宾根学者共和国五百年）. Reinbek bei Hamburg: Rowohlt Taschbuch Verlag, 2004.

Jiang Feng: *Deutsche Auswaertige Kulturpolitik — Eine realpolitische Betrachtung*（德国对外文化政策——从现实政治的视角考察）. Diss. Beijing: Beijing Foreign Studies University, 2001.

Kranz, Pastor, P.: *The Works of Rev. Ernst Faber, Dr. Theol. — A Champion of the Faith, A Pioneer of Christian Literature in China.* (trans. by Haden, Robert A.) Shanghai: American Presbyterian Mission Press, 1904.

Kreissler, Françoise: *L'Action culturelle allemande en Chine: de la fin du XIXe siècle à la Seconde guerre mondiale*（德国在中国的文化活动）. Paris: Ed. De la Masion des sciences de l'homme, 1989.

Kuo Heng-yü & Leutner, Mechthild (Hrsg.): *Deutschland und China — Beiträge des Zweiten Internationalen Symposiums zur Geschichte der deutsch-chinesischen Beziehungen, Berlin 1991*（德国与中国——1991年柏林第二届中德关系史国际研讨会论文集）. München, 1994.

Lamprecht, Karl: *Alte und neue Richtungen in der Geschichtswissenschaft*（历史科学中的老方向和新方向）. Berlin, 1896.

Liard, Louis: *L'enseignement Superiéur en France 1789 – 1889*（法国高等教育1789-1889）. Paris, 1909.

Lutz, Jessie G.: *Chinese Politics and Christian Missions — The Anti-Christian Movements of 1920 – 1928*. Notre Dame, IN: Cross Cultural Publications, 1988.

Lutz, Jessie G.: "Karl Gützlaff and changing Chinese perceptions of the world during the 1840s",载章开沅、马敏主编《基督教与中国文化丛刊》第5辑,武汉:湖北教育出版社,2003年

Mandelkow, Karl Robert(hrsg.): *Goethe im Urteil seiner Kritiker — Dokumente zur Wirkungsgeschichte Goethes in Deutschland*（批评

者眼中的歌德——歌德在德国影响史资料). Band I. München:C. H. Beck, 1975.

Marbach, Otto: *50 Jahre Ostasienmission — Ihr Werden und Wachsen*（东亚传教会50年——其成长与发展). Zürich, 1934.

Marsden, George M.: *Religion and American Culture*. San Diego: Harcourt Brace Jovanovich Inc., 1990.

Nationales Forschungs- und Gedenkstätten der klassischen deutschen Literatur in Weimar (hrsg.): *Heines Werke in Fünf Bänden*（五卷本海涅著作集). 4. Band. Berlin und Weimar Aufbau-Verlag, 1978.

Novak, Kurt: *Geschichte des Christentums in Deutschland — Religion, Politik und Gesellschaft vom Ende der Aufklärung bis zur Mitte des 20. Jahrhunderts*（德国基督教史——从启蒙末期至20世纪中期的宗教、政治与社会). München: Verlag C. H. Beck, 1995.

Oehlke, W.: *In Ostasien und Nordamerika als deutscher Professor: Reisebericht(1920-1926)*（在东亚与北美做德国教授：旅行报告(1920-1926)). Darmstadt & Leipzig: E. Hofmann, 1927.

Rivinius, Karl Josef: *Weltliche Schutz und Mission — Das deutsche Protektorat über die katholische Mission von Süd-Shantung*（世界保护与教会——鲁南天主教会的德国庇护). Cologne und Vienna, 1987.

Said, Edward W.: *Culture and Imperialism*. New York: Alfred A. Knopf Inc., 1993.

Salzer, Anselm & Tunk, Eduard von (Hrsg.): *Illustrierte Geschichte der deutschen Literatur*（插图本德语文学史). Band 6. Köln: Naumann & Göbel, 无出版年份.

Schlerath, Bernfried: "Die Geschichtlichkeit der Sprache und Wilhelm von Humboldts Sprachphilosophie"（语言的历史性与洪堡的语言哲学). in Schlerath, Bernfried (hg.): *Wilhelm von Humboldt — Vortragszyklus zum 150. Todestag*（威廉·冯·洪堡——逝世150周年研讨会文集). Berlin & New York: Walter de

Gruyter, 1986.

Schlegel, Friedrich: *Schriften zur Literatur*(论文学). München: DeutscherTaschenbuchverlag, 1972 (2. Auflage, 1985).

Schlyter, Herman: Karl Gützlaff als Missionar in China(作为在华传教士的郭士立). Lund & Kopenhagen, 1946.

Schlyter, Herman: *Der China-Missionar Karl Gützlaff und seine Heimatbasis — Studien über das Interesse an der Mission des China-Pioniers Karl Gützlaff und über seinen Einsatz als Missionswecker*(在华传教士郭士立及其本土基础——中国传教先驱郭士立的志趣与对传教工作的唤醒研究). Lund, 1976.

Sun, Lixin: *Das Chinabild der deutschen protestantischen Missionare des 19. Jahrhunderts — Eine Fallstudie zum Problem interkultureller Begegnung und Wahrnehmung*(19世纪德国新教传教士的中国观——关于文化间接触和感知问题的一项个案研究). Marburg: Tectum Verlag, 2002.

Tiedemann, R. G.: "'Christian Civilization' or 'Cultural Expansion'? — The German Missionary Enterprise in China, 1882-1919". in Mak, Ricardo K. S. & Paau, Danny S. L. (ed.): *Sino-German Relations since 1800: Multidisciplinary Explorations.* Frankfurt am Main: Peter Lang GmbH, 2000.

Thomas, Ludmila(hrsg.): *Deutsch-russische Beziehungen*(德俄关系). Berlin: Akademie Verlag, 1995.

Wilhelm, Richard, (übertr. u. hrsg.): *I Ging — Das Buch der Wandlungen*(易经). Düsseldorf, Köln: Eugen Diederichs Verlag, 1981.

Wilhelm, Salome: *Richard Wilhelm — Der geistige Mittler zwischen China und Europa*(卫礼贤——中国与欧洲间的精神使者). Düsseldorf, Köln: Eugen Diederichs Verlag, 1956.

西文——中文名词对照表：

academic freedom 学术自由
Academie des Sciences 法国科学院
Akademiebewegung 科学院运动
Académie 阿伽代米
Allen，Young John 林乐知
Allgemeiner evangelisch-protestantischer Missions-verein（简称 AepMV）同善会（大众基督教新教传教联盟）
Alldeutscher Verband 泛德意志协会
allgemeine historische Sprachkunde 普通历史语言学
Allgemeine Naturgeschichte und Theorie des Himmels 自然通史和天体论
Altgermanistik 古日尔曼国粹学
Anzer，Johann Baptist 安治泰
Aufklärung 启蒙
Babbitt，Irving 白璧德
Basler Mission 巴色会（巴塞尔基督教传教协会）
Beethoven，Ludwig van 贝多芬
Belinsky，Vissarion Grigoryevich 别林斯基

Bell，Adam Schall von 汤若望
Berliner Missionsgesellschaft 信义会（柏林传教协会）
Bernheim，Ernst 伯伦汉
bilden 教养
Bismarck，Otto von 俾斯麦
Bohr，Niels 玻尔
Börschemann 波歇曼
Bredel，Willi 布莱德尔
Brotgelehrter 利禄学者
Brotwissenschaften 利禄之学
Brown，Samuel R. 布朗
Chamberlain，Houston Stewart 张伯伦
Civilization — China and Christian 文明：中国与基督教（即《自西徂东》）
Comenius，John Amos 夸美纽斯
Conrady，August 孔拉迪
cultural capital 文化资本
Cultural Imperialism 文化帝国主义
Das Deutsche und Das Lessing-Theater in Berlin 柏林雷兴剧馆及德意志剧馆
Das Geheimnis der goldenen Blüte 太乙金华宗旨
Daunau，P.C.F. 达鲁法案
De L'allemagne 论德国
der Geist der Welt 世界精神
Deutsche Akademie der Wissenschaften zu Berlin 柏林科学院
DAAD(Deutscher Akademische Austauschdienst) 德国学术交流中心
deutscher Imperialismus 德意志帝国主义
Deutsche Kolonialverein 德国殖民地协会
Deutsche Ostasien-Mission(简称 DOAM) 东亚传教会
Deutsche Studiengesellschaft 德国研究会
Das Deutschland-Institute 中德学会

Dewey, John 杜威
die amerikanische Republik 美利坚共和国
Die Romantische Schule 论浪漫派
Die Seele Chinas 中国心灵
Dilthey, Wilhelm 狄尔泰
Disciplinarity 学科规训
Doctor of Theology 神学博士
Donald, Mac Gillivray 季理斐
Driesch, Hans 杜里舒
Durkeim, Emil 涂尔干
Dutsh Missionary Church 荷兰传道会
Ecole Normale Supérieure Ulm 巴黎高等师范学校
Eine Staatlehre auf ethischer Grundlage oder Lehrbegriff des chinesischen Eschenbach, Wolfram v. 俄尔夫拉穆·封·艾伸拔哈（埃申巴赫）
Philosophen Mencius 伦理基础上的国家学说或中国哲人孟子的教学观
Einstein, Albert 爱因斯坦
Eisen und Blut 铁血（宰相）
Eisner, Kurt 艾斯纳
Fischer, Martin 斐霞
Engels, Friedrich 恩格斯
Faber, Ernst 花之安
Fichte, Johann Gottlieb 费希特
Franke, Herbert 福赫伯
Friedrich der Große 腓特烈大帝
Gabelentz, Georg von der 嘎伯冷兹
Geisteswissenschaft 精神科学
Genauigkeit 精确性
gentleman 绅士
Geschichte der romanischen und germanischen Völker von 1494 bis 1514 拉丁和条顿民族史

Goethe, Johann Wolfgang von 歌德(葛德)
Gottsched, Johann Christoph 郭柴德(戈特舍德)
Grillparzer 格里尔帕策
Grimm, Jakob 雅各·格里母(雅各布·格林)
Grimm, Wilhelm 维廉·格里母(威廉·格林)
Grundlage der gesammten Wissenschaftslehre 全部知识学的基础
Grundlinien der Philosophie des Rechts 法哲学原理
Gründer, Horst 格林德
Gründlichkeit 彻底性
Gützlaff, Karl 郭士立(居茨拉夫、郭实腊)
Habermas, Jürgen 哈贝马斯
habitus 生性
Haeckel, Ernst 赫克尔
Haenisch 海尼士
Haller, Johannes 哈勒尔
Hanarck, Adolf von 哈纳克
Hasse, Ernst 哈塞
Hauptmann, Gerhart 豪布陀曼(豪普特曼)
Hayek, Friedrich A. Von 哈耶克
Hegel, Georg Wilhelm Friedrich 黑格尔
Heine, Heinrich 海涅
Hellccig, Otto 海里威
Herder, Johann Gottfried 赫尔德(赫德)
Hesse, Hermann 黑塞
Humboldt, Wilhelm von 洪堡
Humboldt-Universität zu Berlin 柏林洪堡大学
Hundhausen, Vincenz 洪涛生
Idealismus 理想主义(或唯心主义)
idealistische Philologie 唯心派语言学或文献学
Identitätsphilosophie 同一性哲学
I Ging — Das Buch der Wandlungen 易经

Janssen, Arnold 扬森
Jesus 耶稣
Joeskee, S. 叶世克
John Fryer 傅兰雅
Jung, Carl Gustav 荣格
Kaiser-Wilhelm-Institut für Physik 威廉皇家物理研究所
Kant, Immanuel 康德
Keller, Gottfried 克勒(凯勒)
Keyserling, Hermann 盖沙令
Klassizismus 德国古典文艺
Kleist, Heinrich v. 克莱斯特
Klopstock, Friedrich Gottlieb 克罗普斯岛克(克洛卜施托克)
Kolonisierung 殖民化
Kranz, Pastor, P. 安保罗
Kritik der reinen Vernunft 纯粹理性批判
Kulturkampf 文化斗争
Kulturwissenschaft 文化科学
Lamprecht, Karl 兰普莱希特
Laokonn oder über die Grenzen der Malerei und Poesie 拉沃铿(拉奥孔)
Laue, Max von 劳厄
Lehrbuch der historischen Methode und Geschichtsphilosophie 历史方法与历史哲学教本
Leibniz, Gottfried Wilhelm Freiherr v. 莱布尼茨
Die Leipziger Universität 来布其大学(莱比锡大学)
Les grandes écoles 大学校制度
Lessing, Gotthold Ephraim 雷兴(莱辛)
liberal education, 博雅教育
Littmann, Enno 安诺·黎蒂曼
Linguisktik 语言学
Loi sur L'organization publique 公共教育组织法
Martin, William Alexander Parsons 丁韪良

Marx，Karl 马克思
Meister，Wilhelm 麦斯特
Menschen und Mächte 伟人与大国
Milne，William 米怜
Missionierung 教会化
Mitgefühl und Mitwissenschaft des Alls 对宇宙全体的同情体验与同情理解
Morrision，Robert 马礼逊
Morrison Education Society 马礼逊教育会
Naturalismus 自然派文学
Nernst，Walther Hermann 能斯特
Neugermanistik 新日尔曼国粹学
Newmann，John Henry 纽曼
Oehlke，Waldemar 欧尔克
Orientalistik 东方学术
Peters，Karl 彼得斯
Pestalozzi，Johann Heinrick 裴斯塔罗次（裴斯泰洛齐）
Philologie 语文学
philosophischer Kopf 哲学之士
Plato，柏拉图
Planck，Max 普朗克
Polytechnique 巴黎综合理工学校
Positivismus 实证主义
Die Preußische Akademie der Wissenschaften zu Berlin 普鲁士科学院
Quatre Facultés 四个学院
Quatre Nations 四个"民族团"
Ranke，Leopold von 兰克
Realien 实在事物
Reichsmarineamt 帝国海军署
Reisetagebuch eines Philosophen 哲学家的旅行日记
Rheinische Missionsgesellschaft 礼贤会（莱茵兰传教协会）

Ricci, Matteo 利玛窦
Richard, Timothy 李提摩太
Romantik 浪漫主义
Royal Society 英国皇家学会
Russell, Bertrand Arthur William 罗素
Said, Edward W. 萨义德
Schelling, Friedrich WJ von 谢林
Schierlitz, Ernst 谢理士
Schiller, Friedrich von 释勒(席勒)
Schlegel, Friedrich 施莱格尔
Schmidt, Helmut 施密特
Schröder, Edward 爱德华·施乐德
science 科学
Seele der modernen Wissenschaften 现代学术之心魄
Semitistik 闪文学
Mme De Stael 斯太尔夫人
The Society of the Divine Word(简称SVD)圣言会
Storm, Theodor 史滔穆(施托姆)
Style 斯泰尔
Sudermann, Hermann 苏德曼
System der Sittenlehre nach Prinzipien der Wissenschaftslehre 以知识学为原则的伦理学体系
Taylor, Charles 泰勒
Tagore, Rabindranatk 泰戈尔
Terrenz, Johannes 邓玉函
Technische Universität 工业大学
The Idea of a University 大学的理念
Theorie des Kommunikativen Handelns 交往行动理论
Tirpitz, Alfred von 蒂尔皮茨
Trautmann, Oscar P. 陶德曼
Vorlesungen über die Methode des akademischen Studiums 关于学术研

究型学习方法
Universalgeschichte 普遍历史
Université de Paris 巴黎大学
The University of Oxford 牛津大学
das vergleichende Sprachstudium（die vergleichende Sprachforschung）
    比较语言研究
Verwandte und Bekannte 亲戚与朋友们
Vogelweide，Walter v. d. 瓦尔德·封·福格尔伟德（福格威德）
Voltaire（原名 François-Marie Arouet）伏尔泰（伏台尔）
Watt，James 瓦特
Weber，Max 韦伯
Weimarer Republik 魏玛共和国
Weltgerichte 世界历史
Weltgeschichte 世界法庭
Wie es eigentlich gewesen 重建过去如当时发生一样
Wieland，Chr. M. 魏兰（维兰德）
Wilhelm，Helmut 卫德明
Wilhelm，Richard 卫礼贤
Wissenschaftslehre 知识学
Wissenschaftsorganisation 学术组织
Wissenschaftsphilosophie 学术哲学
Wissenschaft 学术（科学）
Wissenschaft als Beruf 以学术为业
Wissenschaft um Wissenschaft 为学术而学术
die Wissenschaft vom Morgenlande 东方学
Wissenschaftlicher Beirat 学术顾问
Witte，Johannes 维特
Wolff，Christian. 沃尔夫
Xavier，St. Francis 沙勿略
Zanin，Mario 蔡宁

人名及关键词索引

A

爱巴赫路易高等学校　40,60
爱因斯坦　5,103,104,127,128,146
安保罗　55,76
安治泰　20,21,28,36,38,63,66,68-77,79-82,84
奥伊肯　104

B

白璧德　18
白仁德　101
保教权　32,36,71
巴伐利亚　68
巴黎大学　3
巴黎高等师范学校　4
巴黎综合理工学校　4
巴塞尔大学　39,42,60
巴色会(巴塞尔基督教传教协会)　36
包尔生　185
北大(北京大学)　19,20,28,29,47,57,85,

87-92,94,96,97,99,101,103,104,106-108,111-113,120-122,124,128,140,142,144,148,149,156-161,175,176,180,182-184
《北京条约》 32
贝多芬 64
贝时璋 138,139
彼得堡 15,113
边缘人 21,22,25-28
别尔嘉耶夫 15
别林斯基 15
比乌司第九 34
俾斯麦 5,9,11,34,64-67,71,99,101
玻尔 127
波歇曼 101
以赛亚·伯林 15
伯希和 26,99,187
柏拉图 51,106
柏林 5,11,17,18,37,39,49,60,65,71,72,81,90,98,113,127,128,179
柏林大学 1,5,6,18,20,60,88,123,124,127-130,138,149,156,178,179
柏林科学院 113,127,128
博雅教育 3,184
布莱德尔 162-164
布鲁姆哈特 49

C

蔡宁 61
蔡元培 16-20,25,29,48,53,57,87,89-92,95-99,101-104,108,109,111-122,126-128,137-144,146,148,156,175,176,180,182,185,186
成仿吾 16
陈独秀 19,104
陈鹤琴 48
陈焕章 57,102
陈省身 138,139
陈寅恪 17,18,20,109,116,124-126,131,137-139,143,144,146,150,159,174,175,187,188
陈垣 133,175
重庆 61,116,158
创造家 21,22,26-28
传教士 1,20-29,31-33,35-41,43-50,52-63,66,68-85,87-89,95,97,103,105-109,111,134,149,177-180,183-185,188,191

D

戴维斯 73
达恩 91
大刀会 73,74
大学的理念 3

大学校　3,4,95,114,117,144
但采尔　98
邓玉函　27,39
德帝国　63,65,66,68,73-75,80
德国　1-9,11-20,27-29,31-46,48-85,87-109,111,120,123-130,132-139,141,142,144,146,149-156,158,161-163,165-169,173,174,177-180,182-191
《德国史》　99
德国学术　6,7,16,18-21,27,29,85,99,100,109,123,127,129,130,133-137,146,150,156,178-185,187,188,190
德国研究会　85,100
德国意义　1
德国殖民地协会　83
《德国志略》　100
德国助学会　97
德里达　17
德侨　61
《德英汉哲学词典》　97
德意志精神　8,9,17,146
德语文学学科　20,29,88,148,149,166,173,174
笛卡尔　64
狄尔泰　125,126,150
蒂尔皮茨　73,74
第二帝国　9,50,64,65,67,68,72,73,78,81,82,84,180
帝国海军署　83
《地质的主因》　99
丁文江　116-118,137
东方学　133,137,187
东亚传教会　37,40,76
都柏林　154
杜里舒　96,97,104
杜威　24,48,93,97,104,108,109,141

E
恩格斯　8,161
《儿童教育》　99
俄国　15,65,102,152
俄罗斯　15,165,178
俄罗斯科学院　114

F
方济各会　68,69
凡尔赛和约　50
法国革命　1
法国科学院（法兰西科学院）　20
法国　2-4,8,11-13,15-17,32,64,71,78,91,98,112,128,130,161,162,182,189
法兰克福　46,47,57,78,85,97-100,105,154
法勒克　34
费尔巴哈　8,185

费希特　　1,3,5-9,15,64,88,
　　114,130,150,178
斐霞　　85
冯至　　20,29,64,94,139,144,
　　148,156-160,165-176,183
《浮士德》　　8
弗里德里希二世（佛雷德烈大王）
　　120
弗兰纳德麦茨　　69
弗洛伊德　　17,124
傅兰雅　　24,52,56
傅乐成　　121
傅斯年　　17,20,25,26,29,98,
　　111,116-125,127,128,130
　　-133,135-139,144,146,
　　175,176,183
福赫伯　　50
福柯　　17,28
福若瑟　　69,72,75
福泽谕吉　　15
复旦公学　　96,112
伏尔泰（伏台尔）　　120

G

盖茨　　59
盖沙令（吉色林、凯泽林）　　102
歌德（葛德）　　1,7-9,51,64,
　　81,84,85,88,94,99,101,
　　106,125,129,148-151,153,
　　154,156,159,161,163,166,
　　171,172,174

哥本哈根　　113
哥伦布　　22
哥廷根　　4,60
格里尔帕策　　128
威廉·格林（维廉·格里母）
　　134
雅·格林　　134
光绪皇帝　　55,65
广学会　　54,55
郭秉文　　48
郭沫若　　16,144,184
郭士立　　27,33,39,53,68,76,
　　78,81,82
国家利益　　22,32,33,59,61,
　　81,82
辜鸿铭　　36,102,103
古奇　　129,130
顾颉刚　　121,131,132
顾孟余　　89,92,103,116

H

海涅　　12,169
海理威　　103
海尼士　　134,137
海提纳　　99
函夏考文苑　　112
豪普特曼（豪布陀曼）　　88,148
　　-150,154,155
哈贝马斯　　17,85
哈佛大学　　18,138
哈勒（哈勒尔）　　60,99

哈勒大学　4
哈纳克　127
哈耶克　2,4
黑格尔　1,2,5,7-11,15,17,
　　129,185
黑塞　51,82,106
亨利亲王　74
何思源　139
荷尔德林　81,84,85
荷兰　8,22,33,39,68,98
赫尔德　7,150,151,154,161
赫克尔　34,185,186
洪堡（洪保尔德）　3,5,19,60,
　　64,114,123,124,126,135,
　　154,179
洪涛生　107
黄炎培　16,138
花之安　20,24,27,28,31,36,
　　38-49,52-56,58-61,66,
　　76,82,134,180
胡塞尔　17
胡适（之）19,36,48,57,95,99,
　　102,104,109,116,117,122,
　　130,141,155,181,188

J

爱美丽雅·迦洛蒂　161,162
嘉祥教案　73
蒋介石　49,61,116,186
蒋梦麟　19,48,122
胶澳　36,38,73

胶济铁路　79
胶州　36,38,50,68,71-74,
　　77,79
教廷　61,65,68
伽达默尔　17
近代中国　19,22-24,28,31,
　　32,36,41,42,45,47,52-56,
　　58,59,61,62,71,98,114,
　　180,181,188,189
九·一八事变　119
基督福音　28,31,34,38,40,
　　41,43,47,49,52,55,56,61,
　　62,82,179,180
季羡林　88,144,149
巨野教案　36,72

K

《卡尔大帝本纪》　99
康德　5-7,15,16,47,48,57,
　　69,81,84,92-94,102,106,
　　109,130,150
康有为　44,53,57,102,180,
　　186
科学话语　1,3,6,9,130,141,
　　142
科学原则　29,111,120,137,
　　139,140,143,147
科学院　20,27,41,69,98,112
　　-115,118,122,127,128,
　　140,146,147,169,175,176,
　　178

科学主义　　　4
克莱斯特　　　156,164,165
克虏伯　　　64
克洛卜施托克（克罗普斯岛克）
　　　151,152
孔拉迪　　　50
孔子　　　39,47,70,71,92,94,99,
　　　189
夸美纽斯　　　4

L

莱比锡大学（来布其大学）　　　50,
　　　98-100
莱布尼茨　　　113
莱辛　　　7,88,149-151,153,
　　　154,156,161-163
郎怀仁　　　32
兰克　　　46,47,57,78,85,97-
　　　100,105,124-127,129-
　　　133,136,146,154
兰普莱希特　　　125-127
劳厄　　　127
劳乃宣　　　57,102
老子　　　47,92,94,189
拉辛　　　64
雷根斯堡神学院　　　69
雷欧第十三　　　34
梁启超　　　42,48,53,55,56,93,
　　　104,106,112,142,144,180
梁漱溟　　　104,149
梁廷枏　　　25

林徽因　　　104
林乐知　　　24,52
林则徐　　　25,53
黎蒂曼　　　123,133
李长之　　　149,150,153,184
李鸿章　　　67,186
李璜
李济　　　133,136,140
李提摩太　　　24,52
李善兰　　　25,42
李商隐（李义山）　　　120
李石曾　　　101
李斯特　　　2
李宗恩　　　138,139
礼贤会（莱茵兰传教协会）　　　37,
　　　39,42,60
利奥塔　　　17
利玛窦　　　22,31,38
历史语言研究所（史语所）　　　120
　　　-123,132,133,135,136,183
《历史哲学》　　　1,7,10
留德背景　　　91,157
留德学人　　　1,16,17,19,20,27,
　　　30,32,63,87,89,100,103,
　　　108,109,111,120,123,125,
　　　127,128,138,139,144,146,
　　　149,177,178,182-188,191
留德学生中德文化研究会　　　99
留德学术群　　　183-185,191
留德一代　　　20,137,139,144
留美幼童　　　25

留日　　　16,19,32,180,184
留学生　　16,17,20-23,25-29,32,55,56,58,108,109,138,144,180,182,184
刘师培　　180
刘廷琛　　57,102
柳诒徵　　23,31,133
罗家伦　　120,139
罗马　　　32,34,39,65,68,71,113,178
罗素　　　21,24-26,93,97,104,107-109,141
鲁本斯　　128
鲁迅　　　16,144
伦敦　　　33,39,47,98,113,124,138,189
《伦理学体系》　185

M

马德里　　113
马赫　　　5,114,124
马君武　　16-18,34,185,186
马克思　　2,8,9,14,15,17,33,50,150,161,170,185
马礼逊　　23,52
马相伯　　96,112
《麦斯特》　1,7,8
曼海姆　　2
毛奇　　　64
毛泽东　　163,185,186
梅兰芳　　104

美国革命
美国学术　18,19,21,181,190
美国　　　1,5,8,15-19,22,23,47,52,55,58-60,64,65,68,70,78,93,104,124-126,128,138,178,181,190
孟子　　　43,48,92
明治维新　15
民族精神　9,10,135,136,144,152
米怜　　　23

N

纳旦　　　161
南北大学　157,158,160
《南京条约》　24,181
纳粹　　　49,61,64
能斯特　　128
牛顿　　　5
牛津大学　3,155
纽曼　　　3
《尼白龙根歌》　156
尼采　　　14,16,17,90,101,150,158
诺瓦里斯　158,172

O

欧尔克　　89-92,94,95,103,107,109,156,161
欧游心影录　48,93,106
欧洲　　　2,3,5,11,15,32,33,36,

46,48-51,56-59,64,65,
68,77-79,83-85,93-95,
97,102,104-106,108,113,
119,123,129,130,133,138,
141,152,165,178,180,181

P
培根　64
葡萄牙　22
溥伟　57,102
溥仪　57,109
普朗克　127,128
普鲁士　5,8,11,15,39,66,83,
120
普鲁士科学院　113,114

Q
钱玄同　131
青岛　45,46,49,57,79,84,87
-89,94,95,99,102,109
七·七事变　119

R
日本　15,16,22,37,76,81,83,
156,178,190
日照教案　73
任鸿隽(任叔永)
荣格　51

S
桑巴特　2

萨特　17
商承祖　20,94,148,156-158,
160-162,165,169
商务印书馆　2,3,5,6,10,11,
16,22,23,67,69,70,91,100,
123,127-130,133-135,
137,141,149,151-153,155,
156,178
上海　4,15,17,18,23,24,31-
34,38,39,41,42,44-46,48,
53,54,56,59,68,69,81,88,
91,96-98,100,102,105,
109,113,117,120,121,123,
127,128,131,133-137,144,
149,151-153,155-157,
159,161,162,178,179
山东　34,36,41,46,63,68-
75,77-79,83,84,87,98,99,
108,131-133,159
莎士比亚　64,161,162
沙勿略　22
升允　57,102
圣言会　36,63,68-70,72-75
神圣罗马帝国　64,65,113
社科院外文所　168
师生关系　148
施莫勒　2
十字军　38
世界精神　8-10,17,28,86,
189
世界政策　35,50,63-67,71,

81
斯德哥尔摩　113
斯太尔夫人　12-15,188,189
斯泰尔　68
斯提夫特神学院　40,60
思想自由,兼容并包　19
宋恕　102-104,180
苏德曼　128
苏联　21,27,157,178
孙中山　112,186

T
《天津条约》　32
天主教　23,29,32-34,36,61,
　　63,65,66,68-74,77,133
太虚法师　99
泰戈尔　93,104,108,109
泰勒　9,70
汤若望　27,38,39,46,105
陶德曼　85
陶行知　48
田汉　16
同善会(大众基督教新教传教
　　联盟)　36,37,40,46,49,
　　63,75-79,82-84
脱亚入欧　15
图宾根大学　39,42,60,138

W
王光祈　98,134,137,139
王国维　16,131,133,143,144,

180
王云五　113
万国公报　40,41,55
瓦特　11
威廉二世　8,9,34,38,50,52,
　　64,65,67,71,72,74,79,83
维多利亚　2,15
维兰德(魏兰)　148,150-153
维特　78
卫德明　58,85,88,99-101
卫礼贤　20,25-29,31,36,38,
　　40,45-58,60,61,63,66,71,
　　75-89,92-102,104-110,
　　134,156,180
魏玛(槐马)　37,56,76,81,85,
　　99,105
魏时珍　139
魏以新　100
魏源　25,53
温克尔曼　163
文特尔班特(文德尔班)　101
文化斗争　34,36,65,71
翁文灏　116,139

X
夏元瑮　103,128
先生一代　148,156,158
现代世界　1-3,6-8,15,17,
　　22,28,113,125,137,177,
　　181,187
现代学术机构　111

现代中国学术规制　9,28
谢理士　101
谢林　6,15
《辛丑条约》　25
新教　12,23,24,29,32-34,36-38,40,41,44,45,48,61,63,65,66,70,76,77
《新青年》　104
新文化　19,25,26,36,57,58,76,95,96,104,106,138,139
信义会（柏林传教协会）　37
《希尔德布兰特歌》　156
希特勒　8,9,14,64,81
西班牙　22
西门子　64
西学东渐　23-25,27,29,31,32,38,44,52-54,56,106,108,177,188
西学　15,19,20,23,27,32,36,41,42,44,45,47,54-58,70,96,102,108,125,177,179-182,187
席勒（西喇）　5,6,64,81,85,88,94,99-101,149,151,154,156,160,166,179
戏剧　64,71,85,90,91,107,128,154,156,162,173
薛田资　36,38,69,73
学科规制生成　177,183,186
学科建设　29,148,149,159,168,173,182

学科领袖　168
学生一代　156,157
学术承传　157
学术互动史　125,188,190,191
学术精神　7,137,182
徐继畬　25
徐世昌　57,102
徐志摩　99,104

Y

亚里士多德　100
严复　96,112,142,180,181
杨丙辰　20,29,85,87-89,91,92,97,100,103,134,135,148-156,158,174,176
杨昌济　185
杨杏佛（杨铨）　117
杨钟健　138,139
扬森　68,69
阳谷　70
洋务运动　16,42
耶拿（耶纳）　99
耶拿大学　6,43
耶稣　22,39,44,45,51,71,80,106
耶稣会　22,32,38,39
叶世克　73
《阴谋与爱情》　100
英国皇家学会　20,114
英国　1-3,8,11,13-15,22,33,52,59,64,78,91,96,103,

104,124,138,144,155,181
医生　60
易经　40,51,58
意大利　38,68-70,113
奕訢　25
义和团　36,38,68,69,74,75,79,80
俞大维　98,139
俞明震　98
袁世凯　112,186

Z
曾琦
章太炎　112,166,180
张伯苓　48
张伯伦　65
张君劢　48,79,89,97,104,108
张威廉　20,91,92,94,148,156
　　－158,160,162-165,184
张之洞　42,44,104
赵尔巽　57,102
赵元任　18,139,146
郑寿麟　85,99,100,127
郑晓沧　48
《知识学》　1
中德学会　58,85,88,99-101,
　　123,127,133-135,137,148,

156
中国现代学术史　32,113,137,146
中国心灵　20,26,28,31,46,47,52,58,61,71,77,79,80,82,93,95,98,102-104
《中国学报》　98
中国学术场域　17,21,101,102,109,130,133,155,159,175
中介者　21,23,25-28,56,71,86
中山大学　100,121,132,144
中研院（中央研究院）　29,111－122,138,140,142,146,147,175,176,184
中央学术院　112
专业汉学　46,56
周馥　57,102
朱家骅　90,91,103,116,117,121,123,138
资本时代　9,11,13,28
自西徂东　39-42,44,45,54,55
宗白华　26,138,139,153,154,172
总理衙门　69

后 记

应该说,这部著作乃是"水到渠成"的一个意外收获。大体来说,它延续了我进行中德文化交流史研究的思路,即在中国留德学人研究基础上继续拓展范围。曾有朋友开玩笑问我,为什么这么不给自己省力呢?他言下之意当然是说,我对留德学人的研究已获得学界承认,接着做下去岂不是"顺理成章"?我当时笑笑说,没动力。

确实,对于留德学人的研究,可谓是"十年辛苦不寻常"。从《1930—1940年代中国留德学人之研究》到《现代学术视野中的留德学人》,再到《另一种西学——中国现代留德学人及其对德国文化的接受》,我和留德学人已结下了"不解之缘"。尤其是后书颇获学界好评,《中华读书报》、《中国图书商报》、《北京日报》、《北京青年报》、《中国图书评论》、《博览群书》、《北大德国研究》等报刊发表了各类书评进行推介。如果此时接着做下去,应属驾轻就熟。但我知道,若真是那样,我自己就会先失却了创造力和新鲜感。我需要换一种思维,换一个领域,哪怕是同一主题。

对中西文化交流史的兴趣并不因事实的学术转向而稍有减少,但实际上自己也开始了自觉的研究对象调整：一是在中德文化交流史内部进行群体拓展，即由留学生而传教士；二是在中西文化交流史框架内进行拓展，即由留德学人而留欧学人（首先是留英学人、留法学人）。后者因赴法研究而得以推动，前者则在各主要研究的穿插间"水到渠成"。

对传教士的重要性，早在留英期间就有深刻认知。至今尤记得英国学者如何大谈明清之际传教士双向功用的重要性，以及强调"不懂拉丁文不要做这段研究"。真的希望有一天，也能将自己研究的触角伸入这段让人饶生兴味的领域，不过，那还有待于自家学力的不断积累。而通过编撰《蔡元培：大学的意义》、合著《中外教育交流史》，无论是在个案的深度上，还是对宏观语境的把握上，都有了更多的积累，这些对这部书的撰写都很有帮助。

但对我而言，即便是对中德文化交流史的深入研究，也还需要"千里之行，始于足下"。这既体现在涉猎内容广度上的拓展，更表现在研究范式上的尝试求新。所谓"范式求新"，说来容易，为之何艰！这里唯一敢声明的一点就是不愿划地自牢，更不想重复自己已经走过的路。当一部书稿完毕，对一个真正的学者而言，应该只是新的征程的重又开端。前进的路上，不仅会有鲜花与掌声，更应该有荆棘和难度。说到底，应该有自我挑战意识。或许只有这样，稍稍的进步才有可能。

我要感谢我的师母夏晓虹先生，是她在我博士论文完成之后即点到了相关的学术成长点。虽非刻意指点，但妙语一出，我就立刻明白了"传教士"背后的无限文化风景。当然也要感谢机缘的促进，如果不是因为要参加香港中文大学宗教与中国社会研究中心举办的"基督教与中国社会文化"第二届国际年青学者研讨会（2004年）、北京外国语大学和埃尔郎根大学举办的"首届德语区汉学"国际研讨会（2005年），我不会完成《德国视野里的"基督福音"与"中国心灵"——从花之安到卫礼贤》与《平生风义师友间——以卫礼贤与蔡元培、杨丙辰的北大交谊为中心》两篇论文，这两篇论文的现场反应效果相当不错，也因此而得以结交不少外国学者。请允许我借此机会感谢这两次会议的组织者：吴梓明教授和吴小新博士、张西平教授和郎宓榭（Lackner）教授。也感谢他们同意将论文收入此书。这使得我有机会将传教士研究得以落到实处。

从传教士又做回到留德学人，这符合我的学术理想。即既有学术根基，又能不为此所限，最后绕了个圈，竟又回到了起点。这岂不正印证了钱钟书先生所言："东海西海，心理攸同；南学北学，道术未裂"。学问或以通识为最上，前贤境界，虽不能至，心向往之。

叶隽
2008 年 1 月 20 日